国家社会科学基金项目（16BTY077）、浙江大学恒逸基金资助

她身之解

女性深度休闲体育行为研究

The Liberation of the Female Body:

Behavior Research of Serious Leisure
in the Field of Sports

邱亚君 周文婷 田海波 —————————— 著

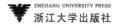
浙江大学出版社

图书在版编目（CIP）数据

她身之解：女性深度休闲体育行为研究 / 邱亚君，
周文婷，田海波著. — 杭州 ： 浙江大学出版社，2021.9
ISBN 978-7-308-21752-1

Ⅰ. ①她… Ⅱ. ①邱… ②周… ③田… Ⅲ. ①女性－
休闲体育－研究 Ⅳ. ①G811.4

中国版本图书馆CIP数据核字（2021）第186626号

她身之解：女性深度休闲体育行为研究

邱亚君　周文婷　田海波　著

策划编辑	吴伟伟
责任编辑	陈　翩
责任校对	丁沛岚
封面设计	雷建军
出版发行	浙江大学出版社
	（杭州市天目山路148号　　邮政编码　310007）
	（网址：http：//www.zjupress.com）
排　　版	杭州林智广告有限公司
印　　刷	广东虎彩云印刷有限公司绍兴分公司
开　　本	710mm×1000mm　1/16
印　　张	15.5
字　　数	245千
版 印 次	2021年9月第1版　2021年9月第1次印刷
书　　号	ISBN 978-7-308-21752-1
定　　价	68.00元

自 序

随着社会的进步和发展,我国女性的社会地位逐渐提高,主体意识不断激发。在拥有更多闲暇时间的转变中,女性自主参与休闲体育活动呈现出前所未有的崭新局面。休闲体育不仅提供了女性参与身体活动的乐趣,还有机会让女性挑战传统的性别认知,以自主的方式提升个人价值。

在学术研究领域,我一直专注于休闲体育的研究,关于女性休闲的研究也是我一直关注的重要话题。本书是我在休闲体育研究领域的第四本著作,前三本得到了业界各位师长和同仁的支持,已接连出版。其中,第一本部专著《休闲体育行为发展阶段动机和限制因素研究》主要是从动态的角度审视个体的休闲体育行为,将行为发展变化划分为前意向阶段、意向阶段、准备阶段、行动阶段和保持阶段,并深入探讨五个发展阶段不同的动机因素、限制因素、变通策略及其相互之间的关系。第二本专著《社会性别与女性休闲体育研究》开始关注对女性的研究,主要从社会性别的视角,通过质性研究和定量研究,探索中国女性休闲体育行为,展现了当代中国女性参与休闲体育的现状。第三本专著《马拉松,你参加了吗?——基于深度休闲的视角》主要从深度休闲的视角,对马拉松跑者的行为特征、参与动机以及限制变通进行了质性探索和实证研究,解释了马拉松跑者对跑步的逐渐深入甚至着迷的参与过程。

当我们开始关注深度休闲后,我们在调查研究过程中发现,当下社会越来越多的女性从自己的需求出发,主动参与到休闲体育活动中,而且为数不少的女性愿意花费时间和精力长期参与某项休闲体育活动,追求更深层次的休闲体验。深度休闲逐渐成为她们展现自我、发挥潜能的媒介,不但使她们的业余生活丰富多彩,同时也给她们带来更多的健康、愉悦和满足。这引发了我对女性深度休闲体育行为的研究兴趣。因此，我带领我的研究团队对女性深度休闲体育参与进行了调查和研究，并试图探索深度休闲对当代女性群体的意义。

本书结合质性研究和定量研究，对女性深度休闲体育行为进行了系统的探索和分析，内容包括女性深度休闲体育的特征表现，女性深度休闲体育的动机因素、限制因素、变通策略、休闲满意度、主观幸福感、休闲专门化等变量及其与行为的关系，涉及跑步、骑行、乒乓球、羽毛球、皮划艇、瑜伽等多个项目。通过了解当下中国女性参与深度休闲体育的现状，展现了新时代女性在休闲体育中积极的主体实践与自我挑战，以内心所爱投入深度休闲体育活动。通过本书，有助于理解女性的深度休闲体育参与，正确引导女性的深度休闲体育行为，同时为女性休闲服务和休闲消费提供指导与依据。

本书的顺利出版得益于许多人的帮助与支持。感谢每一个接受我们访谈和问卷调查的被访者，特别是"Fitnow遇见"团队的各位小姐姐，是她们敞开内心的叙述和真情实感的回答，给了我们分析和思考的空间。同时，书中部分内容有待进一步的斟酌和推敲，希望各位读者、学界同仁予以批评指正。

休闲传达着人们对美好生活的追求，"成为人"的休闲哲学内涵需要在实践中不断解析，未来我们会继续休闲体育领域的研究，在漫长的学术道路上探寻休闲体育对生命的意义与价值。

邱亚君

2021 年 8 月

目 录

CONTENTS

CHAPTER 1

1 绪 论

1.1 研究背景

中国正在步入一个大众休闲时代，休闲将成为或正成为人们的一种生活方式。随着社会的进步和生活水平的提高，女性不再满足于一般休闲带来的即时刺激和收益，而是追求涉入程度更高的深度休闲，以满足身心体验和实现自我提升。

第一，闲暇时间的增多，休闲意识的提高，使女性参与休闲活动成为可能。

随着知识经济时代的到来，未来社会将以史无前例的速度发生变化。现如今，随着生产力的发展和新技术的革新，人们摆脱了传统的生活生产方式，人们每周用于工作的时间不断减少，从 18 世纪末期的 72 小时下降到 21 世纪的 45 小时左右。同时，人们投入休闲活动的时间正逐渐增多，从 1 万年前农耕时代的约 10% 到 2010 年前后的 50%。我国自 1995 年起实行 5 天工作制，1999 年又实施春节、五一、十一 3 个黄金周假期，2007 年将除夕、清明节、端午节和中秋节 4 个传统节日纳入法定假日，我们一年之中有约 1/3 的时间（115 天或 116 天）是在闲暇中度过的，我们正进入普遍有闲的时代。

同时，人们的休闲意识不断提高，休闲选择趋于理性化。随着经济社会的飞速发展，人们的生活节奏变得越来越快，各种无形的压力也日益增多。在追求美好生活的同时，人们渐渐意识到日常休闲生活是不可缺少的。休闲和工作并非截然对立，如果能够进行合理的安排，那么休闲不仅不会成为个体进步的阻力，反而会帮助个体保持身体健康和获得精神愉悦。因此，休闲在当下人们的生活中具有积极而重大的意义，休闲将成为 21 世纪人们生活中不可或缺的组成部分。

作为社会主体之一的女性，其思想观念、行为总是与所处时代的发展紧密联系在一起。现代女性受教育程度明显提高，经济地位和政治地位也相应提高，对物质享受和精神享受都提出了更高要求。她们渴望在生活中体验人生的意义和乐趣，寻求自我实现，追求自由自决，休闲成为她们抵达心灵本质的一种需求。

第二，休闲体育以其独特的方式，为女性提供了一个广阔的平台。

在休闲领域，体育以其无可比拟的参与价值成为人们的重要选择。体育作为一种休闲活动，其功能完全满足了人们的需求，如生理、心理、娱乐、社交、审美等方面。首先，休闲体育以身体活动为主要手段，对不同年龄阶段人群具有广泛的普适性。其次，休闲体育活动能够强身健体，改善人体生理机能，提高机体的适应能力；同时，休闲体育对心理健康也有积极的促进作用，它有助于娱乐身心，调节紧张情绪，缓解生活压力，还能促进人际交往。

妇女解放运动改变了数千年来女性的从属地位，促进了女性思想和身体的解放，也促进了女性体育的大发展，许多职业女性视参加体育运动为独立的象征。随着社会的进步和人们生活水平的提高，女性体育不仅在竞技体育领域率先得到发展，在大众体育领域也同样有广阔的天地。许多家庭妇女也离开灶台，迈出家门，积极地参与到休闲体育行列。她们和男性一样去跑步、健身、登山、骑单车，去享受各种休闲体育。所以说，休闲体育给女性追求自主意识、展现女性意志，提供了一个更广阔的舞台。

第三，深度休闲参与有益于女性获得更深层次的休闲体验。

伴随着人们对美好生活的追求和向往，女性参与休闲的程度也逐渐加深，她们不再满足于随兴休闲（casual leisure）所带来的短暂、即时的愉悦，而是追求能够带来更深层次体验的深度休闲（serious leisure）。Stebbins（1982）首次提出深度休闲的概念，他认为当个体深入参与一项休闲活动时，其常常会长期专注地投入，不断完善该项活动的相关知识与技能，并借此机会表现自我，进而获得较深层次的愉悦、满足和成就感。持久的利益是人们在参与深度休闲活动过程中获得的积极体验，它是吸引深度休闲热衷者的核心特质。相比随兴休闲，深度休闲参与者获得的休闲利益更持久、更深刻，这些收益有助于女性获得更积极的体验，提升休闲满意度，增进幸福感。因此，越来越多的女性参与到深度休闲活动中，如近几年兴起的骑行、跑步、登山、冬泳等休闲体育活动，吸引了众多女性爱好者参与其中。深度休闲逐渐成为她们展现自我、发挥潜能的媒介，不但使她们的业余生活丰富多彩，同时也给她们带来更多的健康、愉悦和满足。

总的来说，随着社会的发展，休闲逐渐进入人们的生活，休闲体育以其独特的魅力正成为女性休闲活动的主要选择。目前，深度休闲已经成为国外休闲研究的新兴领域，女性休闲研究也成为一个引人注目的话题，越来越多的学者加入此行列之中。但女性休闲活动至今未引起国内休闲学学者的重视，对女性深度休闲体育的研究更是少之又少。因此，关于中国特定社会文化背景下的女性深度休闲体育的理论研究，应引起国内学者更多的关注。

1.2 研究目的和意义

本书从深度休闲的视角，结合质性研究和定量研究，考察新时代背景下女性深度休闲体育参与者的行为及其与其他变量之间的关系，旨在为不同文化背景下的女性休闲研究拓宽思路，从而促进深度休闲理论的进一步发展。

第一，基于质性研究，对女性深度休闲行为的特质进行探索，并运用女性主义的视角进行详尽的分析与讨论，丰富和拓展女性休闲理论的研究视域。

自 Stebbins（1982）提出深度休闲的概念后，该理论已被广泛应用于国外休闲体育研究领域，如登山（Dilley & Scraton, 2010）、游泳（Hastings et al., 1995）、滑冰（McQuaarrie & Jackson, 1996）、摩托车（Lewis et al., 2013）、高尔夫（Siegenthaler & O'Dell, 2003）等。同时，Stebbins（1992）发现，深度休闲参与者在长期投入自己喜爱的休闲活动过程中，具有 6 个深度休闲特征，即坚持不懈、显著的个人努力、生涯性、强烈的认同感、独特的文化和持久的利益。基于 Stebbins（1992）提出的理论框架，部分学者针对不同的休闲体育项目展开了研究，发现在跑步（Shipway et al., 2010）、骑行（陈锡平等，2008：258-271）、冲浪（Cheng et al., 2012）等运动中，参与者都具有这 6 个深度休闲特征，但也有研究提出了不同观点（刘丰源等，2010）。近些年，越来越多的女性参与到各种深度休闲体育活动中，如马拉松、骑行、越野、登山等。尽管国内外学者对女性的休闲体育行为有所关注，认为女性群体参与休闲体育活动会表现出自己的性别特点，但从深度休闲视角开展研究的成果较少，研究不够深入，并未形成一定的规模。因此，在当前我国兴起休闲健身热的背景下，从深度休闲视角考察女性的休闲体育行为显得尤为重要，也可以进一步拓宽深度休闲理论在不同文化背景下、不同休闲体育活动中的运用。

第二，依据定量研究，进一步深入探索女性深度休闲体育行为与其他变量之间的关系，系统地呈现个体深度休闲体育行为机制。

已有大量研究对个体休闲行为中的参与动机、限制因素和变通策略、休闲满意度、主观幸福感及休闲专门化进行了探索，为本书提供了理论支持和参考。依据自我决定理论，个体自主决定程度由低到高分为无动机、外部动机和内部动机。Mallett 等（2007）制定了体育动机六因子量表（SMS-6），共24题，包括无动机、外在调节、内摄调节、认同调节、整合调节、内部动机6个维度。Jackson、Crawford 和 Godbey（1993）指出，个体在参与休闲活动过程中会遭遇到自身限制、人际限制和结构限制。Samdahl 和 Jekubovich（1993）发现，当人们体验到限制因素时，其并不会完全停止或退出休闲活动。通常情况下，他们会创造性地或成功地采用一些变通策略去克服那些限制因素。Beard 和 Ragheb（1980）认为，休闲满意度是个体因从事休闲活动而形成、引出或获得的正向看法或感受，它是个体对自己目前一般休闲经验及情境，觉得满意或满足的程度。他们编制的休闲满意量表（Leisure Satisfaction Scale，LSS）共有6个维度，分别是心理满意、教育满意、社会满意、放松满意、生理满意和审美满意。Diener（1984）认为，主观幸福感（subjective well-being，SWB）是指个体通过自己的主观认识对其生活状况的评估与判断。主观幸福感有3个基本特点：主观性，指人们主要依赖自己内定的标准，而非他人或外界的准则；相对稳定性，即外部环境和情绪状态会影响到主观幸福感的判定，但一段时间内它会处于相对稳定状态；整体性，主观幸福感是对个体的综合评价，包括积极情感、消极情感和生活满意度。休闲专门化是指个体为达到娱乐、健身和消遣等目的，在休闲活动参与中不断进步的一种状态，这种状态主要反映在行为、装备和承诺等方面。Bryan（1977）认为，休闲专门化不仅仅是一个测量涉入强度的变量，从根本上看，它存在一个发展连续体（连续变化过程），即随着人们参与休闲活动的时间越长，人们会向更高的层次进阶。

当我们考察女性深度休闲体育行为时，需从实际出发，在已有研究的基础上，结合休闲体育项目的特征，从女性的视角更系统地探索深度休闲行为与各变量之间的具体关系，更清晰地呈现个体深度休闲体育行为的形成机制，为进一步考察个体休闲体育行为提供参考和支持。

第三，从深度休闲的视角研究女性休闲体育行为，可以为女性个体的休闲体育行为干预提供理论依据，从而正确引导女性积极参与深度休闲体育行为，为有关部门开展深度休闲体育活动提供参考。

休闲体育是在闲暇时间进行的一种有益于身心健康的身体活动，女性参与休闲体育活动的情况能反映一个国家的社会文明程度、经济发展水平和综合的民族素质。深度休闲体育可以使女性获得更多的愉悦和满足，拥有更积极的体验，提升主观幸福感，所以，应该正确引导和积极鼓励广大女性参与到深度休闲体育活动中。本书对女性深度休闲体育行为及其与其他变量之间的关系进行深入探索和细致分析，在此基础上，探究当下中国女性参与深度休闲体育的现状，为个体休闲体育行为干预提供理论依据，以利于正确引导女性的深度休闲体育行为，同时为休闲服务和休闲消费提供理论依据。

2 文献综述

2.1 关于休闲及深度休闲的概述

2.1.1 休闲的定义

休闲一词，既时尚又古老。从词源学的角度讲，"leisure"（休闲）源于拉丁语"licere"（意为"被允许"），后从该词演变出法语"loisir"（意为"自由时间"）和英语"license"（意为"许可、放纵"）、"liberty"（意为"自由"）。综观这些词的意思，都蕴含自由选择、不加强迫之意。在《牛津英语词典》中，休闲一词有以下 4 种含义：①做某种具体事情的自由之机会；②职业以外所提供的机会；③个人自由时间的一种状态；④深思熟虑。

在人类社会中，人们对休闲的认识有着悠久的历史。早在 2000 多年前，古希腊的亚里士多德认为：休闲与思考密不可分，因为人在休闲时是沉思者、思想家；他有时间全心思考最高尚、最好的真理，那将给他带来极大的快乐。这种快乐不是短暂的肉体愉悦，不是现世财富的累积，不是在政治或运动事件中得到的瞬间恭维，而是在思考中接触永恒的真理，提升人接触神的境界。同时，他认为快乐与休闲不可分，个体只有享受其中，才能体验快乐，而要享受其中，个体就必须没有紧迫的压力和日常事务在身。

在目前的文献中，休闲一词的定义林林总总，学者以不同的视角对休闲进行界定，以下总结了有关休闲定义的不同分类。

2.1.1.1 休闲的时间观

Russell（1974）提出，"休闲被普遍认为是没有责任、义务的时间，一切由自己自行安排"。Kelly（1975）认为，把休闲看作可自由支配时间是指个体可以自由选择休闲的方式，不被工作和日常生活琐事牵绊。Brightball（1985）把人的时间分为工作时间、为满足身体需要而花费的时间、自由的无社会责任的时间。休闲就是这段自由的、没有义务的时间，是可以根据自己的选择和判断来使用的时间。Juniu（2005）认为，休闲的时间观是在工业革命之后产生的，人们的生活被分为工作时间和自由时间，人们在自由时间里可以休闲，或者从事一些有助于恢复体力和舒缓精神压力的事以重返工作。

《社会学词典》对休闲的解释是："休闲是参与必要的生活实践后的空闲时间。……休闲的概念是从 24 小时减去工作、睡觉和其他必需时间的算术结果（剩余时间）。"（Brightbill & Mobley，1977）马惠娣（2004）认为，休闲是指已完成社会必要劳动之外的时间，它以缩短劳动工时为前提，劳动工时的缩短会使劳动时间更紧凑，劳动条件更好，休闲活动更丰富，对劳动产生更有益的影响。

国内外学者从时间的角度对休闲进行理解，主要是把工作时间和其他时间分开，认为休闲是工作以外可以自由支配，用来休息、娱乐、放松的时间。但是，这种定义的方法没有把休闲与空闲分开，只是从表层对休闲进行界定。

2.1.1.2 休闲的活动观

Dumazedoer（1976）这样阐释休闲："休闲是从工作、家庭、社会的职责中分离出来的活动——人们以自己的愿望参与休闲，既可以是为了放松、消遣，也可以是为了知识的丰富，或出于自发性的社会参与以及自由地发挥自己的创造力的动机。"美国马里兰州大学教授 Iso-Ahola 等（1982）认为："具有高度的自由选择和很强的内在动机的活动，才是休闲活动。"张广瑞、宋瑞（2001）认为，休闲是人们在自由支配时间里，可以自由选择从事某些个人偏好性活动，并从这些活动中享受惯常生活事务不能享受到的身心愉悦、精神满足和自我实现与发展等。

国内外学者从活动的角度来理解休闲，认为人们在空闲时间必定会以某种行为方式的状态存在。但人类的活动多种多样，以至于难以准确区分哪些是休闲活动。

2.1.1.3　休闲的体验观

这种观点认为，休闲是一种主观态度，是在个人认知、价值观和过去生活经历基础上的体验。心理学家 Neulinger（1974）认为："休闲感，有且只有一个判断，那就是心之自由感（perceived freedom）。只要一种行为是自由的、无拘无束的、不受压抑的，那它就是休闲。"Kelly（1975）认为："休闲不是通过它的形式或即时的场所而被识别，从体验的角度来说，休闲是一种处于人们意识之中的精神状态。"马惠娣（2004）认为，休闲是以欣然之态，做心爱之事。在这个过程中个人感受很重要。

2.1.1.4　休闲的存在观

Grazia（1962）认为，休闲是一种虽然短暂但却现实的个人存在状态。Neulinger（1974）认为："参与休闲意味着以休闲自身的理由参加一种活动，去做能给人带来快乐和满足的事情，这使人达到了个人存在的最核心部分。"这是一种整体观，认为休闲无处不在，甚至工作也可以成为休闲。对这一观点大为鼓吹的音乐家 Kaplan（1975）曾说："自愿性与愉悦就是休闲的要求。"

2.1.1.5　其他观点

在云南人民出版社 2000 年出版的一套"休闲研究译丛"中，各书作者从不同角度提出了自己的观点。约翰·凯利（2000）认为："休闲应被理解为一种'成为人'的过程，是一个完成个人与社会发展任务的主要存在空间，是人的一生中一个持久的、重要的发展舞台。"杰弗瑞·戈比（2000）认为："休闲是从文化和物质环境的外在压力下解脱出来的一种相对自由的生活，它使个体能以自己所喜爱的、本能地感到有价值的方式，在内心之爱的驱动下行动，并为信仰提供一个基础。"卡拉·亨德森（2000）等认为："应把休闲视作在一定的时间内，以一定的活动为背景而产生的一种体验。"

本书综合以上观点，将休闲界定如下：在一定的闲暇时间内，具有某种内在动机，并追求一种心灵体验的活动。在此概念中，"一定的闲暇时间"是指相对于工作时间和生理需要必需时间以外的空闲时间，所追求的活动不仅是符合社会规范的，而且是建立在一定的内在动机和心灵体验之上的。

2.1.2 休闲的分类

休闲可分为随兴休闲、主题计划休闲和深度休闲。

随兴休闲是即时的、固有的回馈，并且是相对短暂的、令人愉悦的活动。它几乎不需要专门的训练。因此，从根本上说它是享乐的，它追求纯粹的享受与乐趣。随兴休闲主要包括：①玩耍（如白日梦、戏水、消磨时间）；②放松（如小憩、闲逛、晒太阳）；③被动消遣（如看电视、阅读、听音乐）；④主动消遣（如参加冒险游戏、聚会游戏）；⑤社交谈话（如闲聊、开玩笑、谈论天气）；⑥感官刺激（如品尝美食、饮酒、观光）；⑦非正式的志愿活动（如发传单）；⑧愉悦的运动（如健身）。

主题计划休闲是短期的、相对复杂的活动，是一次性的或偶然的，是在自由时间或非义务（职责）时间里从事的创造活动。它包括一次性参与的主题计划休闲、偶然参与的主题计划休闲。在一次性参与的主题计划休闲中，参与的目的通常就是成功地完成一次性参与，并且有时需要具备一定的专业背景。偶然参与的主题计划休闲看起来更可能源于或以愉悦的义务为动机，而不是一次性参与部分。"偶然的"一词描述的是有一定间隔从事的常规活动，如宗教节日、某人的生日或是国庆假日。

深度休闲是一项对于业余爱好者、嗜好者或志愿者而言可以系统性地追求的活动。参与者会发现活动是充实的、有趣的，从而将会持续参加此活动，并在活动当中获得及展现该活动的一些技巧、知识与经验。

2.1.3 深度休闲的定义和分类

2.1.3.1 深度休闲的定义

深度休闲的概念最初出现在 Stebbins（1978；1979；1982）关于业余科学家、喜剧演员、运动员、歌手以及悲剧演员的民族志学研究中，其被定义为："休闲活动参与者系统地从事业余、嗜好或志工活动，他们投入如事业一般的专注，并借此机会获得及展现特殊的技巧、知识及经验。"（Stebbins，1992：3）。Stebbins 最初使用"serious"这个术语是为了表达人们在日常生活中，看待休闲活动重要性的方式（Stebbins，1982）。通过有关研究发现，"serious"主要是指认真、投入、真实、重要和细致，而不是严肃、庄严、无趣、悲伤和焦虑。

2.1.3.2　深度休闲的分类

Stebbins 将深度休闲活动的参与者分为业余爱好者（amateur）、嗜好者（hobbyist）和志愿者（volunteer）。作为深度休闲活动的 3 种类型的参与者，他们既有很多的相同点，也有明显的区别（见表 2.1）。

表 2.1　深度休闲参与者类型的特征

特征	业余爱好者	嗜好者	志愿者
动机	1.个人兴趣 2.公众利益 3.利他主义 4.金钱利益	1.个人兴趣 2.公众利益 3.金钱利益	1.个人兴趣 2.利他主义
制度性角色	类似专家	非工作	贡献性角色
贡献	1.自我满足 2.文化的 3.助人的 4.商业的	1.自我满足 2.文化的 3.商业的	1.助人的 2.自我满足

资料来源：Stebbins（1992）。

业余爱好者。在艺术、科学、体育和娱乐等领域，都能发现业余爱好者的身影，人们往往把他们和专业人员联系在一起。但两者参与相关活动的目的并不相同，对于专业人员来讲，这种活动已成为一种谋生手段（全职或兼职），而对于业余爱好者而言并不是。Stebbins（1969；1992）认为存在"专业人员—业余爱好者——一般大众"系统（professional–amateur–publics，P–A–P），并用此区分三者之间的关系。在面对一般大众时，业余爱好者充当着专家的角色，为其提供类似专家的服务，并时刻要求自身保持最佳的表现；同时，由于业余爱好者的存在，专家也要不断努力以提高自身技能。因此，两者形成了"既相互竞争，又共同追求最佳化表现"的关系。

嗜好者。Stebbins（1992）认为，嗜好者能够利用自己工作之余的时间，参与一项自己感兴趣的活动，其参与活动的目的是掌握技术和知识，旨在通过自己的努力，获得精神上的回馈。他们中的许多人通过阅读艺术、体育、烹饪、语言、文化、历史、科学、哲学、政治或文学等领域的有关书籍来实现这个目标。相比于业余爱好者，嗜好者在专业能力方面表现欠佳，有时反而表现出商业性。虽然嗜好者的专业程度并没有业余爱好者那么高，但嗜好者对自己所选择的休闲活动同样具有坚定、明确的目标，即便面对困难、挑战也会坚持不懈。他们参加活动是出于对活动本身的兴趣与喜好，尽管参与活动有时能带来经济上的收益，但活动本身才是他们最主要的目的。嗜好者可分为5类：收藏者、制造者与工匠、活动参与者（如垂钓、徒步、定向运动）、非职业运动员（如跑步、游泳、桥牌）以及文学艺术嗜好者。

志愿者。Stebbins（1992）认为，志愿活动是指个人或集体在非强迫性的情况下，为他人提供志愿服务，其主要目的并不是获得经济收入。志愿者常常没有薪水，甚至有时还要自己掏腰包。同时，志愿者无私地为他人提供服务，在这个过程中，他们也获益颇多（令人愉悦的社会交往、自我充实的经历等）。换句话说，志愿活动是基于两种基本的态度：利他主义和自我利益。而业余者和嗜好者明显更多地从自身利益出发。

2.1.3.3　深度休闲的利益和代价

深度休闲与工作和其他类型的休闲区分开来，就是因为深度休闲能给个人或社会带来特别利益。每一种深度休闲都是通过不断探求这些回报和利益而形成的，而且，这种探求过程可能花费数月，在某些领域，甚至可能花费好多年。这些利益和回报作为强烈的动机促使参与者投入一个或更多的深度休闲追求中。深度休闲的利益和回报包括10种。其中，个人利益和回报有7种：①自我充实（宝贵的经历）；②自我实现（发展技术、能力、知识）；③自我表现（展示已经学会的技术、能力、知识）；④自我形象提升（被其他人认为是参与某一类深度休闲的参与者）；⑤自我满足（包括表面的享乐、愉悦和内心深层的满足）；⑥自我重建（在一天的工作后通过深度休闲进行恢复）；⑦经济回报（通过参与深度休闲活动而获得）。社会利益和回报有3种：①社会吸引（和其他深度休闲参与者联络，作为志愿者参与到活动的社交圈中）；②团队成就（团队努力完成深度休闲计划；助人的、被需要以及利他的感觉）③致力于维护和发展团队（在贡献的过程中感觉到自己被需要、帮助他人的愉悦以及不求回报的满足感与成就感）。

在关于业余者、嗜好者、志愿者的各种研究中，依据参与活动的不同，调查对象在反馈这些利益的重要性以及相互关系方面也经常给出不同的权重。大多数深度休闲参与者把自我充实和自我满足分别排在第一位和第二位，自我实现常常处于重要程度的第三位。

尽管如此，参与到深度休闲的个体有时也要面对付出和损失的问题。在对参与深度休闲的群体的访谈过程中，回报与损失都被提及。每一种深度休闲追求都包括自身的付出，每个参与的个体都在某种程度上要正视这一问题。一般来讲，损失可被分为失望、厌恶或紧张。因此，当个体在体育竞赛中没有拿到名次，或没有能力购买一件珍品古董，或没能按照艺术家意愿画出风景画时，个体都会感到失望。例如，在深度休闲追求中，当裁判给运动员糟糕的判罚时，当一场周末的雨破坏了徒步旅行的计划时，或当一本书的价格使它的嗜好者望而却步时，厌恶感就会产生。紧张是在人际交往中产生的，例如，当管弦乐队指挥家痛批演奏环节，协调人员和他们所指挥的志愿者之间发生摩擦时，紧张感就产生了。

2.2　关于女性主义的文献综述

2.2.1　女性主义的定义

女性主义又称女权主义、妇女解放主义、性别平权主义，是指为结束性别主义（sexism）、性剥削（sexual exploitation）、性歧视和性压迫（sexual oppression），促进性阶层平等而创立和发起的社会理论与政治运动。在批判之外，女性主义也着重于性别不平等的分析以及推动性底层的权利的实现、利益与议题的达成。其中，女性主义理论的目的在于了解男女不平等的本质并着重于性别政治、权力关系与性意识；女性主义政治行动则向生育权、堕胎权、受教育权、家庭暴力、产假、薪资平等、选举权、代表权、性骚扰、性别歧视与性暴力等议题发起挑战。女性主义探究的主题包括歧视、刻板印象、物化、身体、家务分配、压迫与父权等。

在英文语境下，"女性主义"一词首次出现在19世纪80年代，旨在支持男女的法律平等和政治权利。自那时起，它的意义一直处在演变之中，主要的界定和解释有以下方面。

在《韦氏新世界词典》中，女性主义被界定为妇女在政治、经济和社会上与男性享有平等权利的原则。这里包括两层意思：一是女性主义者认识到社会对女性的不平等和不公正待遇，以及由此导致的无助和不利。女性主义的根本目的就是消除这种不平等，而且主张女性为此应该采取政治行动。二是女性主义肯定女性自身价值和价值观念，肯定女性做人的尊严，以及她们对文化的贡献。（Neufeldt et al.，1991）

在1991年出版的《美国学术百科全书》中，女性主义被解释为：主张妇女具有的公民权利，包括与男性一样的政治上、经济上以及社会上的平等（Grodier，1980）。

在2000年出版的《牛津哲学词典》中，女性主义被定义为对社会生活、哲学以及伦理学的探讨，它致力于纠正导致压迫妇女以及轻视妇女特有体验的偏见（Simon Blackburn，2000）。

《英汉妇女与法律词汇释义》的界定是：女性主义作为一种理论与实践，包括男女平等的信念及一种社会变革的意识形态，旨在消除女性及其他受压迫群体在经济、社会及政治上遭受的歧视（谭兢嫦，1995）。

2.2.2　女性主义流派

2.2.2.1　自由女性主义

自由女性主义（Liberal Feminism）主要产生于19世纪中叶至20世纪20年代女性主义运动"第一次浪潮"中，由自由主义思潮发展而来的女性主义思潮，是各女性主义流派的起点。自由女性主义崇尚理性、公正、平等、自由，认为女人的本性和男人一样，是人性与理性，而非生殖性，因而应享有同等的权利和发展自己潜力的机会。首先，自由女性主义早期提倡理性，其思想脉络发源于16、17世纪的社会契约理论，这一理论依据人们具有同等的理性潜能这一假设，主张人人生而平等。其次，自由女性主义十分看重公正和机会均等，认为女性的地位受到习俗法的局限，女性的社会参与受到限制。女性受压迫的根源在于个人和群体缺乏公平竞争的机会与受教育的机会，而教育机会的不均等根源于法律的不公正，所以自由女性主义关注法律改革，致力于通过教育制度和经济制度的完善，争取到平等机会。最后，自由女性主义反对关于女性的传统哲学思想，反对强调性别的差异，非常强调男女两性的相似性。自由主义女性主义在女性解放史上起到了重要的作用，有力地推进了女性在教育、政治、经济上平等权利的获得，为女性主义实现提供了前提条件。但它也有着理论上的局限性，如不承认性别形式以外因素（阶级、种族等）的存在，忽略两性的生理区别和社会性别角色差异，抹杀了女性的独特性，等等。

2.2.2.2　激进女性主义

激进女性主义（Resical Feminism）于 20 世纪 60 年代出现，来自新左派，又脱离了新左派。激进女性主义认为，女性受压迫的根源是父权制和生理差异，因此，只有向父权制提出挑战，消灭男权制，摧毁传统的法律制度、政治观念和文化结构，才能达到女性运动的目标。激进女性主义认为，对女性的压迫是最基本、最普遍的剥削形式，是其他一切压迫（包括种族、经济、政治压迫等）的基础，并试图找出能让女性摆脱压迫的途径。激进女性主义的议题多与女性有切身关系，包括性别角色、爱情、婚姻、家庭、生育、母亲角色、色情、强暴，乃至女人的身体、心理等，处处都直接触及女性的身心，发出了女性最"赤裸"的声音。激进女性主义采取一种全新的角度来解释社会现实，因而根本地改变了传统的政治理论，对社会科学做了重大的补白并产生强烈的冲击，其有关性、性别、再生产等种种理论与争辩尤其具有不可磨灭的贡献。同时，它直接将矛头指向男性，敢于与男性决裂，极大地改变了女性的地位。但激进女性主义过于关注女性本身，忽略了对女性受压迫的社会、历史、经济层面的分析批判，未能解释生理性别是如何变成社会性别的。

2.2.2.3　马克思主义/社会主义女性主义

马克思主义女性主义（Marxist Feminism）是女权主义与马克思主义结合的产物，以马克思主义的唯物主义决定论、异化理论、经济价值决定论、阶级分析理论，以及恩格斯的《家庭、私有制和国家的起源》中有关女性的论述为理论基础，分析女性受压迫的原因。马克思主义女性主义认为，资本主义与私有财产阶级制度是女性受压迫的根源，同时，女性被排斥在社会生产之外，从事非生产性的家务劳动也是她们居于从属地位的根源。因此，必须推翻阶级社会，废除作为经济单位的家庭制度。只有参与社会生产和家务劳动的社会化，女性解放才能实现。马克思主义女性主义者的首要革命策略是阶级斗争，强调资本主义与阶级制度是女性受压迫的唯一根源。于是，性别压迫被化约成经济问题，女性问题被纳入阶级与国家问题之范畴。马克思主义女性主义主张让女性参与公共生产行业，让育幼成为国家之事，公有化生产资源，取消生产工具私有制，以保证女性能够拥有解放的物质基础。但是马克思主义女性主义疏于对社会性别的全面认识，也无法解释社会主义制度下女性仍处于从属地位的事实。

社会主义女性主义与马克思主义女性主义有着密切关系，是在其基础上进行修正而发展起来的流派。社会主义女性主义认为，资本主义和父权制的结合导致了女性的不幸地位。女性的受压迫，从阶级层面看，源于私有财产制的经济结构，因而，推翻资本主义的经济制度和私有财产观念，是女性解放的必由之路；从经济层面看，女性的从属地位归因于无偿的家务劳动，因而，将家务劳动社会化，使女性重新回到劳动市场参加社会劳动，是女性解放的先决条件；从性别层面看，女性的不利地位是由父权制造成的，因而，解构以男性为中心的父权制，是改变这种不利地位的关键。

2.2.2.4 后现代女性主义

后现代女性主义（Postmodern Feminism）是在后现代主义哲学的基础上形成的，兴起于20世纪80年代，被称为女性主义的第三次浪潮。后现代主义思潮对启蒙运动以后的西方传统哲学理论和思维方式的批判与解构，从思路到话语创新都对女性主义研究有启发性影响（贺璋瑢，2002）。后现代女性主义通过建构一套关注差异、强调多元的女性话语体系来颠覆传统男权主义秩序和父权思维，实现了思想的发展与理论的创新。其观点主要体现在以下4个方面。

第一，话语/权力观。后现代女性主义将重点放在女性话语的建构上。根据福柯（Michel Foucault）对权力和话语的解释，权力是分散的，话语的运作过程中包含权力关系的产生，且权力大多是通过话语表达的，这一后现代主义"话语即权力"的思想让女性主义者找到切入口。在长期的历史发展中，女性一直生活在父权制社会，作为男性的陪衬，丢失了自我，行为、表达、意识等各方面不断向男性标准靠近，以获得存在感。在男性话语体系下，女性虽有自己的生理性别，却丧失了自己的文化性别和精神性别。因此，女性需要建构自己的话语，摆脱父权制社会的权力压迫。

第二，主体观。马克思主义哲学认为，人区别于动物的特点就是人具有主观能动性，可以能动地认识世界并在认识的指导下改造世界。人作为一个主体，指的是一种有能动性主导的存在。而在第二波女性主义浪潮中，不论是自由女性主义、激进女性主义还是马克思主义/社会主义女性主义，女性在公共领域和私人领域的权力获得都建立在父权制基础上。同时，权力指一个人能够影响他人按照自己意志行动的能力，即针对其他主体的权力；父权制对女性的控制使得之前的女性主义运动只能在男性的空间中争取一小块，不足以达到所谓的平等，且女性的能动性受限，造成主体性缺失。所以，后现代女性主义解构传统男性话语下的女性主体，构建多元的女性主体，提倡女性基于真实的经验，发挥能动性，建立女性话语视角下的主体观，促进女性的主体性表达。

第三，差异观。首先，后现代女性主义否定传统形而上学的二元对立。按照解构主义领袖德里达（Jacques Derrida）的分析，形而上学的二元对立并非二元平等，总会出现其中一项从属于另外一项的情形，一项是主要的，而另一项是次要的。反映在性别秩序中，就出现了女性附属于男性的情况，所以需要解构二元对立。其次，后现代女性主义否定本质主义。正如激进女性主义将生理差异视为男女不平等的根源之一，本质主义强调的是人的生理和遗传决定论，而事实上，生理性别差异虽然是天生决定的，但真实赋予"女性"内涵的社会性别是社会环境、文化等各方面综合影响的结果，是不断变化的情境。因此，后现代女性主义强调差异的多元性，认为女性面对的不仅是两性差异，还有群体内部的差异，不同文化、阶级、种族、经济地位等条件下的女性个体特殊性都值得关注。后现代女性主义在差异中寻求平等，尊重和保护每个个体的特质，与男性共同营造和谐的氛围。

第四，身体观。通过激进女性主义对"gender"的理解，可以发现身体是社会性的产物，背后蕴含着一定的社会关系。后现代主义中心人物福柯在其经典著作《规训与惩罚》中提出，权力会对身体进行规训，身体是由话语构成的，男性掌握着社会的主流话语权，对女性身体进行强制性的塑造。所以，后现代女性主义者认为身体应成为反对父权制、解构男女二元对立的"元语言"，应致力于提高女性身体的重要性以及增进女性对身体的体验感，彰显和提升女性自己的身体的意义。

2.2.3　女性主义运动的三次浪潮

女性主义运动也称国际妇女运动，在时间上比女性主义思想和理论的传播要晚许多，但女性主义运动是女性主义思想和理论直接推动的结果，它反过来也为其提供了丰富的养分和土壤。1791 年，法国大革命的妇女领袖奥兰普·德古热（Olympe de Gouges）发表《女权与女公民权宣言》，女性主义运动就此拉开序幕。女性主义运动自产生至今，已经发展了两个多世纪，在今天仍然不断推进，其间掀起了女性主义运动的三次浪潮。

女性主义运动的第一次浪潮发生在 19 世纪中叶至 20 世纪 20 年代，在第一次世界大战时达到最高点，运动的目标主要是争取与男性平等的权利。此时，欧美主要国家先后完成了资产阶级革命，自由、平等、民主的观念早已深入人心；但是，资产阶级政权仍然拒绝给予女性平等的权利。因此，女性奋起抗争，要求获得与男性平等的社会、政治、经济权利。女性主义运动第一次浪潮的第一个目标是为女性争取选举权；第二个目标是受教育权，争论焦点是女性应不应该有受教育的权利，应该受什么样的教育；第三个目标是工作权，尤其是已婚女性的工作权。另外，女性主义运动第一次浪潮还涉及其他目标，包括：产假、堕胎、妇女在婚后保留财产和自己工资的权利、妇女不受丈夫虐待的权利、为妇女争取抚育费、提高女孩同意性交的年龄线等。这一时期，女性主义理论重在论证女性在知识能力、理性、德行和天赋方面并不比男人差，没有理由被排斥在权力系统之外。她们从经济方面主张妇女的解放，对以后的女性主义运动，特别是马克思主义女性主义运动有很大影响。

女性主义运动的第二次浪潮发生于 20 世纪六七十年代，最早兴起于美国。女性主义运动第二次浪潮的主要目标是批判性别主义、性别歧视和男性权力，认为当时虽然女性有了选举权、工作权和受教育权，但是表面的性别平等掩盖了实际的性别不平等。所以这一阶段的女性主义特别强调性别差异和女性的独特性，肯定女性气质，矛头直指把女性置于劣势地位的社会意识形态，并向话语、法律、伦理学和哲学方面的性别偏见提出挑战，试图以女性主义来补充、修正和重构西方文化。这个时期的女性主义流派之间分道扬镳，马克思主义/社会主义女性主义主要是从经济和阶级斗争方面要求女性和男性平等，而激进主义女性主义和自由女性主义是在性方面诉求女性的解放，其挑战的是整个男性社会，挑战的是"性阶级"体制。

女性主义的第三次浪潮开始于20世纪八九十年代，最早兴起于美国，并且一直持续到现在。女性主义运动的第三次浪潮的显著特点是：对"他者性"的认同和赞扬；包容女性与自然和私人领域的联系；把身体和化身作为政治理论发展的核心；践行"个人的就是政治的"这一理念。第三次浪潮中的女性主义试图解决认同的多样性和差异性问题，不仅关心男性与女性之间的差异，而且关注女性内部的差异，并试图跨越男性与女性、白人与黑人、文化与自然、异性恋与同性恋等的边界。其焦点是解构二元论的理论框架，强调从女性视角出发，坚持女性视角的多样性和差异性，关注身份认同的问题，尤其是认同的多样性和女性的差异性问题，强调"个人的就是政治的"。无论女性主义运动第三次浪潮是否构成了现实的女性主义运动，也无论它与后现代思潮的关系如何密切，它毕竟激发了广大女性对不平等境遇的觉醒以及对其背后根源的思考和改变性别不平等状况的追求。

在女性主义运动的进程中，上述女性主义浪潮不仅推动女性在获得男女平等权益方面产生了重大突破，更为女性主义运动本身积累了丰富的理论资源和实践经验。

2.3　我国女性休闲体育参与的演进

2.3.1　古代中国女性休闲体育

2.3.1.1　母系氏族社会

在我国古代，母系氏族社会中男女平等，没有性别歧视，人们过着由自我兴趣出发的休闲生活，快乐而满足。据相关史料记载，在中国古代黄河流域，女性原始的石球游戏、舞蹈等活动在当时非常流行。石球最早是作为狩猎工具出现的，但随着弓箭和其他兵器的出现，石球逐渐被作为一种游戏工具而存在。

另外，在母系氏族公社时期，每当庆祝丰收、祭祀或是部落集会时，氏族成员们常常会跟随石块敲打出的节奏而跳动，模仿各种动物的形态，通过身体的舞动来表达他们对自然力的崇拜和对祖先的敬仰。尽管史前有关女性参与身体活动的史实仅限于对舞蹈、游戏娱乐活动的描述，还不能称为体育，但原始先民在参与身体练习中所形成的肢体技能，显现了热爱生命的女性意识，孕育了中国古代的女子体育和体育文明。

2.3.1.2　夏至春秋战国时期

这个时期是我国从奴隶社会向封建社会过渡的时代，文化领域十分繁荣，特别是春秋战国时期，出现了"百家争鸣"的盛景，而女子体育活动也在这个时期开始兴起，这从侧面反映出那个时代开始逐步走向文明与开放。

女子体育在商代的巫觋文化和祭祀活动中得到了传承和发展。女子可作为"巫"参与宗教祭祀，担任"巫"的妇女，以歌舞的仪式以舞娱神、禳灾降福。巫舞起初用来取悦神灵，后发展为供贵族娱乐的舞蹈，动作幅度大，充满着力量与激情。投壶是战国时期比较流行的一种休闲体育活动。在离地大约七尺的地方，向壶中掷箭。投壶是一种讲究礼节的活动，满足了文人雅士放松身心的需要。《礼记·投壶》云："投壶者，主人与客燕饮讲论才艺之礼也。"投壶活动不仅受到达官贵人的青睐，普通百姓在宴席中也常常以投壶助兴，其中也有很多女子参与。据记载，春秋战国之交，女子习射技艺甚精，有越女论剑、陈音善射故事著称于世。《吴越春秋》中记载了"越女论剑"的故事：越王勾践请一位民间女击剑家教授剑法，她论说道："凡手战之道，内实精神，外示安仪；见之似好妇，夺之似惧虎。"这个记载反映出当时的女子练习击剑运动的情形。而在战国时的酒宴上，娼优歌舞助兴已成为一种时尚。《吕氏春秋·分职》记载，"今有召客者，酒酣歌舞，鼓瑟吹竽，明日不拜乐己者而拜主人，主人使之也"。这一时期的女子，还参加蹴鞠、牵钩、踩高跷等体育活动，宫中和官宦之家的女子则可参加围棋、象棋等棋类活动。中国古代史料中还有女子骑马、游泳的记载。

2.3.1.3　秦汉时期

这个时期是封建女性意识得以确立的关键时期。自此，男尊女卑、男强女弱的倾向更为明显。只是出于满足统治阶级享乐的需要，才有少量的供帝王观赏的女子体育活动。女性参与体育十分注重表演技艺，刻意追求柔弱妩媚之度、慵懒娇羞之态，是秦汉时期"男以强为贵，女以弱为美"的价值观的直接体现。

在先秦时期，中国女性缺少独立自主权，无法学习"射""御"等技能，因而较多地选择休闲性的体育运动，比如舞蹈。《国风·邶风·简兮》一诗就描绘了祭祀时男女公庭万舞的场景。

汉代是秦代以后中国的第一个封建专制王朝，这一时期的文献中经常有与女子习武有关的记载。当时，由于战力匮乏，女性也要参与军事训练。随着战乱平息，生产力得以迅速恢复，建国之初的几位皇帝实行减赋轻徭的政策，使民力得以恢复。经济的繁荣、社会的进步，使百姓的精神生活不断丰富，催生了休闲体育项目和竞技项目。史载当时最流行的是蹴鞠与百戏，这股休闲运动之风吹遍民间和宫廷，且不乏好手。蹴鞠在当时是具有娱乐、嬉戏、欣赏性质的项目，今天，我们在大量的壁画、汉画像石上都发现了女子踢足球的画像。《乐舞百戏车马出行图》上清晰地刻画了两个女子单人跳绳的形象。此外，"六博"、秋千等游戏也深受女性喜爱。"六博"是中国古代民间一种掷采行棋的博戏类游戏，对博双方各有 6 枚棋子，通常行棋之前要投箸，根据投的结果来决定行棋的步子。《史记·滑稽列传》云："若乃州闾之会，男女杂坐，行酒稽留，六博投壶。"秋千这项休闲娱乐活动是由西北地区传入中原的，并由宫廷传入民间。另外，为了满足皇室贵族的审美与娱乐需求，舞蹈成为当时流行的体育形式，不少技艺高超的宫廷乐人由于得到皇帝的宠爱，显富一时。汉代后期，东汉的《白虎通德论》一书正式提出了"三纲五常"的思想，封建道德逐步完善，使女性被束缚在家庭之内，社会地位逐渐降低。在封建纲常礼教严密禁锢下的女性，被剥夺了参加体育活动的权利，导致汉代后期女子体育运动的衰退。

2.3.1.4 魏晋南北朝

魏晋南北朝时期在中国历史上是战乱频仍的时代，各种力量为了争夺统治地位或扩大统治范围，展开了激烈的斗争。魏晋南北朝是政治动荡、社会黑暗、经济衰退的时代，然而也是精神史上极自由、极开放的一个时代。魏晋南北朝的女性大胆地与封建礼教进行抗争，她们挣脱了秦汉时代礼教对女性的束缚，为自己争得了一些权利。

　　魏晋南北朝的射术活动内容丰富，形式多样，射箭尤重娱乐，供上流社会观赏之用。在习射表演之风的推动作用下，出现了众多精于射箭的巾帼女英。后赵时期就有女子学习骑射和步射的射箭活动。晋代陆翔《邺中记》载："石虎三月三日临水会，公主妃嫔、名家妇女，无不毕出，临水施帐幔，车服灿烂，走马步射，饮宴终日。"不少女子练就的射箭技艺，精妙出神，丝毫不逊于武功显赫的英雄男儿。《北史·后妃列传下》记载："神武迎蠕蠕公主还，尔朱氏迎于木井北，与蠕蠕公主前后别行，不相见。公主引角弓仰射翔鸱，应弦而落；妃引长弓斜射飞鸟，亦一发而中。神武喜曰：'我此二妇，并堪击贼。'"

　　这一时期的舞蹈艺术在各方面有较为广泛的发展，当时宫廷和豪门世族有专门的歌舞艺伎。府中有"舞人张净琬腰围，一尺六寸，时人咸推能掌中舞；又有孙荆玉，能反腰帖地，衔得席上玉簪"（《梁书·羊侃传》）。这一时期连绵不断的战争导致大规模的人口迁徙，也带来了各民族文化的大交流。汉晋时期，舞蹈传到了北朝，西北少数民族的"龟兹乐""西凉乐""西戎伎"等乐舞也被带进了中原，促进了各民族间舞蹈的大交流。南朝也引进了北方民族的舞蹈，如梁元帝萧绎《夕出通波阁下观妓》中有"胡舞开春阁，铃盘出步廊"；又如陈后主时，曾"遣宫女习北方箫鼓，谓之代北"（《隋书·音乐志》）。优美的舞蹈活动也出现在佛教艺术当中，如敦煌壁画中的"天宫伎乐"。北魏京城洛阳的景乐寺，大斋时，"常设女乐，歌声绕梁，舞袖徐转……得往观者，以为至天堂"（杨衒之《洛阳伽蓝记》卷1），反映了这一时期的舞蹈艺术在各方面均有应用。

　　魏晋南北朝时期的体育活动中，得到发展的还有相扑以及投壶等。相扑之名始见于西晋初，女子相扑也于此时始见于文字记载。吴末帝孙皓，"使尚方以金作华燧、步摇、假髻以千数，令宫人著以相扑，朝成夕败，辄出更作"（《古今图书集成》卷422引《江表传》）。这一时期投壶之戏的风行，并有隔障投壶的技巧，石崇有一婢女"善投壶，隔屏风投之"（《太平御览》引《晋书》）。投壶的花样"有倚竿、带剑、狼壶、豹尾、龙首之名。其尤妙者，有莲龙骁"（《颜氏家训·杂艺》）。

　　另外，大量的少数民族相继进入中原地区，使骑射、角力等活动都得到了较大程度的发展，中原地区女子习武等活动也空前盛行。

2.3.1.5　隋唐时期

隋唐时期经济繁荣、政治稳定，同时社会风气的开放、妇女地位的提高、统治阶级的倡导，使女性受封建礼教束缚较小，能积极快乐地投身于各种各样的体育活动之中，进一步促进了女性休闲运动的发展。

在隋唐时期，球类活动非常盛行。例如，女性经常参加蹴鞠活动，诗人王健《宫词》云"寒食内人长白打"，说的就是在寒食节这天宫廷女伎表演"白打场户"的情况。"白打"是当时颇受妇女喜爱的蹴鞠形式，不设球门，活动量较小，主要以踢高、踢花样为主。又如，马球运动也是一项十分重要的女性体育活动，这个运动从西域传到中原之后，就在民间广泛流传。女性参加马球运动一般是为了娱乐，而且在参与形式上与男性有所不同，主要是驴鞠和步打球等形式，其对抗性和激烈程度都远不如马球。五代花蕊夫人的《宫词》一诗记载了女性的驴鞠活动，"自教宫娥学打球，玉鞍初跨柳腰柔"，描述了女性在击鞠过程中的动态美。驴鞠较之马球更有审美性和观赏性，深得上层人士的青睐。

在盛唐时期，杂技类休闲活动也非常盛行。其中，竿技是最为精彩的杂技项目之一，是配着音乐的体育表演。表演竿技的女伎，随着音乐缘竿而上，在竿上徘徊往复，如履平地；跳跃倒挂，随意腾踏。有时还手持小旗或舞盘表演各种动作。另外，绳技在盛唐时期也特别流行，每逢节日都有绳技的表演。绳技表演时，绳的高度有数丈之高，两女伎表演时合着鼓点的节奏，在高空中表演相向侧身而过、翻身倒立等动作。杂技不仅在宫廷表演，还在集市和庙会等社会公共场所出现。

盛唐时期的舞蹈融合了各种技艺的精华，在表现形式上很有特色，具有很强的艺术感染力。其中胡旋舞是来自西域和周边少数民族的一种舞蹈，富有节奏感，对女子健身起着重要作用。白居易的《胡旋女》对多变的舞姿进行了生动的描写："胡旋女，胡旋女。心应弦，手应鼓。弦鼓一声双袖举，回雪飘摇转蓬舞。左旋右转不知疲，千匝万周无已时。"剑器舞也是西域传来的一种舞蹈，女子手执双剑，在伎乐的伴奏下翩翩起舞。此外还有大型的观赏性舞蹈《霓裳羽衣》，被称为唐代的大型团体操。

唐代还流行围棋，唐王朝为在宫内妇女中普及围棋，特设宫教棋博士，负责教习宫人围棋。当时的围棋并非只在宫廷贵妇中流行,在民间也有很深厚的群众基础。唐代的节令习俗活动主要包括:元宵节期间的观灯、夜游、踏歌,清明节前后的踏春郊游、秋千、跳绳、观球,端午节的射团、射鸭、竞渡、拔河、游泳,重阳节的登高望远等。

唐统治者尚武图强,继续推行"兵农合一"的府兵制,宫中民间,习武为常。这种尚武之风给唐代女性的生活和观念带来了一系列的变化,对女性参与体育活动有较大的推动作用。隋唐时期政治、经济、社会文化的全面发展,展现了一种开放、自由、不拘于传统、敢于挑战的时代精神,但在盛唐之后,这一时代精神逐渐式微。

2.3.1.6 宋代至明清时期

北宋处于承前启后的封建社会发展的历史转折时期,宋代女子体育不如唐朝兴盛,但在自身发展过程中,依然在夹缝中顽强生存,女性在相对包容的环境下可参与不同形式的体育活动,呈现出自己独特的风貌。蹴鞠在宋代不只是男性群体的专属运动,很多史料都反映出宋代女子参与蹴鞠这个项目,宋词中也有许多讲述女子参与蹴鞠的内容,而且还有女子蹴鞠队。马端临《文献通考》载:"女弟子队一百五十三人,衣四色,绣罗宽衫,系锦带,踢绣球,球不离足,足不离球,华庭观赏,万人瞻仰。"除了蹴鞠,马球活动也风靡宋代的各个阶层,特别是宫廷女子也参与到打马球的行列之中。与唐代一样,宋代女子更倾向于"小打",即骑着小马或驴骡进行打球运动。宋代有军事方面的需求,朝廷对射术和武艺的重视程度极高,其中尤以骑术和射术最为普遍。女子的射箭技艺也极为精湛,能在马背上射箭且命中率极高。另外,得益于都市经济的繁荣发展,部分女性也投入相扑大军之中,民间女子可以在瓦舍表演相扑。日常生活中,女子通过参与围棋、象棋等棋类活动,以及樗蒲、打马、双陆、叶子戏、骨牌等博戏,来达到愉悦身心的目的。女子也会参与民间风俗节令中的春游踏青、清明节的打秋千、端午节的斗草等,还有机会表演抛球、投壶等体育节目。

南宋至清末是女子体育史上最黑暗的时期,女子民间体育虽未遭到毁灭性打击,但和盛唐相比已是一落千丈,从繁荣走向衰落。在明代,古代各项传统球戏仍有缓慢发展，如蹴鞠活动。民间涌现出一批技艺高超的女性蹴鞠爱好者，踢鞠也是宫中嫔妃非常喜欢的运动。明代妇女喜爱秋千运动，万历《安丘县志》记载清明"女子尤重秋千"，万历《秀水县志》记载"妇人架秋千为戏"，天启《来安县志》记载"牧童村女作秋千戏"。可见，秋千已经成为明代妇女较为普及的一项体育活动。明代女性还酷爱剑器舞，马端临《文献通考》记载：剑器，"其舞用女伎，雄装，空手而舞"。继魏晋南北朝隋唐后，明清时期出现了中国围棋史上第三个高峰。妇女中也不乏弈棋能手，还形成了弈棋流派，如永嘉派、新安派等。另外，在一些传统节令如元宵节、花朝节、中秋节期间，常有郊游、杂技、舞狮等节目，吸引女子参与。清朝的女子体育活动在很大程度上都是封闭式的，其中荡秋千、抛球、下围棋、放风筝、钓鱼等是当时主要的体育休闲项目，女性参加的体育活动也仅仅局限在娱乐休闲的功能范围内。另外，在明清时期，中国北方流行"走桥"习俗，每年正月十六，无论是大家闺秀还是家庭主妇、下人女佣，都会以户外远足的形式祈福，在行走过程中要通行桥面，据称可消除百病，所以"走桥"被称为"走百病"。这是一项完全由女子广泛参与的户外休闲活动，也是中国封建社会中女子独有的运动项目。

和盛唐相比，宋代至明清时期的女性休闲已是一落千丈。封建统治者对女子的禁锢越来越多、越来越严酷，直至发展到推出对女性缠足等一系列的压迫女性的封建、残酷举措，致使女性承受着肉体和灵魂的双重痛苦，根本没有能力参加体育休闲活动。女性在封建礼教的束缚之下形成的卑屈、顺从、忍耐、"女子无才便是德"的文化价值观念，阻碍了女性休闲运动的发展。

2.3.2　近代中国女性休闲体育

1840 年鸦片战争爆发，中国近代史的序幕拉开。这一时期的女子体育既承接了中国古代延续下来的固有传统，又受到来自西方文化的强烈冲击。近代女子体育的发展史，某种意义上可看做近代中国社会发展历程的缩影。

第一次鸦片战争以后，西方帝国主义列强利用与清政府签订的不平等条约，不断派传教士来华，并兼办教育，力图实现对中华文化的侵略。早期教会兴办的女子学校给女性参与体育活动提供了空间和条件。虽然不是所有的女子学堂都开设专门体育科，但都会安排体育活动，体育也是学生课程的组成部分。在中小学实行娱乐性体育活动，在高等教育阶段引进西方先进体育项目，如体操、田径、游泳、篮球、排球和乒乓球等，促进了西方体育在女校的普及。女学的振兴，使女性有了参加体育锻炼的机会。同时，维新派还竭力主张禁止女性缠足，认为只有解放双足，才能促使女性自我觉醒。女性新式学堂的出现和不缠足运动的推行，真正揭开了女性觉醒的序幕，为女性参加体育锻炼创造了基本条件。在教会女塾的示范和内忧外患的时局背景下，进步人士意识到女性接受教育的重要性，中国人开始自办女学，这些民办女塾和官办学堂，强调对女性进行"德、智、体"全面教育，体育得到重视，体操课被列为正课。1906年，清廷学部（教育部）通令全国各省，于各省城师范学堂"附设五个月毕业的体操专修科，授以体操、游戏、教育、生理、教法等"。蔡元培建立的爱国女塾中，设置了体操、田径、球类、舞蹈等课程，开展了木兰刀、球杆等20余项体育运动。学校体育的发展引发了对女子体育专业人才的需求和女子体育专业人才培养的开启。一系列女子体育组织相继出现，在社会上组织和开展女子体育活动，进一步传播和推广了女子体育运动。

女子体育领域进一步扩大，带动了社会女性参与到体育中。据《女青年月刊》和《女青年》的记载，杭州女青年会为矫正身体不良姿势，提倡健康美，成立了"国术组"；南京女青年会为发展近代女子体育，组织了"妇女网球会"，还举行了比赛。由中国人自己组织的女子体育组织也相继出现，如：1919年，湖南蒋保山发起成立"女子体育会"，专门研究如何进一步发展女子体育的问题；1925年，又有陈奎生等人为提高体育理论与运动技术水平，组织了"女子暑期体育研究会"，学习内容有体育理论与方法、生理卫生、国术、柔软操、田径、球类、童子军、音乐、舞蹈与游戏。这时女子体育的发展早已突破了学校的范畴。工厂、社会团体、妇女组织都纷纷加入体育运动当中，包括了传统的体操、赛跑、乒乓球、篮球、排球、网球、武术活动，还演变出远足、竞走、游泳、回力球、高尔夫球、脚踏车等运动项目。在这个内忧外患的特殊时期，女子体育强调养成强壮的身体，担起救国的重任，"强种救国"是女子体育赋予女性身体的重要使命，从而使女性身体担负起民族复兴乃至抗战救国的新使命。

清政府被革命力量推翻后，进入了中华民国时期，女子体育逐渐朝着正规化和规范化方向发展。临时政府颁布了各种法律法规，除了涉及学校体育，对社会体育也作了一系列的规定，强调遵循女子身心发展规律，按照个人实际情况选择适合的体育运动项目，鼓励女子自主参与到体育活动中。女性完全可以通过法律途径来保障自己参与体育的权利，使女子体育的发展有了法律依据，为女性的解放开辟了新沃土。但政府在实施过程中，主要目的是借此稳固统治，并没有从民众利益出发，出现了不少军事化训练的内容，导致女子社会体育有了军事化趋势。另外，当时的上流社会出于对西方生活的模仿，表现出对娱乐和体育活动的浓厚兴趣，如买办梁炎卿有 15 个子女，他们以打网球和骑马为主要娱乐方式，经常出国参加竞赛，是当时著名的业余运动选手。这些上流社会的体育参与者还通过各种体育组织来规范体育的传播，对中国近代女子体育的形成发挥了一定的作用。

在中国共产党领导下的苏区，以人民群众的基本利益为出发点，组织和开展有益于人民群众身心健康的各类活动。苏区列宁工作室设置了体育组，划分为武术股、田径股、球术股和劈刺股，主要负责和监督青年群众体育活动的开展。在列宁小学校，学生每天下午一小时可以根据自己的兴趣爱好选择活动内容和形式，女生多爱踢毽子；还会在早晨出早操，进行队列操练。中国共产党鼓励苏区女性加强身体锻炼，推动了女子体育的发展。

全面抗战爆发后，国民政府领导下的女子体育军事化性质浓郁，在学校中的女学生必须参加一定的体育训练和军事看护训练，以备抗战之需。中国共产党领导的区域女子体育与抗战实际结合，但由于条件较差，没法统一推广某一专门的体育项目，所以出现了改良性的体育活动。女性的体育活动以团体活动为主，如在运动会中表演团体操、舞蹈，平时组织爬山，在天然湖泊中游泳，在田野上跑步，女性参加体育运动的积极性和主动性很高。

几千年来，"三从四德""男主外女主内"等封建礼教束缚着中国女性的身心，女性少有机会接受系统的教育，更无从事体育运动的权利。但从晚清开始，在西方"天赋人权论"的影响下，进步人士积极宣传民主思想，社会开始提倡男女平等，禁止女子缠足，促进了妇女解放运动的发展，从而推动了近代女子体育的兴起。女子教育和女子体育的兴起，使女性冲破了封建樊篱，从闺阁中走出，接受教育、学习知识，参与体育活动和锻炼，逐步培养起了她们独立自主的能力。自此，休闲才第一次作为女性自觉意识进入女性生活。

2.3.3 现代中国女性休闲体育

随着社会经济的发展、生活水平的提高，人们的休闲参与意识也逐渐觉醒。现代女性社会地位的提高使她们的自主意识进一步得到彰显，参与休闲体育活动呈现出前所未有的崭新局面。

第一，妇女解放运动促进了女性思想和身体的解放，女性的文化程度日益提高，带动了女子体育的大发展。现代女性抛弃了一些传统思想，增强了自主独立的观念，开始追求丰富多彩的生活。在这种思想认识的指导下，女性对美好生活的向往更加强烈。因此，休闲体育慢慢渗透进女性的日常生活，女性也在休闲体育活动中扮演着积极的角色。

第二，由于生产力的发展，家用电器的大量使用及家庭成员的日益减少，女性减少了家务劳动的时间，家庭不再是她们的全部，她们有更多的时间和精力去看看外面的世界。同时，5 天工作制的实施，国家法定节假日的调整，增加了女性的闲暇时间，为女性休闲体育的开展提供了时间上的保证，并让她们在休闲体育中体验到了前所未有的欢愉。

第三，现代快速的生活节奏影响着人们的身体健康，高血压、肥胖症、心血管疾病等城市"富贵病"的高发让人们开始注重自身的身体健康问题。健康、运动也逐渐成为女性生活中的一个重要话题。提高自身健康水平、改善身体状况是很多现代女性利用闲暇时间进行体育运动的内在动力。因此，她们希望身心健康，发展自我个性，她们要在休闲体育中去体验人生、升华人生。

第四，中华人民共和国成立以后，社会主义的法律制度逐渐完善，男女平等的权利不仅在宪法上被确认，而且在实践中得到了贯彻，进一步促进了女性休闲体育的发展。特别是改革开放以来，国家层面陆续颁布和出台了一系列法律和文件，如《全民健身计划纲要（1995—2010 年）》《中华人民共和国体育法》《全民健身计划（2011—2015 年）》《全民健身计划（2016—2020 年）》等，为女性参与休闲体育提供了契机、创造了条件。

现代社会中，女性的生活空间在不断扩展，女性休闲体育的内容也越来越丰富多彩。占据我国总人口（约 14.1 亿人）近半数（48.76%）的女性参与到形式多样的休闲体育活动中，如羽毛球、健美操、健身舞、瑜伽、跑步、气功、太极拳、走步、排球、乒乓球、保龄球、网球、高尔夫球、下棋、游泳、登山、野营、垂钓等；近几年来，更具冒险性和挑战性的各种休闲体育活动领域，如蹦极、攀岩、跳伞、滑行等，也都有了女性的身影。2010 年 12 月，由全国妇联和国家统计局联合组织实施的第三期中国妇女社会地位抽样调查结果显示，有 55.2% 的女性进行体育锻炼，其中经常锻炼的占 14.9%，有 20.2% 的女性参加过村街社区文体活动。这表明我国已有半数以上的女性参加了体育活动，其中不乏具有良好锻炼习惯的参与者。

近年来，某些发展迅速的休闲体育运动项目，也不乏女性参与者的身影，如跑步、骑行等。中国田径协会发布的《2019 中国马拉松大数据分析报告》显示，马拉松及相关路跑所有赛事（包含中国田协认证赛事及非认证赛事，包括马拉松、越野跑、10 公里跑、健康跑、超马、团队赛、垂直马拉松、定向赛等），从 2018 年的 1581 场增加至 2019 年的 1828 场。2019 年全部赛事参赛规模为 712.56 万人次，较 2018 年 583 万人次增加 129.56 万人次，其中全程马拉松赛事参赛规模为 330.36 万人次，半程马拉松赛事参赛规模为 233.81 万人次。从分析报告中还可以看出，2016 年，男性跑者占 75.06%，女性跑者占 24.94%；2017 年，男性跑者占 72.91%，女性跑者占 27.09%；2018 年，男性跑者占 73.10%，女性跑者占 26.90%；2019 年，男性跑者占 74.63%，女性跑者占 25.37%。在 2019 年的全程马拉松项目上，男性跑者占 81.44%，女性跑者为 18.56%，对比 2018 年女性跑者占比提升了 1.34%。45 ~ 49 岁年龄段的女性跑者最多，占比达 21.05%。半程马拉松项目的男性跑者比例为 71.86%，女性跑者比例为 28.14%，对比 2018 年女性跑者占比提升了 0.17%。30 ~ 40 岁年龄段的女性跑者最多，占比达 17.43%。上述数据表明，近几年越来越多的女性参与到跑步这项休闲体育活动中去，但与男性相比还是有差距，特别是全程马拉松项目。再看骑行运动，新华网体育与行者大数据研究室共同发布了《2018 中国骑行运动大数据报告》，行者 1200 万骑行 App 用户、13 亿公里的骑行海量数据显示，参加骑行的女性比例，2015 年为 4.8%，2016 年为 6.6%，2017 年为 9.6%，2018 年为 14.5%，表明 2018 年女性骑行人数增长迅速，女性更是频繁出现在自行车赛事中。总之，女性休闲体育呈现出繁荣的景象，而且越来越多的女性深入地参与到某项休闲体育活动中；但也不能否认一个事实，那就是与男性相比，女性休闲体育还有发展空间。

2.4 关于女性休闲体育行为的研究综述

2.4.1 国外关于女性休闲体育的研究综述

国外关于女性休闲的研究往往把焦点放在女性休闲方面的不利地位，因此，关于女性休闲限制的研究，受到更多学者的关注。早期关于女性休闲限制的研究，涉及缺乏时间、受经济的限制、缺乏休闲机会和设施等（Jackson，1988；Searle & Jackson，1985）。Shaw（1985）针对休闲和休闲感受做了一份时间分析研究，发现女性的休闲时间少于男性，而职业女性可能是当今社会中最缺乏休闲时间的一个群体（Harrington & Dawson，1995；Witt & Goodale，1981）。一些学者认为，女性因为家务琐事、社会性别权力和关系等而缺乏休闲的自由（Deem，1982；Henderson，1986；Wimbush & Talbot，1988）。有工作的女性因为她们的"双倍工作日"或"第二工作"而承受巨大的时间压力（Hochschild，1989）。一些研究表明，同男性相比，女性更易受到时间的限制，家庭义务和责任（Horna，1989；Searle & Jackson，1985；Witt & Goodale，1981）使一些职业女性因为双重角色而很少有时间休闲（Shank，1986）。另有研究表明，不论是职业女性还是家庭妇女，都比她们的丈夫更缺乏时间休闲（Shaw，1985）。在Bolla 等（1991）的研究中，时间因素是回答频率最高的客观限制因素。Mannell和 Kleiber（1997）认为，有工作和孩子的女性可能会比同样的男性拥有更少的休闲时间，因为她们的时间更多用在照顾孩子和家务劳动上。Horna（1989）、Shank（1986）、Shaw（1985）也认为，有孩子的职业女性更易受到时间限制的影响，她们可能更感到缺乏休闲时间。Shinew 等（2004）认为，经济上的贫困是女性参与休闲活动的限制因素之一。在参加休闲时，单身母亲、低收入女性、失业女性和有色人种女性比白人女性和中产阶层女性受经济条件的限制更大（Shaw，1985）。

之后的一些关于女性休闲限制的研究，多围绕身体、性别认识等方面展开。Henderson 等（1988）认为，对于女性来讲，除了敏感和害羞外，身体形态也是参与休闲活动的一种限制因素。Shaw（1989）指出，这种敏感心理在某些休闲场景或活动中显得很成问题，如徒手操、游泳、舞蹈等项目，因为这些项目中要求参与者穿贴身的和非常短窄的衣服。Dattilo 等（1994）发现，不论是那些低收入的肥胖女性还是那些身材适中甚至瘦削的女性，身体形态都会成为她们参加休闲活动的一个障碍。Fredecick 和 Shaw（1995）对大学本科生进行调查采访，发现体态问题可能会对女性在活动中的情绪产生不良的影响；在健美操课上，她们更关心外貌、衣着及苗条身材，特别关心体重。James（2000）发现，青春期女孩在公共泳池游泳的时候，会在意周围人群特别是男孩子的目光，所以可能会遮挡自己的身体或减少参与游泳的频率，甚至避免在人多的泳池游泳，使得自己不处于尴尬的身体情境。James 和 Embrey（2002）发现，对体型的追求可以促使女性参与休闲体育活动，但也会限制她们的休闲体育行为。另外，女性的身体认知受社会环境影响，如 Cheney（2011）民族志研究了 18 名居住在美国东北部的女大学生，发现在白人为主的富裕社区中，不同种族、文化、宗教和民族语言背景的成年女性会遭受各种歧视，感到被排斥；而经历了这些排斥之后，她们会认为苗条的身材是一种工具，通过它可以获得更多的社会权力。

传统的性别观念对女性休闲参与产生很大的影响，一些女性会觉得休闲是一种自私的做法，或必须首先考虑他人的休闲需要而不是自己的（Green et al 1990；Bolla et al.，1991；Henderson，1991；Shank，1986）。Gilligan（1982）提出了道德关怀这个概念，与女性缺乏休闲紧密相关。女性总是把别人的需求放在第一位，而忽视了自己的休闲需求（Henderson，1991）。Harrington 等（1995）也认为，道德关怀会影响女性的休闲享受。这种道德关怀表现在一些女性缺乏对休闲权利的认识，研究表明：那些很少有时间进行个人休闲活动的女性，通常不觉得自己有休闲的权利（Green et al.，1990；Bolla et al.，1991）。Bella（1992）在一项探讨女性的圣诞节庆体验的研究中发现，女性关注的是确保其他每个人都玩得高兴，但并不在意她们自己是否如此。Hunter 和 Whitson（1991）在加拿大北部一个小镇进行的女性休闲研究指出，女性花大量精力以确保家庭其他成员能够享受"家庭休闲"。根据 Henderson 和 Bialeschki（1993）的研究，休闲权利的缺乏是女性独有的。Shaw 等（1995）对中学生进行定性研究，指出女孩要比男孩更多地参加那些为了取悦别人而进行的休闲活动，包括那些为了让父母高兴或为了让朋友高兴的交往活动。Karsten（1995）提出了一个关于休闲、关怀、劳动及其相互作用于女性休闲的模型。基于照顾别人的角色，女性很少有自己的休闲时间（Hunter & Whitson，1991）；基于一个母亲的角色，女性会更多地考虑整个家庭的休闲需求（Hunter & Whitson，1991；Karsten，1995）。Shaw（1994）认为，女性参与休闲活动会受到传统的性别刻板印象的限制，譬如参加女性化的活动项目等。Clup（1998）发现，性别角色及角色期待会限制女性参与户外的休闲活动。8～10岁的男孩和女孩在参加体育活动与选择项目时已经开始不同程度地受到传统性别观念的影响（Schmalz & Kerstetter，2006）。Clark和Paechter（2007）通过人口学研究方法得出，男孩和女孩的性别观念对他们在操场上参与足球运动产生了不同的影响，谦卑、克制、善良与女性气质之间的联系对女孩投入运动有负作用，同时，关于欲望和决心的限制被证明特别有害于女孩在参与足球运动中的自信。

一些研究从人生的不同发展阶段来研究女性休闲限制。Culp（1998）研究了青春期女性的户外娱乐，发现性别角色、同事关系、个人的观念、道路和机会问题、环境的因素、感觉到的或实际存在的限制以及安全因素限制了青春期女性的休闲参与。Kuehn（2003）对钓鱼活动的调查研究指出，钓鱼活动参与在人生的不同时期会受到不同的限制，孩童时代的主要限制是机会，青春期主要受社会环境的限制，而成人期则主要受到时间的限制；而且在各个时期，女性都比男性受到更多的限制。除了以上因素，结婚和生孩子经常被认为是女性休闲的限制因素（Deem，1982；Stalp，2006），女性在结婚和生育后会减少参与休闲体育活动（Claxton & Perry-Jenkins，2008；Deem，1982），怀孕、生子、哺乳更会限制女性参与休闲体育活动。

在休闲限制研究的基础上，关于女性休闲体育的研究已经拓展到动机和变通策略。Henderson和Bialeschki（1993）关于女性休闲的研究表明，女性会通过一些变通策略来调整性别差异所带来的一些限制，从而参与和保持休闲活动。Frederick和Shaw（1995）指出，一些年轻女性在练习有氧操的过程中，通过变通策略而更少地关注身体外形。Thompson（1995）对46名女性网球参与者进行深度访谈，研究表明，女性参与体育活动的外部动机主要是保持健康和控制体重，而内部动机主要来自运动本身所带来的乐趣和愉悦感；影响女性参与休闲体育活动的外部因素有工作时间、工作压力、丈夫的工作、照顾老人和孩子，内部因素包括个性特点、兴趣爱好、疲劳、懒惰等，但一些女性也会采取变通策略参与到休闲体育活动中去。Brown 等（2001）发现，年轻妈妈尽管会遭遇许多限制因素，但是她们还是会克服困难参与到休闲体育活动中。Little（2002）的研究结果表明，女性参与冒险类休闲活动时，如果限制程度较低，她们会采取强化的策略，包括优先考虑、妥协；如果限制程度较高，她们会采取调整的策略，包括创造性的冒险活动、预先计划。

一些研究涉及女性休闲满意度。如对于体型的关注在一定程度上会影响女性的休闲享受（Frederick & Shaw，1993）。传统认识中，女性参与体育锻炼的目的更倾向于瘦身及完善形体。Strelan 等（2003）对年轻女性锻炼情况的研究发现，女性锻炼的原因与身体满意度显著相关，以减肥、改善肤色、增加吸引力为目的会降低休闲满意度，而以健康、健身、享受为目的会提高休闲满意度。James 等（2005）发现，澳大利亚的高中男生比高中女生在体育活动方面呈现更高的参与度和更多的愉悦感。

从女性主义的视角探讨女性休闲体育，视野更广，涵盖的内容更丰富。Metheny（1965）首次探索了社会性别的传统观念在体育及选择体育活动项目中的影响，男性和女性休闲方式的不同远远超过了生物学意义上的差异。Henderson（1994）认为，在许多关于女性休闲的研究中，"gender"不是作为一个人口统计学因素，而是作为一种分析框架。Jackson 和 Henderson（1995）认为，对于社会性别的文化理解和制度化不仅仅是一种生物性别意义上的限制因素。Gill（2001）总结了前人关于女性主义和休闲体育的研究，指出性别是有联系的，而不是绝对的，性别与种族/族裔、阶级和其他社会身份有着不可分割的联系，性别与文化的关系涉及权力和特权。Henderson 和 Shaw（2006）呼吁将女性休闲研究放在一个大的社会环境中进行。

2.4.2　国内关于女性休闲体育的研究综述

2.4.2.1　关于女性休闲体育参与的研究综述

一些学者从不同的视角探索现代女性体育参与的影响因素。魏丽艳、李彩秋（2003）对制约职业女性健身活动的因素进行分析，结果表明：传统文化、双重角色的冲突、受教育程度是影响职业女性健身活动的主要因素。孟文娣等（2005）对当下中国女性大众体育参与的总体状况及影响因素进行了归纳、分析和研究，结果表明：女性参与体育活动的场所主要是公共体育场所、公园广场、公路街道边，主要活动形式是与朋友一起，主要活动项目为长走、跑步、羽毛球、体操；内部动机主要有增强体质、散心解闷，外部动机是有改善情绪和与朋友交流。杨闯建（2007）依据社会支持理论，从结构和功能两方面探索了城市女性参加体育锻炼的社会支持，结果表明：城市女性参加体育锻炼寻求的社会支持的结构和功能存在差异，她们主要从家庭、朋友、同事和邻居那里获得归属感和情感的支持，而从政策、社区中获得的条件和信息支持较少；女性的个性特征、文化水平及体育锻炼的经验对其社会支持系统产生一定的影响。胡锐（2007）通过对女性休闲体育影响因素的分析，认为中国女性参与休闲体育的限制因素主要有：自我观念、性别角色、个人经历、技术技能、受教育程度、性格、年龄、时间、经济能力。熊欢（2008）以质性研究的范式，采用深度访谈的研究方法，讨论了白领女性的体育行为及观念，结果表明：一方面，女性参与体育的障碍已经减弱，个人参与体育的自由度在不断提高；另一方面，女性参与体育在制度上和文化意识上仍存在一定的限制因素，包括经济能力、教育背景、家庭角色、文化观念等。周学兵、杨培基、李海乐（2009）基于文化学视角度阐述了社会文化与女性大众体育的关系，考察了传统文化对古代中国女性大众体育发展的影响、西方体育文化对近代中国女性大众体育发展的影响，指出中西方女性大众体育发展道路的不同之处，并认为：影响女性大众体育参与的文化因素有女性的体育意识、女性的多重角色、女性的体育消费观念、大众媒体导向。徐长红、任海、吕赟（2009）从解析身体观的特性和维度入手，探讨女性身体观对女性体育的影响，结果表明：身体观具有生物身体观、社会身体观、审美身体观3个维度；女性身体观与女性体育共同作用于身体，发生直接的互动关系，女性身体观对女性体育起着导向、规范和动力的作用。欧平（2009）阐述了我国休闲体育发展在参与时间、参与人数、场地和项目选择、体育消费等方面的性别差异，并指出导致女性休闲体育滞后的因素包括两方面：一方面，休闲体育发展的性别差异现象是由社会性别观念、体育决策者性别差异和女性社会地位等因素造成的；另一方面，女性的自我观念、对性别角色的妥协和认同、缺乏技术技能等自我限制也影响了女性参与休闲体育。邱亚君等（2012）对65名女性市民的访谈内容进行了分析处理，发现女性休闲体育行为的限制因素主要包括4种类型——自身限制、人际限制、结构限制、体验限制；研究还基于社会性别的视角来分析我国女性休闲体育行为限制因素的特点，结果表明：女性休闲体育行为遭遇限制的原因不只是由生理特点决定的，而且是在我国特定的社会文化背景下逐渐构建形成的。邱亚君等（2014）对1000名女性市民进行了问卷调查，探索女性休闲体育限制因素及其与行为的关系，结果表明：不同参与水平的女性都会不同程度地遭遇限制因素，相对来说，不参与人群在4个限制因素方面得分都比较高，随着参与水平的提高，感知限制逐渐减少；年龄、婚姻状况、年收入、受教育程度等人口统计学因素与限制有关，4类限制因素存在负相关关系，但只有自身限制因素对行为的预测有显著意义。王富百慧等（2015）基于队列分析的视角来探究成年女性体育锻炼行为代际变化特征，研究发现：在社会变革过程中，成年女性的体育锻炼行为也随之改变，在锻炼目的、项目、方式、持久性等方面均呈现显著的代际差异，其中，城乡成年女性锻炼行为表现出趋同与分化并存的特点。张韬磊、吴燕丹（2017）分别从意识形态层面的审美取向、形成意识形态的氏族制政治生态以及形成政治生态的社会及人类进化论根源3个角度出发，解读中国女性的体育参与，研究认为：女性参与体育的机会成本或许在短时间内不会降低到与男性相同的水平，但过去阻碍女性参与体育的因素将随时间慢慢消失。

　　一些学者针对不同社会阶层和不同职业女性的体育行为进行研究。辛利、周毅（1993）对中国城市女职工闲暇体育活动的一系列问题进行了调查研究，发现部分城市女职工不同程度地参加闲暇体育活动，其动机主要表现在促进健康、防治疾病、调节精神状态、消除疲劳、娱乐身心、保持体型；年龄、大众传播媒介、文化程度、职业特点、家务劳动、闲暇时间、家庭平均收入等因素会影响城市女职工参与体育锻炼；阻碍中国城市女职工参加闲暇体育活动的消极因素有家务劳动多、闲暇时间少、工作忙无精力、对体育缺乏兴趣、组织指导工作薄弱。王景亮（2003b）对西安市5种职业女性的体育认知、体育动机和体育消费现状进行了调查，结果表明：西安市职业女性的体育认知水平不高；体

育动机主要来源于生理方面的需要，而心理需要和社会性需要较弱，不同职业
之间存在显著差异；体育消费水平较低，各职业间差异不显著。高秋平、戴国
清（2007）对黑龙江女性知识分子的健身运动状况进行调查分析，结果表明：
黑龙江女性知识分子不同程度地参加健身锻炼活动，退休老年知识分子时间充
裕，参加健身运动的人数占比较大，中年女性知识分子工作压力大，家庭负担
重，参加健身运动的人数占比较小，青年女性知识分子锻炼的目的和动机呈多
元特征；影响女性知识分子参加健身体育锻炼的主要因素是家务多、负担重、
缺乏时间。李瑜、殷超（2007）对10所高校中的女性高级知识分子人群的体育
锻炼进行了调查分析，研究发现：高校教育者的体育消费水平仍然处在较低水
平，女性高级知识分子人群的体育锻炼以简单易行的快走、慢跑和徒手项目为
主；制约女性高级知识分子参加锻炼的因素依次是工作忙、缺乏余暇时间、没
有运动场地、缺乏专业的健身指导、缺乏科学的锻炼知识。阎小良等（2008）
对武汉市下岗女工人、家庭妇女、退休女性等弱势群体对健身项目的选择及影
响因素进行了调查分析，结果表明：羽毛球、跑步、健美操、健身舞、太极拳、
乒乓球、交谊舞等项目是她们的主要选择，影响她们参与健身的主要因素包括
经济条件偏低、消费能力低下、缺乏组织培训等。高秋平、戴国清（2008）对
高校女教师的身体健康及体育锻炼进行了调查研究，结果表明：41～60岁教师
的身体健康状况明显不佳，工作负担和家庭负担都相对较重，她们参加体育锻
炼的动机主要包括强身健体、预防和治疗疾病、改善体型、调节情绪、社会交
往、增进友谊等。杨露、杨树盛（2009）对我国北部地区农村妇女的体育锻炼
状况及影响因素进行了研究，结果显示：农村妇女的体育锻炼参与程度较低；
农村妇女的体育锻炼的群体化、社会化、组织化程度较低，体育锻炼的专业指
导人士缺乏；影响农村妇女参加体育锻炼的因素包括收入水平、锻炼价值认知、
健康意识、生活习惯、受教育程度、锻炼意识，政府主导成分、社团参与成
分、宣传力度，以及余闲时间、农活繁重程度等。谢瑾（2010）对女性高级知
识分子的体育锻炼行为和锻炼需求进行了分析，结果表明：大部分女性高级知
识分子进行有规律的体育锻炼；女性高级知识分子的锻炼项目呈现出多样化特
点，运动负荷适中、容易实行的锻炼项目最受青睐；女性高级知识分子的体育
锻炼需求主要体现在健康、形象、娱乐、技能和社交等方面。周毅刚等（2011）

采用《自测健康评定量表》和自编休闲体育参与调查问卷对 927 名职业女性进行调查，探究职业女性休闲体育参与和身心健康之间的关系，结果显示：参与休闲体育活动会对职业女性身心健康产生积极的影响，其中，职业女性参与休闲体育的动机是对自测健康得分预测权重最大、解释能力最强的变量，锻炼次数、休闲体育人口和参与休闲体育的态度次之。郑贺、蒋启飞（2016）采用问卷调查法，在体育需求的视角下对职业女性体育休闲方式进行研究，结果显示：职业女性对体育需求认知主要表现在身体需求上，并且态度认知、保障认知和环境氛围均影响职业女性的体育休闲方式。马纯红（2018）选取年龄跨度在 25 ~ 55 岁的 4 种不同类别的职业女性进行抽样调查，同时对其进行深度的参与式观察和无结构访谈，旨在用社会分层理论来解释职业女性体育休闲行为与模式的差异，文章认为：职业女性的体育休闲方式与场所表现出的阶层差异，经济资本起表层作用，文化资本起实质性作用，而社会资本则是隐喻的追求，这三者交互作用，共同在社会场域里完成对职业女性体育休闲的价值理念的重构。

也有一些学者对不同生命周期女性的体育活动进行调查和分析。程云峰、陈观云（2002）运用问卷调查对东北城市中老年妇女参加体育健身活动的时间、次数、项目选择、组织形式、活动场所和参与动机等现状进行了研究，结果显示：中老年妇女在选择体育健身活动的项目、形式和场所时带有明显的年龄特征，影响她们参加体育健身活动的因素主要是家务繁重、工作忙及缺乏技术指导等。王景亮（2003a）对西安市中老年妇女的体育健身现状进行了调查，结果显示：西安市多数中老年妇女不同程度地参加各种体育活动，在锻炼项目、场所、形式和时段选择上有明显的年龄特征，体育锻炼主要源于生理方面的需要，家务繁重、工作太忙没有时间是影响西安市中老年妇女参加体育锻炼的主要因素。冯惠玲、吴军（2006）对银川市中老年妇女体育健身活动现状进行了调查分析，结果表明：多数中老年妇女不同程度地参加各种体育活动，在锻炼项目、场地、形式和时段的选择上有明显的年龄特征，体育动机主要来源于生理方面，家务繁重、工作太忙没有时间是影响银川市中老年妇女参加体育健身活动的主要因素。郭太玮（2004）基于不同年龄段女性的生理、心理特点，着重探讨了青年前期女性、青年后期女性、中年女性、老年女性的体育锻炼价值取向，结果表明：在青年期，主要是为了健美和娱乐；在中年期，健康需求决定了她们的体育行为；在老年期，体育锻炼的价值取向又回到了强身、娱乐和追求现实的幸福上。邱亚君（2014）在对 32 名女性市民进行开放性结构式访谈的基础上，运用问卷对 1800 名成年女性进行调查，探索生命周期不同时期、生命周期同一时期的女性休闲体育行为动机因素的不同特征，结果表明：女性休闲体育行为动机因素可归纳为 6 类，其中，认同调节在生命周期各时段的得分最高，其次是整合调节和内部动机，内摄调节的得分较低，无动机和外在调节的作用最弱。6 种动机形式在成人早期、成熟期早年、成熟后期、退休以后 4 个不同时段都存在非常显著性的差异；生命周期同一时段的各动机因素也存在非常显著性的差异。彭延春等（2014）根据年龄将高校女性分为女大学生、青年女教职工、中年女教职工和老年女教职工 4 个组别，采用问卷调查法和访谈法来比较高校不同年龄段女性的体育参与情况，结果显示：女大学生群体和老年女教职工群体的体育参与率和每次锻炼时间均明显高于青年女教职工群体、中年女教职工群体；4 个组别的女性群体针对体育参与的态度都是积极的。

一些学者对不同地区的女性的体育活动进行剖析。臧超美、卢元镇（1998）对北京市城区不同职业女性的体育现状、特点、影响因素进行调查，结果表明：不同职业、不同文化背景的女性对体育的态度和认识呈多元化趋势，高文化群体的女职工除重视体育的健身价值外，还倚重体育在精神层面的价值，如树立自信心以及自强、竞争等意识；体育锻炼的制约因素主要有事业、家庭的双重负担和责任造成体力疲劳，余暇时间不足，场地、器材不足。辛利（1998）对广东省成年女性的身体素质和体育行为进行了研究，结果表明：广东成年女性身体素质整体呈中等水平；参加体育锻炼的动机多样，包括增强体质、消遣娱乐、减肥健美、治疗疾病等，以业余时间自发组织的形式为主，选择就近、简易的场地，首选技术不强、场地要求不高的项目；工作忙、家务重、缺少活动场所和技术指导、经费不足是影响成年女性参加体育活动的主要因素，体质、行为、动机等之间存在很高的相关性。江宇、吴翌晖（2004）对江苏省不同年龄、不同职业的健身妇女锻炼的坚持性和参与程度进行了调查，结果表明：强身健体、心理调适、减肥增重、塑造身材、休闲娱乐和兴趣爱好是广大妇女坚持锻炼的主要动机。他们运用回归分析和相关分析得出：强身健体、休闲娱乐和兴趣爱好是健身妇女体育锻炼的坚持性和参与程度的最佳预测变量；心理调适、减肥增重动机对健身妇女体育锻炼的参与程度预测明显强于坚持性；防病治病、社会交往、追求时尚仅对锻炼的参与程度有预测作用；不同年龄、职业和文化水平的健身妇女的体育锻炼价值观也存在明显差异。徐箐、肖焕禹（2005）采用文献资料研究、问卷调查等方法，研究上海市体育人口的性别结构，结果表明：在上海市人口中，女性体育人口大大低于男性体育人口；制约女性参加体育活动的因素主要有女性在社会中的多重角色、体育场地设施、体育人文环境、经济状况、体育观念等。印罗观（2006）采用文献资料研究、问卷调查和数理统计等方法，对江苏省城市老年女性参与体育锻炼的心理需求状况进行了调查，结果显示：城市老年女性参与体育活动的心理需要包括社会交往、维护自尊、自娱自乐和休闲。葛志刚（2006）对江苏省城市老年女性参与体育锻炼的生理需求进行了抽样调查，结果显示：江苏省城市老年女性参与体育锻炼的生理需求主要包含预防或抵御疾病、增强体质、保持生活自理能力、健康长寿。宋红莲（2006）对南京市职业女性的体育认知、健身行为进行了调查研究，结果表明：南京市职业女性的体育认知呈多元化趋势，但很少有人能全面准确地掌握健身的意义和理论；影响职业女性参与体育活动的内在原因包括双重角色压力、有限的余暇时间、怕吃苦、没有固定的同伴、无场地、费用高、对体育无兴趣等。徐箐、肖焕禹（2007）采用文献资料、问卷调查、实地考察等方法，对上海市职业妇女的体育价值观及体育行为进行了调查，结果表明：上海市不同职业妇女保持和增进健康的体育价值观念较强，但不同年龄呈现不同特点；活动时间主要分布在早晨，活动场所依次是住宅周围健身场所、运动场、公园；上海市职业妇女在体育活动项目的选择上受多种因素的影响，呈现多元化特点；而且参加体育活动的组织化程度不是很高，体育消费水平整体上不是很高，但体育意识和健身意识在增强。朱家新（2007）对福建沿海农村妇女的健康现状、余暇生活、体育认知、体育行为以及影响体育参与的因素进行了研究和分析，结果表明：福建沿海农村妇女的健康状况较差，她们的余暇时间主要是家务劳动、照看小孩，参与的体育项目有快走、慢跑、羽毛球、健身操和韵律操；她们参与体育活动以个人行为为主，有组织的活动很少；影响她们参与体育锻炼的主要因素为没有时间、不懂锻炼方法、没有兴趣、没有场地等。宋珏（2011）对天津市不同年龄、不同婚姻状况、不同学历的女性的体育活动现状及影响因素进行了调查分析，结果表明：天津市女性的参与体育活动的程度较低，组织化程度较低，参与动机包括增进健康、健美体态、舒缓工作压力、娱乐身心、消磨时间，参与的活动项目主要有羽毛球、游泳、健身操、瑜伽、跑步、骑单车等，而女性不参与体育活动的原因主要包括没时间、没同伴、没兴趣、场地设施不足、怕锻炼太辛苦等。李相如、刘转霞（2011）通过对北京市四城区 26～55 岁的青年、中年职业女性进行问卷调查来探究职业女性休闲体育态度与行为特征，结果显示：不同职业、年龄段、学历水平的职业女性，在休闲体育态度及休闲体育行为上均存在差异；同时，制约职业女性参与体育活动的因素比较多元，包括自身缺乏兴趣、传统性别障碍等主观因素和场地器材不足、经济条件不允许等客观因素。黄俊、刘连发（2012）对北京市城市女性体育锻炼分层现状及影响因素进行了关联性分析，指出我国城市女性体育参与依据社会分层理论可以分为中高阶层、工薪阶层和弱势阶层 3 个阶层，这 3 个阶层的女性的体育参与受到来自经济维度、性别维度、教育维度和社会维度以及文化维度下的 12 个具体因素的影响，并且不同阶层的城市女性的体育参与程度呈现出明显不同的特征。张蕾（2016）以成都市为个案，从转型期社会阶层的视角出发来比较城市女性休闲体育行为的差异，研究发现：成都市各阶层女性之间在体育参与率方面存在显著差异，其中社会中层、社会中上层女性更为活跃；不同阶层女性对休闲体育项目和活动空间的选择均不存在显著差异，其中各阶层女性参与散步、跑步、广场舞、乒乓球、羽毛球等项目比重最大，开展休闲体育活动的主要空间是社区周边的公共区域。

2.4.2.2 关于女性主义与女性休闲体育的研究

国内关于女性主义与女性休闲体育的研究，多是对西方女性体育主义的概述以及在女性主义视野下看中国女性体育的发展，涉及奥运会项目的演进、传媒中的女性形象、女性体育参与等，而真正基于女性主义视角对中国女性体育实践开展的研究还比较少。

在西方女性体育主义的介绍方面，学者熊欢 2010 年作了较为全面的回顾，总结了女性主义体育理论发展的 3 个阶段以及主要流派，提出未来女性主义体育理论的发展方向：一是通过权力和性别、种族、阶级的相互关系建构一个综合分析的理论框架；二是向后现代主义转移（熊欣，2010）。2013 年，她还提出女性主义对运动身体的认识与研究建立在女性主义的身体观和身体社会学理论及其对运动身体的解释这两大基础之上，女性运动的身体既是一种社会建构的产物，也是女性解放的身体体现，但同时也受到其他方面的监督、管理和控制。此外，她还发现，体育虽然有消解女性休闲局限性的作用，为女性带来选择的自由与身体的赋权，但这需要一个平等、自由、合理的社会制度与文化环境去达到（熊欣，2013）。

通过对女性主义发展的反思，国内学者已经开始意识到女性主义中话语权的重要性，期望女性发挥自己的主体性参与到体育中，一些学者进而提出了女性体育研究的方向。张宪丽（2011）认为，生态女性主义强调女性与自然的关联，呼吁女性重新思考其在私人领域中的角色，因此生态女性主义视域下女性体育的发展道路应是休闲体育和家庭体育。金梅等（2012）认为，中国的体育社会学应该从社会性别、社会公平、女性发展、话语体系和公共空间等视角进行深入研究。张守忠、李源（2015）认为，在个人层面，应当实现女性参与竞技体育的自我赋权；在社会层面，要缔造女性赋权的社会环境，赋予女性主体地位和参与竞技体育运动的话语权。陈静姝、闵健（2014）认为，虽然女性体育被男权话语所包围，但女性可以通过体育这种身体实践来进行改变，从而拥有强大的自我意识、主动权和社会政治地位。关景媛、陶玉晶（2016）认为，自 19 世纪末以来，女性体育观受到女性主义哲学思潮和女性解放运动的影响，具有一定的阶段特征和鲜明的时代性。

在实践研究方面，部分学者从女性主义出发对女性体育进行调查。熊欢（2012）以质性研究的范式为基础，深度采访了白领阶层、蓝领阶层和失业群体3 个女性群体的体育行为及观念，发现其体育经验受经济地位、教育背景、家庭环境以及社会文化意识的影响。邱亚君等（2012）运用质性研究的方法，探索女性休闲体育行为的限制因素，结果表明：女性休闲体育行为的限制因素主要包括 4 种类型：自身限制、人际限制、结构限制、体验限制。研究还基于社会性别的视角从社会性别差异、社会性别角色、社会性别制度 3 个方面理解我国女性休闲体育行为限制因素的特点，认为女性休闲体育行为过程中遭遇限制因素不只是由生理因素决定的，而且是在我国特定的社会文化背景下逐渐构建形成的。叶欣、陈绍军（2015）从"性别秩序"这一社会事实出发探究女性休闲体育行为，发现在女性休闲体育行为和性别秩序的关联过程中，性别赋权、性别角色和性别空间分别为女性休闲体育行为提供结构性帮助、过程性指导和社会性支持。邬孟君等（2016）采用了田野调查、访谈等研究方法，发现贵州世居少数民族苗族、侗族、土家族、彝族、水族和布依族女性对女性主义的理解和认识不够，追求平等的意识不强，对体育的理解仅仅停留在知道层面。邱亚君（2014）基于社会性别的视角，从社会性别差异、社会性别角色、社会性别制度3个方面考察中国社会文化背景下女性休闲体育行为及其动机、限制因素和变通策略，为不同文化背景下的女性休闲体育研究拓宽了思路，促进了休闲体育理论的进一步发展。

2.4.3 关于女性深度休闲体育行为的研究综述

相对来说，关于女性深度休闲体育的研究较少，21世纪开始，随着女性深度休闲体育参与的逐渐加深，该领域的研究也随之慢慢增加。

性别差异是休闲研究者关注的主要视角之一，女性的深度休闲参与往往会遭遇更多的困难，需要付出的努力更多，体验感也有所不同。Bartram（2001）从女性主义视角展开研究，发现性别是一个重要的因素，它影响皮艇参与者的深度休闲生涯，如女性由于找寻伙伴的困难，更容易在发展阶段遭遇停滞，女性比男性更有可能经历严重的休闲衰退。Kraus（2014）对美国男性和女性肚皮舞者的访谈发现，他们都会想要参加自己喜爱的体育活动，了解历史以及获取相关的资源；而不同于男性，女性更倾向于在人生的过渡时期跳肚皮舞，比如家庭义务减少、职业转变、搬家、入学或离校以及开始或结束一段浪漫关系。Wegner等（2015）发现，不同性别和距离的长跑运动参与者的限制因素存在差异，感知家庭支持和婚姻状况对女性全程马拉松参与者十分重要。Shupe等（2016）发现，女性私人飞行员在男性主导的休闲活动中会投入大量的时间、金钱、精力等；同时，女性参与深度休闲的动机以及获得的社会福利与男性不同。邱亚君等（2020）采用质性研究方法对19名女性深度休闲体育参与者进行了深入访谈，结果表明：女性深度休闲体育特征可归纳为自我提升、团体文化、项目认同、休闲利益、性别意识 5 项；女性深度休闲体育参与是女性彰显主体实践、理解身体意义的途径，但女性的参与依然受父权的牵制，其中深度休闲体育团体提供了女性情感联系、两性求同存异的空间。

一些学者的研究表明，参与深度休闲体育活动给女性带来了各种益处。Heuser（2005）民族志研究了一个俱乐部的成员参与保龄球休闲活动的 5 个阶段，发现老年女性群体因不同的途径和动机参与和沉迷于保龄球，并具有深度休闲特质，且体育活动会带给女性项目之外更多的社会益处。Cronan 和 Scott（2008）运用定性方法和扎根理论采访了女子"铁人三项"参与者，研究发现：休闲时间参与的运动团体可以为女性提供一种社群氛围，特别是对运动新手来说，她们在其中能够逐渐从业余者发展为运动员，重新定义运动对她们的意义，重新认识自己的身体。Kim 等（2016）的研究发现，深度休闲体验有助于提高韩国中年妇女的健康水平。

基于女性主义的视角，深度休闲体育活动的意义也进一步得到延伸，Dilley 等（2010）阐述了后结构主义者对差异和身份的理解，研究认为：女性登山者参与深度休闲活动的意义远远超过休闲活动本身，主要是创造、变通或抵制意识形态期望（关于身体、母性），并创造"成为"的个人空间和"归属"及"差异"的社会空间。

3　女性深度休闲体育特征的研究

近年来，越来越多的女性持续专注于一项休闲体育活动，如长跑、攀岩、骑行等。相较于逛街、聊天等即时短暂的休闲活动，女性开始更加青睐于需要一定时间和精力投入的深度休闲体育活动，以期获得更深层次的体验。在这个过程中，女性会表现出怎样的特征？这些表现背后的意义又是什么呢？本章从质性研究和探索性研究两个方面考察女性深度休闲体育特征的表现及其意义。

3.1　文献综述

3.1.1　关于深度休闲特征的内涵

加拿大学者 Stebbins 于 1974 年开始致力于休闲活动的研究，并对多个领域（艺术、体育、科学和娱乐）的休闲参与者进行了大量研究。Stebbins 通过对美国和加拿大 2 个国家的 4 个领域 8 个类别（包括体育领域）的 300 多位休闲活动参与者的扎根理论研究，于 1982 年首次提出深度休闲（serious leisure）的概念，并一直关注深度休闲领域的研究；1992 年，Stebbins 进一步提出，深度休闲具有 6 个显著的特征：坚持不懈（need to persevere）、显著的个人努力（significant personal effort）、生涯性（leisure career）、强烈的认同感（significant identification）、独特的文化（unique culture）、持久的利益（durable benefits）。

3.1.1.1　坚持不懈

坚持不懈是指深度休闲参与者在参与休闲活动的过程中，会有害怕、怯场、焦虑、疲倦、沮丧、危险、伤病等负面情绪和体验，在遭遇困难和挫折时，他们会想办法去克服所遇到的困难，并坚持自己所选的休闲活动。深度休闲参与者的主要目的在于持续获得满足感，但他们在参与活动过程中难免会遇到一定的困难或挑战。与随兴休闲参与者不同，深度休闲参与者即便遭遇限制因素，出于对活动的承诺和自我挑战的需要，他们也会以积极乐观的心态去面对，采用相应的变通策略，从而持续参与活动（Aral，1997；Jones，2000；Major，2001；Yarnal & Dowler，2002；Delamare & Shaw，2006）。如跳水选手为了掌握较高难度的成套动作必须刻苦地练习，音乐家为了掌握较难的乐章必须勤奋地弹奏，篮球爱好者为了提高投篮命中率必须重复地投篮，马拉松爱好者在比赛中即便受伤也会坚持完成比赛。无论在何种情况下，深度休闲参与者所获得的积极情感体验，都源自对休闲活动的坚持以及对活动中所遇到的困难的克服。

3.1.1.2　显著的个人努力

显著的个人努力是指在休闲生涯过程中，参与者为了获取和使用专门知识、能力或技巧，而对深度休闲活动付出的努力（Stebbins，1982）。有关研究表明，在获取或使用表演技巧、运动技术、手灵敏度、科学知识、语言技巧、角色体验等方面，业余爱好者和嗜好者（从初学者到一般大众）以及志愿者（从受训人员到雇员）持久付出的个人努力都是不同的（Stebbins，2006）。Pritchard 等（1990）认为，有时这类知识和技巧是通过非正式的教育程序获得的，是通过自我导向习得的。Scott 和 Shafer（2001b）发现，深度休闲参与者在获取日益增长的知识和技巧时，会作出重要的行为承诺。

3.1.1.3　生涯性

生涯性是指深度休闲参与是一个不断发展的连续过程，个体会经历从开始、发展、保持甚至下降的阶段。Stebbins（1992：68）把生涯性定义为"一定类型业余爱好者、专业人员的典型进程或段落，它能够协同他们融入并坚持休闲角色或工作角色，生涯性的本质在于参与相关活动的时间连续性"。深度休闲的生涯性特征是一个包含了行为、技巧和个人承诺的发展过程（Scott & Shafer，2001b），与个体的生涯过程和生涯事件密切相关。一般情况下，生涯过程包括开始、发展、建立、保持和下降阶段，但并不是所有的深度休闲参与者都经历这些阶段（Stebbins，2007）。例如，志愿者会常年坚持为未成年犯女孩提供咨询服务；业余爱好者会在十年间不断绘画，技术水平不断提高，并出售一些油画；跑步嗜好者会在即将到来的竞赛训练中，意识到跑步水平在逐渐进步（Nash，1979）。生涯事件是指参与者会面临一些突发事件或人生转折点，这些会影响他们的休闲参与。在经历偶然事件、面对成败关键时刻、获得生涯策略等情形时，个体主观上会调动自己的知识、技能和经验，通过个人努力，毫不畏惧，强化参与意识，长期参与此项活动。

3.1.1.4　强烈的认同感

强烈的认同感是指深度休闲参与者自己和身边的人会逐渐认可所选择的休闲活动，包括自我认同和社会认同。他们很乐意主动与他人分享彼此的兴趣、经验，分享参与活动过程中的心得体会，形成了一种强烈的身份认同。当与新结识的人交谈时，深度休闲参与者倾向于向他人自豪地、兴奋地和频繁地谈起他们的追求以及通过他们的追求展现自己（Stebbins，1982）。有关业余爱好者的研究表明，在讨论爱好时，业余爱好者常常意识到自己有时过于热情。这种强烈的认同感会出现在个人层面和团体层面（Yair，1992；Gibson，2002；Green & Jones，2005；Brown，2007）。Baldwin 和 Norris（1999）分析了在美国犬业俱乐部成员间强烈的个人认同，发现这些成员经常认为自己就是"训狗专家"。Gould 等（2008）的研究发现，虽然深度休闲参与者可以通过彼此的努力去完成许多计划和作品，并从中获得成就感，但如果在参与活动过程中只是单独完成，那么他们对团体的认同感就不会太高。

3.1.1.5　独特的文化

独特的文化是指深度休闲参与者由于长期参加某项休闲活动，与其他参与者会拥有共同的态度、实践、价值、信念、目标等，他们会加入一个社交圈，在这个圈子里，分享自己的技巧、知识、经验以及价值观念，自然形成一种独特的文化。Nichols（1998）认为，"这种独特的文化是促使人们投入某种休闲活动的主要动机，它将休闲活动参与者组合成一个特有的团体"。当参与者多年关注一个特定的兴趣领域，他们会逐渐融入一个以独特文化为核心或共享休闲团队精神的社群（Stebbins，2004）。根据 Unruh（1979；1980）提出的"社群"（social world）概念，每个社群都有它自身特点的组织、事件、规则和实践，它是根据其重要程度，通过非正式或间接的渠道而组建在一起的。也就是说，社群并不具备高度的科层化和充分的组织化特征。相对来说，在社群中通常是以新闻通讯、邮寄通告、电话信息、群发邮件、电视和广播公告等方式为中介进行交流的。有关研究已经证实了深度休闲社群的存在（Scott & Godbey，1992；Green & Jones，2005；Brown，2007）。

深度休闲群体独特的文化进一步强化了社群的重要性。每个社群都是通过一整套专门的规范、价值、信念、风格、道德原则、行为标准等联系在一起的。也就是说，参与者的社群是一种组织环境，在这个环境中相关联的精神实际上是以一种文化的形式表达（态度、信念、价值）或认识（实践、目标）的（Stebbins，2014：18）。Stebbins认为，随兴休闲或许也便于发展和保持个人的人际关系，但它的社群"相比较来说在构成上简单得多"（Stebbins，2007：56），并且它短暂的本质是"不利于长久培养分享态度、实践、价值、信念和目标"（Stebbins，2007：12）。

3.1.1.6　持久的利益

持久的利益是指在长期持续参与的过程中，深度休闲参与者会获得个人和社会方面的收益，即在活动参与过程中获得的各种积极体验。Stebbins（1982；1992；2001）指出，深度休闲活动会给个体带来更深层次、更加持久的休闲利益。他列举出人们参与深度休闲活动会获得的10种利益，并进一步区分为个人利益和团体利益。其中个人利益包括自我充实（self-enrichment）、自我实现（self-gratification）、自我表现（self-expression）、自我形象提升（enhancement of self-image）、自我满足（self-gratification）、自我重建（self-recreation）、经济回报（financial return）。自我充实是指个体参与深度休闲活动后会获得比较丰富、珍贵的经历，进而使个体感觉更加充实（Stebbins，1992）。自我实现是指在获取知识、发展技巧、提高能力的过程中，人们会充分发挥自己的才能，并不断挖掘自己的潜能（Stebbins，1982；Csikszentmihalyi & Kleiber，1991）。自我表现是指个体在深度休闲活动中表现出来的知识、技巧、能力以及个性等（Hasting et al.，1995；Brown，2007）。自我形象提升是指由于长期参与休闲活动，深度休闲参与者的形象发生了相应的变化，如体型、气质等（Shamir，1988；Stebbins，2001）。自我满足是指人们参与深度休闲活动获得的满足感，既包括转瞬即逝的快乐，也包括更深层次的内心满足和愉悦（Raisborough，1999；Stebbins，2001）。自我重建是指参与深度休闲活动能使人们拥有焕然一新的感觉，进而让参与者恢复活力（Hasting et al.，1995；Stebbins，2001）。经济回报是指个体在参与深度休闲活动过程中所获得的经济报酬（金钱）或实物（如手工艺品、奖品）（Stebbins，2001）。团体利益包括团体吸引（group interaction）、团体成就（group outcome）、团体发展与维护（group development and maintain）。团体吸引是指个体热衷于与其他参与者沟通交流，并被这种休闲社群的团体氛围深深吸引（Unruh，1979；Stebbins，2001）。团体成就是指个体通过帮助休闲社群完成一些任务或达成一定目标，进而使他们获得集体荣誉感。团体发展与维护是指个体为推动深度休闲活动团体持续发展以及保持凝聚力不断作出贡献（Buchanan，1985）（见表3.1）。

表 3.1　深度休闲活动的持久利益

个人利益	
自我充实	长期参与活动后获得比较丰富的、珍贵的经历，进而使参与者感觉更加充实
自我实现	活动中充分展现自己的才能、挖掘自己的潜能，最终达到自我实现
自我表现	参与休闲活动的过程中充分展现自己的技巧、能力、知识以及人格魅力等
自我形象提升	长期参与休闲活动，使自己的形象产生了相应的变化
自我满足	长期参与休闲活动过程中获得的表面享乐式的愉悦和内心深层次的满足
自我重建	参与活动能使参与者拥有焕然一新的感觉，进而让参与者充满活力
经济回报	在参与休闲活动过程中参与者可以获得经济或其他方面的回馈
团体利益	
团体吸引	参与者热衷于和休闲活动爱好者沟通交流，从而形成社会交际圈
团体成就	通过参与团体间的休闲活动，获得一种团队满足感与成就感
团体发展与维护	为自己所选择的休闲活动团体的建设付出努力，同时还会为团体的持续运作作出贡献

　　深度休闲的收益是吸引和控制它的热衷者的核心特征。相比随兴休闲，深度休闲能使参与者获得更多持久的、深刻的收益；反过来，这些收益对参与者

的健康和幸福感都有显著的贡献。深度休闲参与者始终如一地在寻找这些收益，通常要花费数月，有些领域甚至要花费数年时间。为了获得这些收益，他们不断地努力获取与休闲活动相关的知识、技能和经验，并且能熟练运用它们（Stebbins，1979；1992）。

3.1.2　关于深度休闲特征的测量

自 Stebbins（1982）提出深度休闲理论以来，众多学者一直致力于对不同深度休闲活动特征进行测量。起初，Gould 等（2008）通过 Q-Sort 法、专家小组法，制定出了深度休闲的初步问卷；随后，对 415 名学生进行问卷调查，形成了包含 72 个题目的深度休闲量表，证明了包含 72 个题目的深度休闲量表的可行性；在此基础上，Gould 等（2008）又把量表精简为包含 54 个题目的深度休闲量表（Serious Leisure Inventory and Measure，SLIM），并证明了精简为 54 个题目的深度休闲量表同样具有良好的内容效度和结构效度；后来，Gould 等（2011）通过因子确认、评估方法误差，构建了一个表现最好的含 18 个题项的深度休闲量表。精简后的深度休闲量表具有良好的信度和效度，被很多学者采用（Liu et al.，2016；Lee et al.，2017；Lee & Payne，2015；Lee，Bentley & Hsu，2017）。另外，Tsaur 和 Liang（2008）以 Gould 等（2008）的研究为基础，在专家评定形成包含 22 个题目的深度休闲量表后，通过小组测试，剔除一个表现较差的题目，最终形成了包含 21 个题目的深度休闲量表，量表包括个人收益 6 个题目，以及 5 个深度休闲特征，每个特征包括 3 个题目。研究结果证实，该深度休闲量表也具有良好的信度、效度。

3.1.3　关于深度休闲特征的研究综述

3.1.3.1　国外有关深度休闲特征的研究

国外有关深度休闲特征的研究大多以 Stebbins 提出的理论框架作为研究基础（Barbieri & Sotomayor，2013；Getz et al.，2010；Gould et al.，2011）。个体在参与深度休闲活动过程中通常会有愉悦的体验，同时他们也会遭遇负面情绪（如恐惧、难堪、焦虑、疲劳），面临不同类型的压力（如受伤），但他们都会想办法去克服这些困难和阻碍，从而坚持参与该活动（Stebbins，1982；Jones，

2000；Major，2001）。Nash（1979）认为，跑步嗜好者特别是马拉松参与者需要持续数月甚至数年的训练，尽管训练过程中会遇到各种困难及阻碍，但是他们都会坚持下来。Kim（2014）对 10 名老年深度休闲参与者开展了研究，发现这些参与者随着年龄的增长会出现一些身体上的疾病，即使这样他们也不会轻易放弃，仍然坚持参加自己热爱的休闲活动。

深度休闲参与者会投入大量的时间、精力和金钱，为学习与活动相关的知识、提高技能、积累经验而持续付出。这就要求参与者在生理和心理方面作出一定的努力，如调节工作和生活的时间、进行一定的经济投入等。Shipway 和 Jones（2007）认为，跑步者的个人努力不仅是身体方面的努力，他们同时还要具备有关练习、营养、装备和策略方面的知识。Bartram（2001）发现，皮划艇参与者会制订详细的训练计划，使得自己的技术有所进步，并以此为乐。Bryan（1977）、Scott 和 Shafer（2001b）记录了深度休闲参与者在获取日益增长的知识和技巧时作出的重要的行为承诺。Heo 等（2012）对 76 名参与深度休闲的残障人士开展了研究，发现休闲活动能力的提升是一个漫长的过程，需要充足的时间和持续的努力。Major（2001）关于跑步参与者的研究，验证了深度休闲具有"能带来成就感、健康，有利于社会交往"等利益。为了获得这些收益，他们不断地努力获取与休闲活动相关的知识、技能和经验，并且能熟练运用它们（Stebbins，1979；1992）。

有研究表明，显著的个人努力（投入更多的时间或提高活动技巧）会增强个体的深度休闲认同感（Heo et al.，2012）。Kane 和 Zink（2004）指出，皮划艇爱好者在参与皮划艇相关活动中，通过分享彼此的兴趣、经验，进而形成一种强烈的身份认同。Weiss（2001）指出，在现代社会中，很少有其他社会现象像跑步一样能够使如此多的人获得其他人的认同和赞许，而无论其性别、年龄、社会地位与受教育水平。

个体参与深度休闲是一个不断发展的连续过程。Heuser（2005）记录了女保龄球手的生涯过程：从接触保龄球到对保龄球着迷，接下来开始玩保龄球，进而转为有组织地参与，直到退出保龄球运动。McCarville（2007）结合自身的休闲参与经历，详尽地描述了从一个"铁人三项"的业余爱好者发展成专业参与者的"生涯进程"。他认为，有 3 个因素推动个体持续地参与休闲行为：个体倾向以及在活动中的角色、社交和支持网络、休闲活动参与的动机强度和主观体验。在 Kane 和 Zink（2004）的研究中，一位缺乏经验的皮划艇爱好者在完成人生第一次爱斯基摩翻滚动作后，得到了其他皮划艇爱好者的赞许和认可，这让他有了极大的信心和兴趣继续参与这项活动。

另外，当参与者多年关注一个特定的兴趣领域时，他们会逐渐融入一个以独特文化为核心或共享休闲团队精神的社群（Stebbins，2004）。Green 和 Jones（2005）的研究指出，参加体育旅游的深度休闲爱好者通过分享活动中的感受以及价值取向，的确能形成一种独特的文化。Shipway 和 Jones（2007）的研究认为，跑步运动独特的文化不仅仅通过人们穿着代表跑团社群或赛事标志的服装来反映，在跑步群体交流过程中经常使用的一些语言也能凸显这种独特的文化。

关于持久的利益，一些学者通过调查研究发现，跑步不但可以使人们获得不同程度的生理收益，如感觉良好、改善心肺耐力、减压、体能提高（Carmack et al.，1999），而且也能使参与者获得许多心理收益，包括缓解紧张、焦虑和沮丧情绪以及防止抑郁等。另外，成就感和自尊是马拉松参与者反馈最多的持久收益（Major，2001；Shipway & Jones，2007）。Nash（1979）认为，参与长距离跑步赛事为每一个跑者提供了社交平台，让参与者获得了更多的收益，既提高了他们的健康水平，也使他们的生活变得更有意义。Kim 等（2014）发现，深度涉入休闲活动可以使老年群体获得 3 个方面的益处，包括体验心理收益、创造社会支持、强化生理健康。这也进一步表明，深度涉入一定的休闲体育活动，有助于老年群体获得多种健康收益，促进其成功老龄化。

在 Stebbins（1982；1992；2001）最初列举的 10 个利益中，其中 5 个已经通过深度休闲的实证研究被多次验证。自我充实是增加一个人的精神资源的过程，常常通过积累有价值的经历而实现（Stebbins，1992）。自我实现是实现个人的天赋、能力和潜能（Csikszentmihalyi & Kleiber，1991）。Stebbins（1982）认为，深度追求获取和发展技巧、能力和知识的过程为自我实现提供了大量的机会（Baldwin & Norris，1999；Hastings et al.，1995）。自我表现是指天赋、技巧、能力、个性的表现（Brown，2007）。自我满足包括乐趣和愉悦，并带有浓厚的个人满足色彩。自我形象提升是指长期参与休闲活动，使自己的形象产生了相应的变化。自我重建则是指参与活动能使个体充满活力。尽管参与者在休闲活动过程中可以获得经济或其他方面的回馈，但这并不是主要的个人收益，它也是众多收益中表现最弱的一个。团体吸引的收益是在参与社群活动中获得的，在其他研究中有时称为社会性（Hastings et al., 1995）或友谊（Heuser, 2005; Hunt, 2004）。有些活动参与者通过团体间的休闲活动获得一种团队满足感与成就感；有的参与者则为团体建设付出努力，为维持团体的运作作出贡献。

还有一些研究探讨了深度休闲特征与人口统计学变量、参与行为之间的关系。Hastings 等（1995）对加拿大和美国的游泳健将进行研究，发现性别和游泳体验与持久的利益相关。Barbieri 和 Sotomayor（2013）对冲浪者进行研究，结果显示：受教育程度与认同感、持久的利益相关，而休闲特质与冲浪行为之间不相关，但可预测环境偏好。Getz 和 Andersson（2010）在关于业余长距离跑者的研究中，探讨涉入程度与赛事生涯的关系，发现不同涉入程度的参与者对赛事的选择和目标是不同的，较高涉入程度的参与者具有以下几个特征：第一，具有较高程度的自我实现动机；第二，与其他人不同，他们把赛事和目的地、动机结合起来；第三，很少在乎季节对参赛的影响；第四，为了参赛，他们走得更远，乘坐飞机到达更多参赛地；第五，根据自身条件，参与不同类型的赛事。Cheng 和 Tsaur（2012）在关于冲浪活动的研究中，探讨了深度休闲特征和休闲涉入的关系。他们采用结构方程模型，检测各变量间的因果关系，研究表明：较高水平的坚持不懈会引起较高水平的吸引、自我表现和生活方式的中心性；较高水平的生涯性和强烈的认同会引起较高水平的吸引和生活方式中心性；较高水平的独特的文化会引起较高水平的吸引和自我表达。

3.1.3.2　国内有关深度休闲特征的研究

国内的深度休闲研究，起步较晚，研究文献较少，但近几年开始受到国内学者的关注。国内学者对深度休闲特征的研究经历了从最初的理论介绍到开展质性研究和定量研究的发展过程。

第一，从理论层面对深度休闲相关理论进行介绍与比较。王苏、龙江智（2011）重点介绍了深度休闲的概念、特征、深度休闲参与者类型以及深度休闲的利益与障碍问题。王艳平、程玉（2015）讨论了深度休闲与旅游体验的区别和联系，研究认为：深度休闲可部分替代旅游体验，这样才更有益于从更广阔的视角认识旅游，丰富旅游理论。

第二，采用了质性研究方法探讨深度休闲特征与不同人群的利益问题。张宗书、王苏（2012）以四川德阳市老年冬泳队为研究对象，运用扎根理论，探讨了深度休闲活动对成功老龄化的影响，研究表明：深度休闲活动为老年群体提供了身体健康、归属感等收益，在生理、心理和社会方面促进其成功老龄化。Liu 和 Stebbins（2014）通过对我国一所大学教职工合唱团的质性研究数据的分析，归纳了 6 个相关主题——生涯性、社群、限制与促进、代价、利益以及回报，研究表明：合唱团的演唱展现了深度休闲的 6 个特征，同时，对于参与者来说，合唱团也是一种具有较高回报的活动。龙江智、王苏（2013）运用扎根理论，通过严谨的编码程序，探讨了深度休闲行为对老年群体主观幸福感的影响机制，研究发现：深度休闲通过 6 个层面，即充实感、成就感、归属感、身体健康、心理健康和人际互动，对老年群体的主观幸福感产生重要影响。

第三，采用定量研究方法探讨深度休闲特征与不同变量之间的关系。张宗书、王苏（2013）运用阶层回归分析法探讨城市社区老年人深度休闲活动与幸福感的关系，研究发现：深度休闲活动对老年人的幸福感具有显著的正向影响，深度休闲的 6 个特征对老年人幸福感的各维度都有着不同程度的正向影响。汤澍等（2014）以登山游憩者为研究对象，讨论了深度休闲、游憩专门化和地方依恋三者之间的相互关系，研究发现：深度休闲对游憩专门化和地方依恋具有显著的正向影响；游憩专门化对地方依赖具有负向影响，并在深度休闲与地方认同之间起到中介变量作用。肖旻（2014）在关于城市居民的深度休闲与幸福感的相关研究中，证实了深度休闲对主观幸福感的正向相关关系，研究发现：南昌城市居民总体深度休闲和主观幸福感水平较高，并在性别、年龄等人口统计学变量上存在显著的差异。

3.1.4　关于女性深度休闲特征的研究综述

性别差异是休闲研究者关注的主要视角之一，对于女性群体，研究发现：深度休闲体育活动给女性带来了各种益处（Cronan et al., 2008），但女性依然会受到性别因素的影响，遭遇更多的困难，与男性有不一样的休闲体验。

Bartram（2001）以女性主义视角展开研究，发现在皮艇参与者的深度休闲生涯中，性别是一个重要的影响因素，如女性由于找寻伙伴的困难，更容易在发展阶段遭遇停滞，女性比男性更有可能经历严重的休闲衰退。Kraus（2014）在对美国男性和女性肚皮舞者的访谈中发现，他们都会想要参加自己喜爱的体育活动，了解历史以及获取相关的资源，而不同于男性，女性更倾向于在人生的过渡时期跳肚皮舞，比如家庭义务减少、职业转变、搬家、入学或离校以及开始或结束一段浪漫关系。Wegner 等（2015）发现，不同性别和距离的长跑运动参与者的限制因素存在差异，感知家庭支持和婚姻状况对女性全程马拉松参与者十分重要。Shupe 等（2016）发现，女性私人飞行员在男性主导的休闲活动中会投入大量的时间、金钱、精力等，同时，女性参与深度休闲的动机以及获得的社会福利与男性不同。Dilley 等（2010）考察了女性主义对性别不平等的认识，以及后现代主义对差异和身份的理解，认为女性登山者参与深度休闲活动的意义远远超过休闲活动本身，她们在休闲活动中努力地变通或抵制关于女性身体和母性的传统观念；研究还指出，工作、对生育的态度、性关系、性别认同和母亲身份是理解女性攀登承诺的核心。

　　参与深度休闲体育活动给女性带来了各种益处。Heuser（2005）民族志研究了一个俱乐部里的成员参与保龄球休闲活动的 5 个阶段，发现老年女性群体因不同的途径、动机而参与和沉迷于保龄球，并具有深度休闲特质，且体育活动会带给女性运动项目之外更多的社会益处。Kim 等（2016）的研究发现，深度休闲体验有助于提高韩国中年妇女的健康水平。

　　综上所述，自 1974 年 Stebbins 首次提出深度休闲概念，迄今已有 40 多年，国内外诸多学者基于 Stebbins 提出的深度休闲理论进行质性研究和定量研究。国内对深度休闲的研究处于起步阶段，但有关学者对深度休闲的关注程度正逐步提升。总的来说，国内外的深度休闲研究具有 3 个特征：第一，已被证实的多种休闲活动都有可能具备深度休闲的 6 个特征，深度休闲研究所覆盖的休闲活动正逐步增多；第二，深度休闲研究融入了心理学、社会学、经济学等多学科的理论，正不断丰富与完善；第三，深度休闲研究关注广泛的群体利益，探索不同群体深度休闲行为的形成与发展机制。

3.2 女性深度休闲体育特征的质性研究

3.2.1 研究方法

质性研究指研究者在特定的情境下，运用归纳法对社会现象进行意义探究和解释。本研究采用开放式访谈，要求访谈者在充分了解已有的研究问题的基础上，运用一定的访谈技巧，从受访者亲身体验的话语中去获取研究所需的资料；同时，结合现实情境和个体话语，分析现象中的各个要素，挖掘个体的实际体验。

深度休闲体育特征指个体通过长期坚持参与深度休闲体育活动，在行为、心理、社会等方面表现出来的特点。在访谈中，以"您是什么时候开始这项运动的？"为起点，通过一个轻松简单的问题，让受访者慢慢沿着时间的推移，回忆自己参与休闲体育活动以来的经历，包括行为、认知、心理、社交等方面的变化。本研究的2名访谈者为长期从事休闲体育研究的女性，在访谈过程中以开放的心态按照受访者的回忆思路进行提问，逐步深入研究问题，让受访者自由阐述关于焦点问题的具体细节，以深挖女性参与过程中可能表现出来的特点。

在2017年2月至2018年12月，根据深度休闲的概念，选取参与体育活动6个月及以上、每周3次及以上、每次30分钟以上的女性为目标对象进行访谈。以不再获取到有关研究的新信息为止，最终目的性抽样确定了19名女性受访者，年龄在24～63岁，已婚14名，未婚5名，持续坚持运动时间最短的6个月，最长的30年，运动项目包括马拉松、健身、骑行、越野跑、冬泳、普拉提、瑜伽、羽毛球、乒乓球（见表3.1）。访谈在安静舒适的场所进行，如某大学的会议室、某水吧的小房间等。在获得受访者知情同意后，对全程进行录音，访谈时长为30分钟到2小时。同时，在访谈结束后，与受访者保持微信联系，必要时补充个别访谈内容。

访谈结束后，将录音逐字转化成文本资料，运用Nvivo 11.0对资料进行管理和编码。本研究采用类属分析法，通过逐级编码将具有相同属性的条目归入同一类别。首先，对访谈资料进行逐字逐句的开放式编码，根据研究目的，在

401 个相关条目中归纳出坚持、发展、语言、装备、性别意识等本土概念。其次，通过关联式登录发现各条目之间的相关性，确定了 5 个主要类属和 11 个次要类属。最后，检查所有的类属是否都归于女性深度休闲体育特征。Nvivo软件可以对不同研究者的编码进行比较和一致性检验，为保证研究的信度，一名研究员在完成编码后，由课题组另一名研究员对部分材料进行再一次编码。从 9 个不同运动项目中各选择一个访谈对象的材料进行编码，编码到相应节点或新建节点，然后对 2 名研究员的结果进行编码比较，得出编码一致性在96.64% ~ 100%，说明具有较好的信度（见表 3.2）。

表 3.2　受访者基本情况

编号	年龄/岁	婚姻状况	运动项目	持续参与时间
1	45	已婚	马拉松	4年
2	32	未婚	马拉松	3年
3	28	未婚	马拉松	3年
4	53	已婚	健身	1年
5	44	已婚	健身	6个月
6	55	已婚	健身	6个月
7	25	未婚	骑行	3年
8	26	未婚	骑行	1年
9	39	已婚	越野跑	3年
10	46	已婚	普拉提	2年
11	37	已婚	瑜伽	3年
12	62	已婚	冬泳	30年
13	63	已婚	冬泳	6年
14	52	已婚	瑜伽	12年
15	60	已婚	羽毛球	8年
16	24	未婚	骑行	10年
17	58	已婚	乒乓球	1年
18	60	已婚	乒乓球	6个月
19	63	已婚	乒乓球	15年

3.2.2 研究结果

通过编码所得，女性深度休闲体育特征包括 5 个方面：自我提升、团体文化、项目认同、休闲利益、性别意识。

3.2.2.1 自我提升

自我提升是指女性为了推进自己的休闲参与，会作出一系列的努力。该类属共计 140 个参考点，分为自我坚持和自我发展（见表 3.3）。

自我坚持表现为女性会积极克服不自信、伤病、缺乏时间、天气差等限制因素来坚持体育活动，如"夏天晚半小时，太阳就很厉害，而且路上行人太多，所以我们最晚下午五点半就要开始跑了"（马拉松，45 岁）。休闲限制变通理论认为，使用时间管理、技能获取等变通策略能够帮助休闲参与者减少限制对休闲参与和偏好的影响，从而继续参与休闲活动（Jackson et al.，1993；Hubbard et al.，2001）。

自我发展是指女性在休闲体育参与过程中，会努力练习技能和获取知识，并经历休闲行为和休闲认知转变的不同阶段。受访者通常会利用空闲的时间，不断练习以提高自己的运动技能，有参与一项活动和掌握一定难度技能的强烈愿望（Shupe et al.，2016），如"我要刷新自己以前的成绩，就要做详细的训练计划，安排配速、补给等等"（马拉松，32 岁）。加强练习的同时，她们十分重视从多种渠道学习相关的知识，如"听认识的朋友讲；自己看网上的视频；或者是经常参加大赛大神的分享会；也会看一些相关的书籍，再去实践"（越野跑，39 岁）。参与者还会投入金钱购买运动装备、器材、培训课程以及参与业余比赛，来促进自己的技能和知识水平提高，如"我会买训练步伐的仪器，根据它上面的红色的提示去练步伐。还有把羽毛球挂下来的三脚架，可以锻炼手腕和手指力量"（羽毛球，60 岁）。另外，受访者的深度休闲体育参与会经历一个由行为层面到心理层面的发展过程，如一名女性跑者（马拉松，28 岁）由起步期"在江边跑一两公里"到提高期慢慢加量，发现原来自己"也能跑半马，跑完半马之后再去挑战全马"，再到狂热期不断参加比赛追求最好的成绩，如今慢慢回归到理性参与的状态。还有年纪较大的受访者提到，由于身体机能的衰退，自己不再追求运动能力的提升，更注重能拥有坚持运动的健康状态。

表3.3 自我提升特征编码列举

主要类属 （参考点数）	次要类属 （参考点数）	内容举例
自我提升 （140）	自我坚持 （43）	今年大连100公里越野，我跑到20多公里的时候脚就崴了，我就把脚缠上弹性绷带，防止它肿起来，这样一直带伤跑完了剩余的80公里；他们有时候下雨不想去游泳，我就是风雨无阻；西湖里不让游之后，我就到艮山小池塘游泳。
	自我发展 （100）	我夏天的训练计划是，礼拜一放松跑15公里，礼拜二800米间歇跑10组，礼拜三休息，礼拜四是用马拉松配速节奏跑，礼拜五会做一些核心练习，礼拜六是拉长距离，一般是25～35公里，礼拜天休息；从接触跑步起，我就会看很多跟跑步有关的资料，找一些相关的网站、微博文章、微信文章等去学习；刚开始我在机关组织的瑜伽班学，一个礼拜一到两次……练了几年以后自己感觉还不错，老师都说我学得很好，我就觉得有点不满足了，所以就去学了一个教练班，它是比较全面的……我现在自己训练自己就可以，天天练，保持自己的能力，也不是一定要讲究难度。

注：二级类属的参考点存在重合（同一个条目可能会编入不同的参考点）。后同，不另注。

3.2.2.2 团体文化

团体文化是指女性参与者因为相同的兴趣爱好融入体育团体，相互接受和分享共同的理念和价值观，有自己所在团体特有的标签。团体文化有 32 个参考点，包括语言、装备、精神等（见表3.4）。首先，她们的交流语言对于不参与这项运动的人而言可能是陌生的，如骑行者的"拉爆""摇车""休闲骑"专业术语，乒乓球爱好者的"削球""长胶""推拉"等专业术语。日常的着装和佩戴也有群体的特点，如"我看到他如果戴了一块这样的表，那我就知道他应该是跑步的，因为不跑步的人是不会买这种表的"（马拉松，28 岁）。其次，她们还有自己的群体精神。如："我们出门看到有骑友在路边，就会停车下来问要不要帮助，其实对骑友的感觉真的像是一家人。"（骑行，25 岁）国外也有研究发现，深度皮划艇参与者会有特定的故事、服装和技能等（Kane et al., 2004）。

表 3.4 团体文化特征编码列举

主要类属 （参考点数）	次要类属 （参考点数）	内容举例
团体文化 （32）	语言（9）	有些人还要PB，就是刷新自己以前的成绩；"关门"和"收容"就是指你没有完赛。
	装备（8）	越野对装备要求比较高，比如鞋、水袋包、手杖、头灯等；肌效贴是稳定肌肉状态的，压缩裤和腿套可以协助你提升速度，起到保护作用。
	精神（15）	我们游泳朋友圈里的人都很积极向上，情绪低落的很少；瑜伽本身就是一种自然的状态，能做到什么样就什么样，每个人都不一样，不倡导一定要做到极限；我觉得我们打乒乓球的老年人都是挺阳光乐观的。

3.2.2.3 项目认同

项目认同是指女性往往高度认可他们所选择的活动项目，能够在活动中构建或确认自己的休闲认同（Green et al.，2005），并获得他人对她们参与该活动的认同，共有 34 个参考点（见表 3.5）。自我认同表现为受访者十分热爱自己选择的体育项目，其他事情摇不了其参与的决心，她们在坚持运动的过程中认可自己的行为表现，如"不可能因为我结了婚，然后我就不出门，自行车不骑了，圈子不要了……它已经完全融入我的生活"（骑行，25 岁）。Shipway 等（2010）发现，深度休闲参与者对活动的认同强度，比活动过程中的其他认同更加突出。同时，受访者在深度休闲过程中也得到了他人的认同，周围的人会称赞她们能够坚持体育锻炼，也希望参与其中，如"我的同学、朋友、同事、家里的亲戚看到我的变化，就觉得跑步能让人状态这么好，他们也会去跑"（马拉松，45 岁）。认同也被认为是不同生命周期的女性参与休闲体育活动的重要动机之一（邱亚君，2014）。

表 3.5　项目认同特征编码列举

主要类属 （参考点数）	次要类属 （参考点数）	内容举例
项目认同 （34）	自我认同 （13）	我打乒乓球的时间毕竟比他们长一点，我觉得我的水平还是可以的；游泳很自由，很轻松，没有压力，所以游泳这个运动是不错的，我现在很认可。
	他人认同 （22）	周围的人很羡慕我能坚持打乒乓球；一帮朋友叫我"半马小公主"；我朋友跟我讲，如果没有我，他那天是不可能完成全马的，这种认可和感谢比我自己完成一次全马还要让我感到愉悦。

3.2.2.4　休闲利益

休闲利益形成的参考点最多，共计 156 个，包括个人利益和社会利益（见表 3.6）。

个人利益指女性自身体验到的深度休闲体育活动益处，分为身体利益和心理利益两方面。首先，受访者会明显感觉身体健康水平的提高，体现在身材变好、睡眠改善、疾病减少等，如"我原来睡眠不好，有时候吃安眠药都睡不着，参加冬泳后，睡眠质量大大提高"（冬泳，63 岁）。他们还特别提到，坚持运动有助于平稳地度过更年期、促进产后恢复等。其次，在心理方面，受访者认为运动带给自己的第一感觉就是心情舒畅、愉悦，让生活变得充实有质量。同时，参与者在不断挖掘自己运动潜能的过程中，对自己能力的提升也会产生成就感和满足感。如"虽然这个过程很痛苦，因为动作的难度不断增加，但是每一次挑战成功以后，会感觉很舒畅"（健身，44 岁）。更重要的是，受访者认为坚持运动带来的积极转变还延展到了工作和生活领域，她们改变了自己以前看问题的角度、生活中更加自律等，如"我在工作或看事情的态度上发生了变化，比以前更加坚强，会更加勇敢地去克服一些困难"（马拉松，28 岁）。

社会利益指女性由于长期参与深度休闲体育活动，与同伴之间形成积极的亲密关系，进而获得一系列的益处。访谈发现，受访者大多有自己日常一起运动的小团体，运动将陌生的女性相互连接，她们在团体中结交朋友。因此，体育活动可以成为女性建立社群的工具（Heuser，2005），如"在跑步的过程中确实结交到很多闺蜜、朋友，可以和她们讲知心话"（马拉松，32岁）。同时，体育活动提供了分享与交流的平台，让参与者深入建立情感联系，如"一起游泳的都像兄弟姐妹一样，有谁受伤了，有时候不小心游泳打滑了，大家都是很关心的，有人生病了我们都会去看望"（冬泳，63岁）。国外学者对深度休闲利益的研究也包括以上内容，如 Major（2001）提出长跑参与的利益有成就感、健康和健身、社会归属；Kim 等（2014）发现，韩国老年人在深度休闲涉入中会获得心理益处的体验、社会支持的创造和身体健康的加强。

表3.6　休闲利益特征编码列举

主要类属 （参考点数）	次要类属 （参考点数）	内容举例
休闲利益 （156）	个人利益 （114）	跑步对保持身材还是比较有帮助的；我觉得一天的运动以后，精神确实会很好；我的整个生活规律都得到改变，包括饮食习惯、作息习惯，整个人变得自律了；我有阑尾炎，但没有开刀，用保守的治疗，原来身体一累，阑尾就发信号隐隐作痛，现在坚持运动就不会了。
	社会利益 （51）	跑步让我结识了各行各业的很多朋友，这是一件很开心的事情；平时在一个城市的人会约着一起，暂时放下工作，到山里面"野"，特别开心；乒乓球可以促进我们交流，大家团结友爱，互相帮助。

3.2.2.5　性别意识

性别意识指女性在深度休闲体育参与中，会认识到自然的生理差异，以及传统社会文化对女性角色的期望。访谈中主要包括性别差异认知和女性角色约束，共计39个参考点（见表3.7）。

女性意识到自己因为生理、心理等因素，与男性的运动能力相比还是有差距，如"男的体力、技术都好一些，胆量也高，我们还是弱一点，像72拐下来后胳膊都酸了，要休息一会。男的比我们放得快，我坐在车上看他们那样飞速，觉得太可怕了"（骑行，24岁）。但她们有想要接近或达到与男性一样的运动能力的意愿，如"其实就像我说的，自行车圈子里能留下来的女性，绝对是女汉子，某些时候甚至比男人要更强一点，因为我们有女人的优势"（骑行，25岁）。

女性角色约束指女性会受到传统社会文化对女性家庭义务、女性气质等要求的影响。这些因素不同程度地会阻碍她们的深度休闲体育参与，如"大部分已婚的女性要兼顾家庭和孩子，要先回去给老公和孩子烧饭，或者是洗衣服，在运动方面的时间肯定就少了"（马拉松，28 岁）。所以，女性的家庭承诺是女性参与休闲活动的限制因素之一（Wood et al.，2012）。

表 3.7　性别意识特征编码列举

主要类属 （参考点数）	次要类属 （参考点数）	内容举例
性别意识 （39）	性别差异认知 （14）	男性跑步跟女性不太一样，因为女性的身体结构跟男性是不一样的；我就在心里想，他们的乒乓球打得那么好，说明女的跟男的毕竟有区别。
	女性角色约束 （25）	像我们女同志，因为家务事等其他事，可能不像男同志那样坚持较长时间；我因为有家庭，要照顾孩子，跑比赛不是特别多。

3.3　女性深度休闲体育特征的探索性研究

通过女性深度休闲体育特征的质性研究，初步归纳了女性在深度休闲体育参与过程形成的特征。为了进一步确认研究结果的适用性，本书运用问卷调查法进行实证研究，探索女性深度休闲体育特征。

3.3.1　研究方法

问卷的编制是在质性研究获得的访谈资料以及 Gould 等（2011）构建的 18 个题项的深度休闲量表的基础上进行的，问卷增加了访谈中新归纳出的女性深度休闲体育特征题项，如"获得同样的跑步成绩，女性要比男性付出更多""跑步扩大了我的社交圈"等，剔除了访谈中受访者没有提及或表现不明显的题项，如"由于我的努力，我已在跑步中获得经济上的报酬"等。同时，请一些受访者对问卷的内容提出意见，指出表述不清、不易理解或有其他疑问的题项，对其中的部分条目进行进一步的修改［如将"我和其他跑友都理解跑步的专业术语"修改为"我和其他跑友交流时，经常会运用一些跑步的专业术语（PB、撞墙）"，将"熟悉我的人知道，跑步是我生活中不可缺少的一部分"修改为"熟悉我的人都知道，我经常参加跑步"等]，初步形成了 20 个题项的女性深度休闲体育特征问卷（见表 3.8）。问卷采用李克特（Likert）的五点量表法进行计分，"1"代表非常不同意，"5"代表非常同意，得分越高表明调查对象对这个题项的认可程度越高。

女性深度休闲体育特征问卷的各个维度和题项都是在理论、相关文献、访谈的基础上确定的，且在对问卷初测之前，请相关专家进行审查和修订，基本保证了问卷维度和题项的设置覆盖女性深度休闲体育特征的各个方面，具有较好的内容效度。

本书选择参加 2019 年无锡马拉松比赛和 2019 年南京仙林半程马拉松比赛的女性马拉松跑者进行问卷发放。共发放问卷 259 份，回收 259 份。对回收的问卷进行筛选，将信息不全的问卷或存在问题的问卷剔除，最终获得有效问卷 249 份，有效率为 96.14%。运用 SPSS 22.0 统计软件对数据进行分析。

3.3.2　研究结果

本书采用探索性因子分析对女性深度休闲体育特征进行检验。首先，采取 KMO 检验和 Bartlett 球形检验来检测女性深度休闲体育特征问卷的可行性。检验结果表明，女性深度休闲体育特征问卷的 KMO 检验值为 0.907，说明样本大小适合进行因素分析；Bartlett 球形检验的卡方系数为 2628.751，显著性水平为 0.000，小于显著性水平 0.05，说明变量间存在相关性，有共享因素的可能，适合进行因子分析。进而用主成分分析法提取公共因子，再用具有 Kaiser 正规化的 Promax 转轴法提取特征根值大于 1 的因子，得到 4 个成分，累计方差贡献率达到 62.671%，各因子载荷均达到 0.4 以上，具有较好的结构效度，具体结果见表 3.8。结果表明，经过旋转后，提取出 4 个因子：自我提升、项目认同、社会联系、性别意识。

3.3.2.1　自我提升

第一个成分反映了"努力坚持""满足感""自我表达""克服困难"等与女性自身相关的因素，所以命名为自我提升因子。与访谈结果相比，该因子除了涉及已有的女性参与者对困难的克服、学习相关的知识、提高跑步的技能，还增加了女性个体对自身益处的感知，即访谈中归纳的"个人利益"。在跑步过程中，她们能充分发挥自己的能力，改善对自己的认知，身体变得健康，其中因子载荷最高的是跑步给女性跑者带来了很多的满足感，精神上的充裕使女性愈加坚持深度休闲活动。

3.3.2.2　项目认同

第二个成分反映了"跑步已经是我生活中的一部分""周围人知道我经常跑步""跑步让我感到愉悦"等与跑步认同感有关的因素，所以命名为项目认同因子。该因子结果与访谈结果相似，不仅包含女性自身对跑步项目的认同——认为跑步能让自己愉悦、更有活力，特别是跑步已经成为生活中重要的一部分，还包含了周围的朋友和家人对其参与跑步项目的认同——知道她们经常参与跑步，是跑步爱好者。

3.3.2.3　社会联系

第三个成分反映了"社交圈""其他跑友""跑步精神"等与人际关系有关的因素，所以命名为社会联系因子。该因子聚合了访谈中的"团体精神"和"社会利益"两个维度，当女性参与到跑步团体中时，其自然而然地接受着跑步的文化，使用相关的专业术语，配备专业的跑步装备，同时在与同伴的沟通交流中，逐渐增进了人际联系，扩大了自己的社交圈。

3.3.2.4　性别意识

第四个成分反映了"女性与男性有差距""女性会遇到更多的困难"等与女性性别相关的因素，所以命名为性别意识因子。这与访谈结果一致，女性在参与跑步过程中，不但认识到自身能力上的不足，还会面临各种困难，如生理期、生育期等，要付出比男性更多的努力。

采用同质性信度 Cronbach 系数 α 值作为信度指标，对问卷进行信度检验。从表 3.8 可以看出，女性深度休闲体育特征问卷总体 α 信度为 0.917，探索性因子分析获得的 4 个成分的 α 信度在 0.707 ~ 0.864，表明具有较好的信度。

表3.8　女性深度休闲体育特征因子分析结果

题　项	成分			
	1	2	3	4
跑步给我带来很多满足感。	0.796			
我会努力学习相关的知识，提高跑步的技能。	0.749			
跑步能充分发挥我的才能。	0.721			
跑步改善了我对自己的认知。	0.669			
跑步对我来说是一种自我表达的方式。	0.622			
我会通过自己的努力和坚持，来克服跑步过程中遇到的困难。	0.557			
跑步能让我身体更健康。	0.440			
周围的人都知道我是爱好跑步的人。		0.867		
跑步让我感到愉悦。		0.756		
跑步已经是我生活中的一部分。		0.753		
跑步后，我会感到自己更有活力。		0.717		
熟悉我的人都知道，我经常参加跑步。		0.661		
跑步扩大了我的社交圈。			0.881	
我和其他跑友交流时，经常会运用一些跑步的专业术语。			0.871	
我喜欢与其他跑步爱好者交流。			0.744	
我和其他跑友一样，会配备专业的跑步装备。			0.536	
我和其他跑友会表现出特有的跑步精神。			0.494	
与男性相比，女性在跑步过程中会遇到更多的困难。				0.816
获得同样的跑步成绩，女性要比男性付出更多。				0.743
女性的跑步能力与男性有差距。				0.734
α信度	0.864	0.857	0.855	0.707

3.3.3　分析与讨论

　　质性研究基于女性参与深度休闲体育活动的故事、经历和感受，归纳出5个深度休闲体育特征：自我提升、团体文化、项目认同、休闲利益、性别意识。探索性研究基于对249名女性的问卷调查，运用因子分析探索女性深度休闲体育特征，经旋转后提取了4个因子，分别命名为自我提升、项目认同、社会联系、性别意识。探索性研究进一步提炼了质性研究的结果，并具有良好的信度。作为生活中长期坚持的一项活动，这些特征的获得不仅缘于个人主观意识的驱动，也与女性所处的社会环境和性别文化息息相关。本书从女性主义的视角出发，围绕女性深度休闲体育特征形成的原因和意义进行分析。

3.3.3.1 深度休闲体育活动彰显女性的主体实践

伴随社会的发展，很多现代女性从家庭走向社会，并逐渐认识到自身发展的重要性。女性能摆脱传统的性别角色限制，走出家门去参与休闲、享受休闲，是女性主体意识不断觉醒的表现，也是女性自我发展的路径选择。同时，女性在长期坚持深度休闲体育参与过程中，努力学习相关的知识和技术，使自己在一个新的领域得到提升和满足，体现了积极的主体性观念和实践。在"自我提升"中，女性参与者会通过阅读书籍、浏览微信公众号推文等途径去了解、学习和积累相关的知识，或者制订训练计划以提高自己的技能，如一位马拉松参与者提到"我会觉得既然要做这件事情，就要认真去做，学习各种训练方法，看跑步的书"，另一名瑜伽爱好者则提到"老师都说我学得很好，我就觉得有点不满足了，所以就去学了一个教练班"。可见，女性的自我提升是个体主体意识下对休闲体验的深层次追求。

对于大多数现代女性来讲，虽然可能面临着工作和家庭双重维度的压力，但她们仍积极努力追求自我的价值、追寻生命的意义。女性在深度休闲体育活动中获得的"休闲利益"会激发个体主动地去追求自身的真实经验，重视持续休闲体育参与的积极体验。如：一名瑜伽参与者说"我觉得瑜伽还是挺好的，因为它对形体各方面都蛮有帮助的。而且瑜伽能消除烦躁，让我有静下心来的感觉"；一名骑行爱好者提到"我感觉每次骑行时，能逃离城市的喧嚣，抛开金钱、房子、车子的现实，看美景，然后呼吸大自然的空气，我觉得真的很好"。通过深度休闲体育的参与，女性既能在认同这一休闲活动和休闲行为的基础上促进自我认同的形成，也能重新发现自我的价值，充实自我、实现自我。正如瑞典哲学家皮普尔（Josef Pieper）所说，休闲不仅是寻找快乐，也是寻找生命的意义。

另外，哈贝马斯（Jürgen Habermas）的主体间性理论认为，个体主体性的确立和实现，都必然不能脱离其社会属性，交互主体性是社会交往内在的根本要求（孙庆斌，2004）。现代社会的发展使得社会个体间的联系变弱，而深度休闲体育团体形成的"社会世界"（social world）提供了互动、社交、形成新友谊的机会（Robinson et al., 2014）。在"社会利益"方面，很多女性都加入了体育团体，女性十分受益于休闲活动建立的情感联系，能够走出原来局限的"私域"空间，产生一种社会归属感（Major, 2001）。正如一位刚刚退休的受访者描述的，"来到乒乓球这个大家庭里头，和同伴们在一起真的很开心。没有这些朋友的时候，我很封闭，每天就是看看手机、看看电视，圈子比较小"。在互动的实践过程中，女性的主体性进一步得到确立，她们不但能遵从个人的真实经验，也正积极塑造自己的社会世界。

3.3.3.2 深度休闲体育活动让女性理解身体的意义

后现代女性主义将身体研究作为重点，重新思考身体的意义，并试图确立身体认知理论的新起点（吴华眉, 2012）。体育参与过程中，个体最直观的感受是来自身体的反馈。长期以来，身体作为生活中重要的审美对象，受到社会的改造与塑造（赵歌, 2019）。女性身体形象的价值评判标准大多是由男性主导的，男性权力的目光会对女性身体进行强制规训，以苗条身材为美的男性观点带给女性巨大的压力。福柯的"惩戒凝视"理论认为，女性生活在这样一种社会压力之下，不仅要服从纪律，而且要遵从规范，自己制造出自己驯服的身体。所以，访谈中不少女性最初参与运动是为了减肥，塑造苗条的身材，有好的外在形象，去满足社会上男性对女性的身体期望。但是，深度休闲体育活动所带来的美好体验让女性对身体的认识逐渐发生改变。随着参与程度的提高，她们慢慢有了积极的转变，开始将运动视为一种生活方式，保持健康的生活状态，获得身心的美好体验，正如一位受访者描述的，"我现在觉得就是要更加理性地对待跑步这件事情，当它成为你生活中一部分的时候，你就不会把它丢掉。它就和你平时的起床、吃饭一样的。只要你想跑个十公里，你就去跑了"。这种转变不单单是因为女性开始逐渐内化运动参与动机，更重要的是她们认识到身体不应该被满足他人目光的主流话语所束缚，要更多地去遵从身体最真实的感受。

女性不仅努力打破原有男性目光下的身体规训，也慢慢理解自己的身体意义。即使体重不再减少、腰围依旧如此，也要继续坚持运动。——女性改变了原来对形体的片面追求，有了积极的身体形象认知。在"努力发展"中，一些女性参与者有很高的运动目标期望，她们通过坚持不懈的训练探索身体极限，于运动过程中克服种种困难，参加"铁人三项"、100公里越野、10天川藏骑行等比赛。她们发现当达到身心极限的时候，会面对最真实的自己，如一位骑行者这样描述自己完成一次爬山时的感受："有时候别人会说骑车、爬山不是很容易吗，但只有自己心里最清楚中间的那种艰辛。累过之后，看到很好的美景，心里面就有很舒畅的感觉"（骑行，26岁）。女性能够根据自己对活动涉入的程度，不断提高自己的运动技能，追求在技能和挑战的平衡中所产生的最佳身心体验，享受运动中忘我的自由之感。这无形中也体现了女性冲破身体界限、挑战传统性别预期的女性气质，在运动中树立新时代坚强独立、积极向上的女性形象。

当然，女性参与休闲的体验还表明，性别意识的牵制依旧是女性身体在深度休闲体育参与中解放和表达的一道屏障，需要积极去应对。女性应该表达自己的身体健康观，如美国"由妇女所写，为妇女而作"的女性主义著作《美国妇女自我保健经典：我们的身体，我们自己》就勾勒了当代女性健康观由身体层面向心理层面、由家庭层面向社会层面、由关注育龄期到关注全生命历程的演变趋势（陈雪扬等，2018）。女性也应在深度休闲体育参与中寻找合理的身体健康观。

3.3.3.3 深度休闲体育活动对性别差异的重新构建

传统的性别认识往往将两性视为二元对立的存在，突出了两性的差异性。正如在"性别意识"方面，由于生理性别和社会性别造成的两性差异是既存的现实，女性参与体育活动自然地体会到两性间的休闲差异和约束（关于参与目标的实现，一位受访者提到"女性获得这样的成绩要比男性付出的多，毕竟女性还有各方面因素的影响"）。而与此同时，在深度休闲体育参与中，两性差异已不是截然对立的状态，开始有不同的路径可以消解原有的意义。在"团体文化"方面，不少受访者觉得自己的团体成员就像一家人，虽然大家的生活背景不同，有着不同的受教育程度和经济收入，但日常的沟通交流都是平等轻松的，有本群体的交流语言，运动之外的私人生活按个人自愿程度有所涉及，团体中洋溢着互帮互助、积极乐观的精神。这个过程中，个体之间的相处，特别是两性之间，是一种"求同存异"的状态，亲近与友善下蕴含宽容与尊重。因此，即使女性在工作和生活中依然可能会遭受各种不平等，但深度休闲体育团体聚集了不同的人，重新构建了一个集体和社会空间，让女性感受到她们的差异被接受了（Dilley et al.，2010）。女性能够通过运动团队的联系摆脱工作中的地位落差，释放生活中的压力。

同时，女性主义强调尊重和保持每个女性的特点，消除两性对立的同时要彰显差异。在"自我发展"方面，女性需要不断进行自我调整，以面对行为和认知的变化。她们通常是基于自己的社会文化背景去实现深度休闲体育参与，如：一位老年冬游爱好者每天清晨到附近的池塘游泳，感受大自然的美好；一位中年已婚跑者，为了不减少陪伴家人的时间，每天至少早起1小时进行跑步。可见，从自身实际情况出发是女性个体能够长期投入休闲体育活动的重要保障。此外，Gill（2001）认为，性别与种族/族裔、阶层和其他社会身份有着不可分割的联系，不同种族、文化、宗教和民族语言背景的女性经历存在着差异（Cheney，2011）。这些女性个体的特殊性在本书中并未明显体现，未来还需拓展。

3.3.3.4 女性深度休闲体育活动受父权牵制

社会进步发展的同时，观念的转变难以一蹴而就，传统的父权制思想依然会束缚女性的深度休闲体育参与。由于长期的传统文化浸染，女性在叙述自己的经历时自然而然地透露着传统社会的要求。在"自我坚持"方面，因为受制于性别观念下的家庭责任（Miller et al.，2005），女性既要做好家务活，又要照顾孩子，她们需要比男性克服更多的困难去坚持深度休闲体育活动，作出积极的调整，如一位受访者描述认识的一个女性跑友，"她每天早上会很早起来，在滨江边上的跑道刷十公里，然后回家给小孩烧饭"。在"项目认同"方面，虽然周围的人认同女性对运动的坚持，但他们也会给出诸如"男生不喜欢强悍的女生""跑步占用了你大部分时间，你还要结婚生孩子，所以不要太拼"等建议。这些传统观念牵制着女性休闲，使其本质异化，偏离了休闲"心无羁绊"的活动状态。

由此，深度休闲体育活动虽然一定程度上能够赋予女性更好的参与机会，但休闲赋权对于女性而言，更应该是去实现杰弗瑞·戈德比教授（Geoffrey

Godbey）所说的"给予人们想要的，并使其通过学习知道自己想要什么"（宋瑞，杰弗瑞·戈德比，2015）。相应的知识获取和适当的技能练习对女性的科学参与是必不可少的。更重要的是，女性需要建构自己的话语去挑战父权牵制，坚定自己的休闲选择，就如一位受访者所说的："新时代的女性都活得比较自我和独立，不想受外界的干扰，我要有自己的生活。"

3.4　小　结

通过质性研究和探索性研究，女性深度休闲体育特征可归纳为自我提升、项目认同、社会联系、性别意识4项。自我提升包括自我坚持、自我发展、个人利益，项目认同包括自我认同和他人认同，社会联系包括团体精神和社会利益，性别意识包括性别差异认知和女性角色约束。

从女性主义视角看，一方面，女性深度休闲体育参与是女性彰显主体实践、理解身体意义的途径；另一方面，由于传统性别认识的根深蒂固，女性的参与依然受传统文化的牵制，需要继续寻找挑战的可能性。其中，深度休闲体育团体扮演了重要角色，提供了女性情感联系、两性求同存异的空间。女性应该更主动地加入自己感兴趣的体育团体，在同伴的支持与鼓励中坚持运动、愉悦身心，让生活变得更加充实有趣。

CHAPTER 4

4　女性深度休闲体育行为的动机因素研究

4.1　文献综述

4.1.1　相关概念及理论

动机是一个非常复杂的心理现象。Adams（1963）指出，动机来自所知觉到的不平衡所引起的紧张趋力。Pintrich 和 Schunk（1996）认为，动机是由目标或对象引导、激发并维持个体活动的一种内部动力或内在心理过程。Kotler（1997）认为，动机是个体内在的一种动力，如兴趣、态度等，这种动力可以影响行为并造成行为的改变，即引发个体采取行动来满足需求。Ragheb 和 Tate（1993）认为，休闲动机愈强，休闲参与频率愈高。Robert 等（1999）认为，在同一个休闲活动当中，动机可能是不同的，且与参与者的态度、偏好和期望有关。Moutinho（2000）指出，动机是一种需求状态，可以驱动个体采取特定的行动来满足所需。有关动机的定义，不同学者提出了不同的看法，但都从侧面揭示了动机的本质，即动机是由一定的目标引导和激发的，它可以产生推动个体行为的原动力，这种原动力来自个体对目标的认识，它可以使外部诱因转变为内部需要，从而引起个体采取行动来满足需要。综上所述，本书将休闲体育动机定义为：引导、激发和维持个体参与休闲体育活动，以达到娱乐、健身、消遣、刺激、宣泄等目的的内部动力或内在心理过程。

1980 年，Deci 提出自我决定理论（Self-determination Theory，SDT）。该理论是一种有机辩证的动机理论，不仅强调自我决定在动机过程中的能动作用，而且强调社会环境对人的潜能有着潜移默化的影响。此外，该理论把对自我决定的追求看成人类行为的内部动机，把人类的动机看成一个从外在调节到内部动机的动态连续体，并依据自我决定程度的高低对动机进行了详细的划分（Deci，1980）。目前，自我决定理论已经应用于教育、健康、管理、体育等多个研究领域，许多学者进行了研究（如：Vallerand et al.，1987；Vallerand et al.，1989）。因此，本章以自我决定理论作为休闲体育动机研究的理论基础。

自我决定理论把动机分为内部动机（intrinsic motivation）、外部动机（extrinsic motivation）和无动机（amotivation）3种类型，以下分述之。

4.1.1.1　内部动机

内部动机是指由于活动本身的兴趣或乐趣引起的个体从事某项活动的一种动力。Deci和Ryan（1985）认为，内部动机是个体的一种心理成长和发展的倾向，当个体受内部动机驱动去参与某项活动时，其会由衷地感到有趣和快乐。

Vallerand等（1993）认为，内部动机包括以下3种：求知的内部动机（intrinsic motivation to know）、完成的内部动机（intrinsic motivation to accomplish）、体验刺激的内部动机（intrinsic motivation to experience stimulation）。其中，求知的内部动机是指个体为了学习某项运动的知识，习得新技能，并且从中获取愉悦感的动机。完成的内部动机是指个体希望通过掌握某些技能达到个人目标，并从中体验所带来乐趣的动机。体验刺激的内部动机是指个体为了体验某项活动本身的愉悦感和刺激感的动机。

4.1.1.2　外部动机

外部动机是指个体从事某项活动不是出于对活动自身的兴趣或乐趣，而是为了获得某种可分离结果的一种动力。

Deci和Ryan（2000）根据自我决定程度的高低，将外部动机划分为以下4种：外在调节（external regulation）、内摄调节（introjected regulation）、认同调节（identified regulation）、整合调节（integruted regulation）。其中，外在调节是指个体从事某项活动并不是出于对活动自身的内在兴趣或乐趣，而是为了得到外在报酬或避免惩罚。内摄调节是指个体开始将参与活动的动机内化，通过知觉到的自我价值，个体感觉如果不去从事该项活动会有罪恶感或愧疚感。它是个体为了避免内疚、羞愧或得到自我肯定而产生的动机类型。认同调节是指个体感受到活动的价值并具有选择性的一种动机类型，也就是说个体并不在乎活动自身的愉悦感或满足感，只要个体判断或评价该项活动是非常具有价值的，那么个体就会选择去参与该项活动。它属于比较成功的内化阶段。整合调节是指个体将活动本身的价值整合到自己的观点中后所产生的动机类型。它是外部动机中自主性最强、自我决定程度最高的动机形态，也是外部动机中内化最完全、最彻底的类型。

4.1.1.3 无动机

无动机是自我决定程度最低的动机形态，具体是指个体完全不知道从事该项活动的目的是什么。Deci 和 Ryan（2000）认为，当个体拥有无动机时，其会感觉不到活动的价值和意义，并且也无法知觉行为与结果之间的关系，他们参与活动并不具有任何目的，对活动结果也不抱任何期待，他们更无法找出让自己继续参与该项活动的任何理由。

4.1.2 休闲体育行为参与动机的测量

休闲动机量表（Leisure Motivation Scale，LMS）最早是 Beard 和 Ragheb 编制的，该量表由 4 个分量表组成，包括知识、社会、胜任/征服、刺激避免。每个分量表下设有 12 个条目，共计 48 个条目。随后，他们运用这个休闲动机量表对 1205 名被试进行检验，发现其信度、效度指标均良好（Beard & Ragheb，1980；1983）。

Pelletier 等（1995）根据自我决定理论编制出了体育运动动机量表（The Sport Motivation Scale，SMS），该量表由 7 个分量表组成，包括：求知、成就和体验刺激 3 种内部动机；认同、内摄和外在调节 3 种外部动机；无动机。每个分量表下设有 4 个条目，共计 28 个条目，该量表最初主要用于测量竞技运动中人们的动机变化，经检验，该量表的信度、效度指标良好。继 Pelletier 等之后，Li 和 Hammer（1996）进一步对英文版的体育运动动机量表进行了检验，结果表明英文版的量表信度、效度指标良好。随后，Núñez 等（2006）又将英文版的体育运动动机量表翻译成了西班牙文版并对其进行了信度、效度检验，研究结果与法文版和英文版的结果类似，该量表信度、效度指标良好。此外，彭晶

（2012）也将英文版的体育运动动机量表翻译为中文，并将其运用于我国运动训练专业和体育教育专业大学生进行研究，结果表明中文版的量表信度、效度指标良好。

由于 Pelletier 等（1995）并没有将整合调节最终纳入体育运动动机量表，因此 Mallett 等（2007）在体育运动动机量表的基础上提出六因素体育动机量表（SMS-6），该量表修改了其中的 7 个题项并增加了整合调节维度（含 5 个题项），经过修订后的六因素体育运动动机量表，信度和效度指标良好。

4.1.3 关于休闲体育行为参与动机的研究综述

自 20 世纪 60 年代起，国外便展开了对休闲动机的研究。1964 年，托马斯（John A. Thomas）提出了 18 种旅游动机，并将之划分为 4 种形态：教育与文化、休闲与娱乐、种族传统、其他。Crompton（1979）认为，休闲动机主要来自社会、心理、生理、文化 4 个方面，具体包括：逃离无聊的环境、评价自我、放松、回归、增进社会关系、探奇、教育等。Maddi 和 Kobasa（1981）在多元研究中发现，人们参与休闲体育活动始于内部动机。Iso-Ahola 和 Allen（1982）以参与篮球赛的大学生为研究对象，对其参与比赛之后的需要差异情况进行了分析，并将休闲体育动机划分为人际控制、个人能力、逃离日常、正向人际投入、娱乐、交际能力、与异性相处 7 种形态。Iso-Ahola 和 Weissinger（1990）在研究中发现，由于内部动机可以为休闲体育参与者带来更多的满足感，并且使参与者更愿意持续参与休闲活动，因此休闲体育活动中的内部动机比外部动机更为重要。Losier 等（1993）通过对老年人休闲体育活动的研究，最终将休闲体育动机划分为内部动机、外部动机和无动机 3 种形态。Weissinger 和 Bandalos（1995）在编制休闲内部动机量表的过程中提出了自主、胜任、承诺、挑战 4 个内部休闲动机维度。Carroll 和 Alexandris（1997）在研究中发现，个人或人际的内部动机是最重要的休闲动机。Nicolas（2009）认为，内部休闲动机是个体为了追求乐趣和享受而去从事休闲体育活动的动力。

国内关于休闲体育动机的研究以描述性研究居多，国内学者大多围绕大学生展开研究。张志铭等（1999）为了探究学生在课余时间参与休闲体育的动机，随机选取了 800 名大学生进行问卷调查，研究表明：学生具有运动的特质、兴奋与挑战、人际关系、课业压力、活力释放、体能 6 个方面的动机。苏家文等（2000）对大学生进行休闲体育动机的研究，发现大学生具有塑形减肥、身体健康、娱乐等方面的动机。俞爱玲（2003）在对女大学生参加体育锻炼情况研究时发现，女大学生具有增进健康、抵御疾病、减轻体重、拥有良好体形、提高身体素质、获得运动成功等方面的动机。周喜华（2005）以 724 名大学生为调查对象进行问卷调查时发现，大学生的运动动机包括内部动机（学习、娱乐、减肥、刺激、健身等）和外部动机（逃避、交友等）。

4.1.4 关于深度休闲体育行为参与动机的研究综述

国外学者对深度休闲体育行为的参与动机进行了一系列的研究。Stebbins（1992）指出，深度休闲参与动机通常是由个体的整合调节动机（外部动机）促成的。Hastings 等（1995）在对深度休闲体育的游泳者进行研究时发现，成就感、体适能及身心放松等外部动机是影响男性参与者持续参与运动的主要因素，而体适能、社交及乐趣等外部动机是影响女性参与者持续参与运动的主要因素。Kowal 和 Fortier（2000）的实证研究发现，流畅体验获得和深度休闲体育特质强弱主要受内部动机的影响。Frederick-Recascino 和 Schuster-Smith（2003）探讨了深度骑行者和普通骑行者之间在竞赛和内部动机上的关系，研究发现：自行车比赛选手的运动竞争性明显高于普通骑行者；进一步的多重回归分析表明，运动竞争性和内部动机具有相关性，具有较强运动竞争性的个体拥有较强的内部动机。Gill（2006）以登山者为研究对象进行深度休闲体育研究时发现，登山爱好者寻求风险、挑战的内部动机更为重要。Brown 等（2009）在此前研究的基础上，进一步完善了骑行参与者深度休闲动机量表（51 个题项），研究发现：参与者的动机主要集中在 5 个方面，即社交、自我展示、探索环境、健康以及自我形象。Fairer-Wessels（2013）在结合马斯洛的需要层次理论、个性需要理论，探讨了超级马拉松参与者的深度休闲动机与行为特征，研究发现：超级马拉松参与者的主要动机有归属感、自我实现、独特的文化、持久的利益以及社会安全，更高层次的需求动机更容易驱使马拉松参与者持续参与马拉松活动，并具有更强烈的深度休闲特质。Shupe 和 Gagne（2016）对 26 名具有私人飞行员经验的女性进行了质性研究，探索女性飞行员的参与动机与深度休闲利益，结果表明：由内部动机促成的深度休闲参与者获得的个人利益和社会利益更多；同时，随着时间的推移，人们参与深度休闲的动机也会有所变化，利益的获得也不仅来自内部动机，外部动机也能促使女性飞行员通过参与深度休闲来获得更多的个人利益和社会利益。

国内关于深度休闲与参与动机的研究相对较少，就区域而言主要集中在台湾地区。台湾地区学者的众多研究表明，内部动机对深度休闲体育的影响更大。周秀华（2002）对深度休闲体育参与者进行了深度访谈，发现内部动机是参与者愿意持续投入深度休闲体育的关键因素。朱笠瑄（2003）针对攀岩者进行研究，发现具有较强深度休闲体育特质的攀岩者，其挑战、刺激等内部动机更强，健身、娱乐享乐、欣赏风景等外部动机则较弱。颜伽如（2003）针对台北市志工进行的研究表明：深度休闲参与动机的内部动机包括自我兴趣、公益服务、挑战自我；外部动机包括闲暇时间、同侪邀约、传播媒介及增强其他兴趣的能力。她还对受访者的谈话进行了分析，发现自我兴趣、公益服务的内部动机最为重要。李明儒（2007）以参与澎湖举办的国际风帆赛的选手为调查对象，对风帆选手的游憩动机进行了研究，发现深度休闲参与者的参与动机由强到弱依次为：寻求刺激、学习更多关于帆船的知识、发展技术及能力、增加和相同兴趣人士的往来机会、活动筋骨。李玉麟（2008）在研究攀岩爱好者深度休闲和休闲体育动机的关系时发现，大部分攀岩爱好者已经将攀岩作为生活中的一部分；同时，攀岩活动除了需要具备相应的知识和技术，更需要内部自发性的动机驱使，因此，内部动机对于攀岩爱好者来说更为重要。陈其昌等（2013）探讨了攀岩者的休闲动机与深度休闲之间的关系，研究表明：休闲动机与深度休闲存在相关性，其中，具有高自主性的完成的内在动机、体验刺激的内在动机和整合调节与深度休闲的显著的努力、强烈的认同感、生涯性和坚持不懈有高度的正向关系，低自主性的无动机与上述4种深度休闲特征有负向关系。赵芝良等（2013）对消防员的参与动机、深度休闲特质与组织承诺三者间的关系进行了研究，结果表明：消防员的参与动机包括增进自我、利他价值、学习新知和发展社交职涯4个方面，参与动机对深度休闲特质具有正向且直接的影响，其中增进自我、利他价值、学习新知对深度休闲特质的影响要大于发展社交职涯动机。吕佳茹等（2013）在研究网球选手内部休闲动机与深度休闲特质的关系时发现，网球选手的内部休闲动机愈强，其深度休闲特质愈强。

综上所述，深度休闲概念自被 Stebbins 提出后，得到了欧美发达国家的重视。随着社会的发展、时代的进步，人们的价值观和生活方式发生了重大的变化，深度休闲体育已成为现代文明生活的一种新时尚，并引起了国外学者的关注，多个国家（如美国、加拿大、法国、英国等）都围绕深度休闲体育进行了大量的实证性研究。目前国外学者围绕深度休闲与休闲体育动机之间的关系开展了一系列的研究，但是究竟哪种动机形态与深度休闲的关系更为密切，仍然存在着争议。从我国目前已有的研究来看，与台湾地区相比，大陆地区针对深度休闲体育的研究起步较晚，因此需要加大对不同群体的深度休闲体育行为与休闲体育动机的研究，来检验理论的可行性，使理论更加本土化、细致化。如此方能拓宽国内休闲体育领域的研究视野，进而提高人们对深度休闲体育活动的参与度。

4.2　研究方法

本研究采用问卷调查法（见附录 B），以女性马拉松参与者为调查对象，问卷的内容包括样本的基本情况、参与行为、参与动机等。第一部分是样本的基本情况，包括年龄、受教育程度、婚姻状况、年收入、是否加入跑团 5 个问题。第二部分是样本的参与情况，了解女性参与马拉松运动的行为表现，包括参加过最长距离的马拉松比赛、平均每年参加马拉松比赛的次数、跑步年限、每周跑步频率、每次跑步距离、每周跑量 6 个问题。

第三至第五部分是参与动机、限制因素、变通策略的调查，其中女性深度休闲动机的调查采用 Mallett 等（2007）制定的体育动机六因子量表，共 24 题，包括无动机 4 题、外在调节 4 题、内摄调节 4 题、认同调节 4 题、整合调节 4 题、内部动机 4 题。问卷采用李克特的五点量表法进行计分，"1"代表非常不同意，"5"代表非常同意，得分越高表明调查对象对这个题项的认同程度越高。该问卷总体的以及 6 个维度的信度系数在 0.764 ~ 0.867，具有较好的内部一致性（见表 4.3）。

本研究于 2019 年 5 月至 6 月进行问卷的发放，包括网上问卷和纸质问卷，网上问卷通过在跑团微信群内发送链接和跑者间的转发让女性跑者填写，纸质问卷通过随机抽取 2019 年曹娥江国际半程马拉松比赛和南京仙林半程马拉松比赛终点区域的女性跑者填写，共回收 296 份问卷，并对回收的问卷进一步筛选，剔除了不符合调查条件的问卷，同时将存在漏题的问卷、信息不全或真实性遭到质疑的问卷一律剔除，最终获得有效问卷 254 份，有效率为 85.8%。运用统计软件 SPSS 22.0 对有效问卷进行数据管理和分析。

4.3　研究结果

4.3.1　样本基本情况

研究样本包括 254 名女性马拉松跑者，已婚跑者（48.4%）和未婚跑者（45.7%）各占近半，年龄以 20 ~ 29 岁（38.2%）和 30 ~ 44 岁（41.7%）为主，大专及本科学历的跑者占比最多（74.4%），年收入 5 万元以上的跑者占较大比例（68.9%），大部分女性马拉松跑者已加入跑团（66.9%）（见表 4.1）。

表 4.1　女性马拉松跑者的人口描述性统计（n=254）

人口统计学变量		频数	占比/%
年龄	20 岁以下	7	2.8
	20 ~ 29 岁	97	38.2
	30 ~ 44 岁	106	41.7
	45 岁至退休前	36	14.2
	退休以后	8	3.1
年收入/元	≤2 万	49	19.3
	2 万 ~ 5 万	30	11.8
	5 万 ~ 12 万	76	29.9
	>12 万	99	39.0

续　表

人口统计学变量		频数	占比/%
受教育程度	高中及以下	21	8.3
	大专及本科	189	74.4
	研究生	44	17.3
婚姻状况	未婚	116	45.7
	已婚	123	48.4
	离异或独居	15	5.9
是否加入跑团	已加入	170	66.9
	未加入	84	33.1

　　对于最长距离的马拉松比赛，研究样本参加过的最多的是全程马拉松
（29.1%），平均每年参加马拉松比赛的次数以不参加（34.3%）和 1 ~ 2 次（31.9%）
为主，超半数的女性跑者坚持参加跑步 1 年以上（64.5%），每周坚持跑步次数
以 1 ~ 2 次（52.4%）和 3 ~ 4 次（40.6%）为主，大多数女性跑者每次跑步距
离超过 5 公里（66.6%），每周跑量超半数达 15 ~ 50 公里（54.0%）（见表 4.2）。

表 4.2　女性马拉松跑者的行为描述性统计（n=254）

行为变量		频数	占比/%
参加过最长距离的马拉松比赛	无	73	28.7
	迷你马拉松	34	13.4
	半程马拉松	52	20.5
	全程马拉松	74	29.1
	超级马拉松	21	8.3
平均每年参加马拉松比赛的次数	不参加	87	34.3
	1 ~ 2次	81	31.9
	3 ~ 4次	42	16.5
	≥5次	44	17.3

行为变量		频数	占比/%
跑步年限	<6个月	66	26.0
	6个月至1年	24	9.4
	1~2年	45	17.7
	2~5年	79	31.1
	≥5年	40	15.7
每周跑步频率	1~2次	133	52.4
	3~4次	103	40.6
	≥5次	18	7.1
每次跑步距离	<5公里	85	33.5
	5~10公里	117	46.1
	10~20公里	52	20.5
每周跑量	<15公里	101	39.8
	15~30公里	86	33.9
	30~50公里	51	20.1
	≥50公里	16	6.3

4.3.2　女性参与深度休闲体育的动机因素

女性马拉松跑者的深度休闲动机均值呈现递增的趋势（见表 4.3），外在调节的得分最低（$M=2.368$；$SD=0.854$），然后是无动机（$M=2.556$；$SD=0.874$）、内摄调节（$M=3.650$；$SD=0.764$）、认同调节（$M=3.862$；$SD=0.679$）、整合调节（$M=3.947$；$SD=0.768$），而内部动机的得分最高（$M=4.087$；$SD=0.672$）。其中，"坚持参与跑步，可以丰富我的生活"得分最高（$M=4.264$；$SD=0.865$），"我参加跑步，是为了获得社会利益或物质利益"得分最低（$M=2.224$；$SD=1.097$）。

表4.3　女性马拉松跑者深度休闲动机统计一览（*n*=254）

深度休闲动机	平均值（*M*）	标准差（*SD*）
无动机（α=0.764）	2.556	0.874
我不知道要不要继续坚持跑步，因为觉得自己不能在跑步中获得成功。	2.366	1.112
我不知道是否应该在跑步中继续投入时间和努力。	2.701	1.134
我不清楚跑步是不是适合我。	2.437	1.207
我好像没有以前那么喜欢跑步了。	2.717	1.113
外在调节（α=0.812）	2.368	0.854
我参加跑步，是为了得到周围人的尊重。	2.272	1.014
我参加跑步，是为了得到荣誉（如奖牌、名次等）。	2.413	1.070
我参加跑步，是为了获得社会利益或物质利益。	2.224	1.097
我参加跑步，是为了向大家展示我在跑步方面的能力。	2.559	1.090
内摄调节（α=0.768）	3.650	0.764
为了保持体型，我必须坚持跑步。	3.602	1.065
为了获得良好的自我感觉，我必须坚持跑步。	3.689	0.958
如果我不去跑步的话，我会觉得心情不舒畅。	3.500	1.005
我必须有规律地参与跑步。	3.807	0.944
认同调节（α=0.781）	3.862	0.679
通过参与跑步，可以学会许多生活中其他有益的东西。	4.118	0.830
跑步可以促进自己生活中其他方面的积极发展。	4.059	0.786
跑步可以维持或改善我的人际关系。	3.516	0.969
为了提高我的跑步能力，我坚持参与跑步。	3.756	0.900
整合调节（α=0.867）	3.947	0.768
跑步已成为我的一种生活方式。	3.866	0.969
坚持参与跑步，可以丰富我的生活。	4.264	0.865

续　表

深度休闲动机	平均值（M）	标准差（SD）
坚持参与跑步，很符合我的生活原则。	3.858	0.864
跑步是我生活中不可缺少的一部分。	3.799	0.930
内部动机（α=0.813）	4.087	0.672
当我完全投入跑步中时，我会体验到一种兴奋感。	4.004	0.873
当我掌握了一些跑步技巧时，我会有一种满足感。	4.063	0.855
当跑步能力有所提高时，我会对自己的表现感到满意。	4.220	0.804
当我获得新的跑步知识和技术时，我会有一种愉悦感。	4.059	0.825
问卷总体（α=0.861）	3.411	0.477

在不同的人口统计学变量上，女性马拉松跑者的深度休闲动机存在显著差异（见表4.4）。不同年龄的女性跑者在认同调节（$F=4.193$，$P < 0.05$）、整合调节（$F=4.601$，$P < 0.05$）和内部动机（$F=3.273$，$P < 0.05$）上存在显著差异，表现为30～44岁的得分高于20～29岁的；不同婚姻状况的女性跑者在内摄调节（$t=-2.282$，$P < 0.05$）上存在显著差异，表现为已婚跑者高于未婚跑者；不同年收入的女性跑者在整合调节（$F=2.744$，$P < 0.05$）上存在显著差异，表现为年收入在12万元以上的跑者高于2万元及以下的；是否加入跑团的女性跑者在5类动机（除外在调节）上均存在显著差异，表现为加入跑团的女性跑者高于没有加入跑团的。

表4.4　人口统计学变量间深度休闲动机差异性比较（$n=254$）

人口统计学变量		深度休闲动机（Mean）					
		无动机	外在调节	内摄调节	认同调节	整合调节	内部动机
年龄	20～29岁	2.696	2.513	3.544	3.717[b]	3.781[b]	3.954[b]
	30～44岁	2.448	2.281	3.745	3.976[a]	4.078[a]	4.279[a]
	45岁至退休前	2.500	2.361	3.736	3.896[ab]	4.042[ab]	4.111[ab]

续　表

人口统计学变量		深度休闲动机（*Mean*）					
		无动机	外在调节	内摄调节	认同调节	整合调节	内部动机
*F*值		2.194	1.864	2.120	4.193*	4.601*	3.273*
受教育程度	高中及以下	2.441	2.191	3.726	3.929	3.988	4.119
	大专及本科	2.593	2.409	3.655	3.835	3.919	4.087
	研究生	2.449	2.273	3.591	3.949	4.046	4.068
*F*值		0.677	0.942	0.238	0.612	0.513	0.041
婚姻状况	未婚	2.539	2.323	3.535	3.813	3.862	4.052
	已婚	2.592	2.380	3.758	3.878	4.016	4.096
*t*值		−0.467	−0.524	−2.282*	−0.755	−1.576	−0.502
年收入/元	≤2万	2.551	2.403	3.480	3.719	3.684b	4.046
	2万~5万	2.750	2.517	3.608	3.733	3.908ab	4.000
	5万~12万	2.523	2.372	3.665	3.941	3.990ab	4.082
	>12万	2.555	3.301	3.735	3.912	4.056a	4.136
*F*值		0.574	0.534	1.263	1.608	2.744*	0.405
跑团	已加入	2.359	2.316	3.722	3.944	4.107	4.174
	未加入	2.952	2.470	3.503	3.696	3.622	3.911
*t*值		−5.363***	−1.355	2.167*	2.771**	4.957***	2.978**

注：*P<0.05，** P <0.01，***P <0.001。同列上标 a 表示比 b 的均值高且两者显著差异；上标 b 表示比 c 的均值高且两者显著差异；同列上标 ab 和 a、b 均无显著差异；同列上标 bc 和 b、c 均无显著差异；同列上标 ab 和 bc 无显著差异。后同，不另注。

4.3.3　女性参与深度休闲体育的动机因素与参与行为的关系

在不同的行为变量上，女性马拉松跑者的深度休闲动机存在差异（见表 4.5）。对于最长马拉松比赛、周跑步频率、每次跑步距离、周跑量，女性跑者在无动机、内摄调节、认同调节、整合调节、内部动机上存在差异，表现为不参加、每周跑 1 ~ 2 次、每次跑步距离小于 5 公里、周跑量小于 15 公里的无动机显著高于其他组，而其他组的内摄调节、认同调节、整合调节和内部动机显著较高。年均马拉松比赛次数不同的女性跑者在无动机（$F=6.093$，$P < 0.01$）、内摄调节（$F=6.003$，$P < 0.01$）、认同调节（$F=11.470$，$P < 0.001$）、整合调节（$F=21.351$，$P < 0.001$）、内部动机（$F=7.507$，$P < 0.001$）上存在显著差异，表现为不参加马拉松比赛的无动机显著高于参加的，年均马拉松比赛 5 次及以上的在内摄调节、认同调节和内部动机上显著高于不参加马拉松比赛的，参加马拉松比赛的在整合调节上显著高于不参加的。不同跑步年限的女性跑者在无动机（$F=7.850$，$P < 0.001$）和整合调节（$F=10.193$，$P < 0.001$）上存在差异，表现为参与跑步少于 6 个月的无动机显著高于其他组，参与跑步 1 年以上的整合调节显著高于少于 6 个月的。

表 4.5　行为变量间深度休闲动机差异性比较（$n=254$）

深度休闲动机	行为变量（F值）					
	最长马拉松比赛[b]	年均马拉松比赛次数[b]	跑步年限[b]	周跑步频率[a]	每次跑步距离[b]	周跑量[b]
无动机	4.652**	6.093**	7.850***	3.759***	11.935***	47.890***
外在调节	1.065	0.604	1.476	−0.364	0.077	0.075
内摄调节	3.569**	6.003**	2.094	−4.875***	9.735***	18.888***
认同调节	4.255**	11.470***	1.953	−3.459**	9.320***	13.644***
整合调节	11.584***	21.351***	10.193***	−6.449***	32.108***	35.990***
内部动机	2.653*	7.507***	2.291	−3.364**	10.030***	10.330***

注：[a] 表示独立样本 T 检验（t 值）；[b] 表示单因素方差分析（F 值）。

为了进一步确定女性马拉松跑者深度休闲动机与行为变量之间的关系，首先运用相关分析进行判断，进而对相关变量做回归分析。由表 4.6 可以看出，无动机与 6 个行为变量之间存在显著的负相关，内摄调节、认同调节、整合调节、内部动机与 6 个行为变量之间均存在显著的正相关。这些显著的相关指标为下一步回归分析提供了变量。

表 4.6　深度休闲动机与行为变量的相关分析

深度休闲动机	最长马拉松比赛	年均马拉松比赛次数	跑步年限	周跑步频率	每次跑步距离	周跑量
无动机	−0.233**	−0.230**	−0.272**	−0.191**	−0.252**	−0.292**
外在调节	0.044	0.057	−0.123	0.007	0.020	−0.002
内摄调节	0.182**	0.258**	0.128*	0.360**	0.248**	0.366**
认同调节	0.246**	0.336**	0.154*	0.290**	0.245**	0.294**
整合调节	0.386**	0.433**	0.329**	0.396**	0.427**	0.454**
内部动机	0.186**	0.274**	0.157*	0.230**	0.230**	0.267**

4.3.3.1　深度休闲动机与最长马拉松比赛的回归分析

以最长马拉松比赛为因变量、深度休闲动机（除外在调节）为自变量做逐步回归分析。由表 4.7 可知，模型的方差分析 F 值为 26.153，显著水平为 0.000（$P < 0.001$），可推出所建立的回归方程有效。同时，回归参数的 T 检验 P 值小于 0.05 的显著水平，说明回归方程的回归参数显著不为零，建立线性模型是合理的，即整合调节和内摄调节对最长马拉松比赛的预测指标具有统计学意义，模型剔除了无动机、认同调节、内部动机 3 个变量，整合调节对最长马拉松比赛的预测是正向的，内摄调节对最长马拉松比赛的预测是负向的（见图 4.1）。

表 4.7　深度休闲动机与最长马拉松比赛的回归分析

模型	非标准化系数		标准系数	T	P	R^2	F
	β	SD	β				
（常量）	0.353	0.424		0.833	0.406		
整合调节	0.984	0.151	0.555	6.501	0.000		
内摄调节	−0.408	0.152	−0.229	−2.680	0.008	0.166	26.153***

注：因变量为最长马拉松比赛。

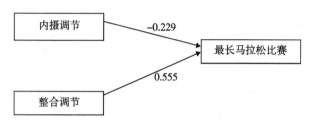

图 4.1　深度休闲动机与最长马拉松比赛之间的关系

4.3.3.2　深度休闲动机与年均马拉松比赛次数的回归分析

以年均马拉松比赛次数为因变量、深度休闲动机（除外在调节）为自变量做逐步回归分析。由表 4.8 可知，模型的方差分析 F 值为 31.724，显著水平为 0.000（$P < 0.001$），可推出所建立的回归方程有效。同时，回归参数的 T 检验 P 值小于 0.05 的显著水平，说明回归方程的回归参数显著不为零，建立线性模型是合理的，即整合调节和无动机对年均马拉松比赛次数的预测指标具有统计学意义，模型剔除了内摄调节、认同调节、内部动机 3 个变量，整合调节对年均马拉松比赛次数的预测是正向的，无动机对年均马拉松比赛次数的预测是负向的（见图 4.2）。

表 4.8　深度休闲动机与年均马拉松比赛次数的回归分析

模型	非标准化系数		标准系数	T	P	R^2	F
	β	SD	β				
（常量）	0.324	0.421		0.769	0.443		
整合调节	0.566	0.083	0.401	6.845	0.000		
无动机	−0.152	0.073	−0.123	−2.096	0.037	0.202	31.724***

注：因变量为年均马拉松比赛次数。

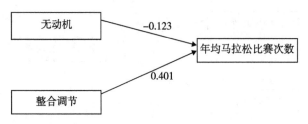

图 4.2　深度休闲动机与年均马拉松比赛次数之间的关系

4.3.3.3　深度休闲动机与跑步年限的回归分析

以跑步年限为因变量、深度休闲动机（除外在调节）为自变量做逐步回归分析。由表 4.9 可知，模型的方差分析 F 值为 16.668，显著水平为 0.000（$P < 0.001$），可推出所建立的回归方程有效。同时，回归参数的 T 检验 P 值小于 0.05 的显著水平，说明回归方程的回归参数显著不为零，建立线性模型是合理的，即整合调节、无动机和认同调节对跑步年限的预测指标具有统计学意义，模型剔除了内摄调节和内部动机 2 个变量，整合调节对跑步年限的预测是正向的，无动机和认同调节对跑步年限的预测是负向的（见图 4.3）。

表 4.9　深度休闲动机与跑步年限的回归分析

模型	非标准化系数		标准系数	T	P	R^2	F
	β	SD	β				
（常量）	2.255	0.600		3.760	0.000		
整合调节	0.887	0.183	0.472	4.858	0.000		
无动机	−0.296	0.100	−0.179	−2.968	0.003		
认同调节	−0.515	0.201	−0.242	−2.564	0.011	0.157	16.668***

注：因变量为跑步年限。

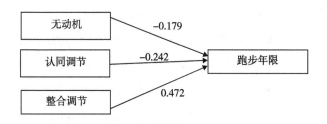

图4.3 深度休闲动机与跑步年限之间的关系

4.3.3.4 深度休闲动机与周跑步频率的回归分析

以周跑步频率为因变量、深度休闲动机（除外在调节）为自变量做逐步回归分析。由表4.10可知，模型的方差分析 F 值为46.990，显著水平为0.000（$P < 0.001$），可推出所建立的回归方程有效。同时，回归参数的 T 检验 P 值小于0.05的显著水平，说明回归方程的回归参数显著不为零，建立线性模型是合理的，即整合调节对周跑步频率的预测指标具有统计学意义，模型剔除了无动机、内摄调节、认同调节、内部动机4个变量，整合调节对周跑步频率的预测是正向的（见图4.4）。

表4.10 深度休闲动机与周跑步频率的回归分析

模型	非标准化系数		标准系数	T	P	R^2	F
	β	SD	β				
（常量）	0.272	0.189		1.438	0.152		
整合调节	0.323	0.047	0.396	6.855	0.011	0.157	46.990***

注：因变量为周跑步频率。

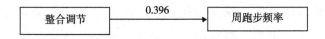

图4.4 深度休闲动机与周跑步频率之间的关系

4.3.3.5 深度休闲动机与每次跑步距离的回归分析

以每次跑步距离为因变量，深度休闲动机（除外在调节）为自变量做逐步回归分析。由表4.11可知，模型的方差分析 F 值为23.489，显著水平为0.000（$P < 0.001$），可推出所建立的回归方程有效。同时，回归参数的 T 检验 P 值小

于 0.05 的显著水平，说明回归方程的回归参数显著不为零，建立线性模型是合理的，即整合调节、认同调节和无动机对每次跑步距离的预测指标具有统计学意义，模型剔除了内摄调节和内部动机 2 个变量，整合调节对每次跑步距离的预测是正向的，无动机和认同调节对每次跑步距离的预测是负向的（见图 4.5）。

表 4.11　深度休闲动机与每次跑步距离的回归分析

模型	非标准化系数		标准系数	T	P	R^2	F
	β	SD	β				
（常量）	0.353	0.291		3.250	0.001		
整合调节	0.529	0.089	0.561	5.968	0.000		
认同调节	−0.229	0.097	−0.215	−2.354	0.019		
无动机	−0.109	0.048	−0.132	−2.564	0.025	0.211	23.489***

注：因变量为每次跑步距离。

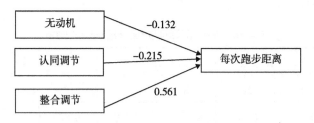

图 4.5　深度休闲动机与每次跑步距离之间的关系

4.3.3.6　深度休闲动机与周跑量的回归分析

以周跑量为因变量、深度休闲动机（除外在调节）为自变量做逐步回归分析。由表 4.12 可知，模型的方差分析 F 值为 39.164，显著水平为 0.000（$P < 0.001$），可推出所建立的回归方程有效。同时，回归参数的 T 检验 P 值小于 0.05 的显著水平，说明回归方程的回归参数显著不为零，建立线性模型是合理的，即整合调节和无动机对周跑量的预测指标具有统计学意义，模型剔除了内摄调节、认同调节、内部动机 3 个变量，整合调节对周跑量的预测是正向的，无动机对周跑量的预测是负向的（见图 4.6）。

表 4.12 深度休闲动机与周跑量的回归分析

模型	非标准化系数		标准系数	T	P	R^2	F
	β	SD	β				
（常量）	0.503	0.349		1.442	0.151		
整合调节	0.487	0.069	0.405	7.088	0.000		
无动机	−0.194	0.060	−0.184	−3.212	0.001	0.232	39.164***

注：因变量为周跑量。

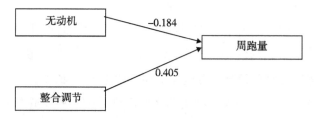

图 4.6 深度休闲动机与周跑量之间的关系

4.4 分析与讨论

女性马拉松跑者的深度休闲动机表现出较高的自我决定水平，其中"内部动机"的得分最高，说明女性坚持参与跑步过程中，更多的是出于内心对跑步活动的兴趣，当自己获得新的跑步知识和技术时，会体验到兴奋感、满足感和愉悦感。这与 Santos 等（2016）的研究相一致，内部动机对维持女性的运动参与十分重要。同时，自我决定理论认为，内部动机通常伴随着兴趣、享受、内在的满足感（Deci & Ryan，2000），这些积极的体验将促进个体投入深度休闲体育活动。在具体题项中，"坚持参与跑步，可以丰富我的生活"的动机得分最高，这与当下女性囿于工作和家庭密切相关，她们渴望在生活中的其他方面找到乐趣，挖掘未知的潜能。同时，随着女性主体意识的增强，她们不再拘泥于追求外部的奖励和利益，如周围人的尊重、物质利益等，在"外部调节"上得分最低。

不同人口统计学变量上女性马拉松跑者的深度休闲动机存在显著的差异。

已婚跑者在内摄调节上显著高于未婚跑者（内摄调节指个体接受了某种规则或价值观，但未将其作为自我的一部分完全加以吸收，只是一种部分的内化过程）。这可能是因为一些已婚女性在生育子女后对自己的体重或体型不满意，或在兼顾家庭和工作的同时忽视了自己的身体健康，感觉需要或者是有必要参加休闲体育活动。Goodsell 等（2013）的研究也发现，不同家庭状况的跑者持续参与跑步的动机存在差异，已婚的女性跑者更需要跑步，她们在跑步中建立和维系友谊。而 30～44 岁和年收入高于 12 万元的女性马拉松跑者在整合调节上得分相对较高，她们认为跑步是生活中不可缺少的一部分，并付诸行动，坚持参与。作为外部动机的最高形式，整合调节是个体的价值观和需要与行为相一致的动机类型，所以相对成熟的思想和一定的经济实力必不可少。加入跑团的女性马拉松跑者有较高的动机水平，说明面对简单枯燥的跑步运动时，团队的运动氛围和跑友的交流鼓励更能增加女性坚持跑步的动力。

在参与行为方面，女性马拉松跑者的深度休闲动机（除外在调节）均存在显著差异。跑步次数和跑量较少且不参加马拉松比赛的女性跑者在无动机上得分较高。无动机指女性参与跑步时，不知道自己出于怎样的目的，对跑步不抱很高的期望，仅仅视之为一项日常活动，所以当这些女性跑者投入跑步运动时，行为上会表现得较为随意。而参与跑步年限较长、跑量较多的女性跑者，其休闲动机更加内化，在内摄调节、认同调节、整合调节、内部动机上有较高的得分，会因为一些外部刺激以及对活动兴趣的逐渐增强，有计划性地安排自己的跑步活动。Cypryańska 等（2018）发现，当跑者完成自己的目标，特别是一次马拉松比赛时，其能够从中获得深层次的成就感。这也与本研究的结果相对应，参加马拉松比赛的女性跑者表现出自我决定水平较高的动机，完成一次比赛使女性增强了对跑步活动的认同感，并将跑步视为生活中重要的一部分。

进一步看，整合调节对 6 个行为变量都具有正向的预测作用。当女性马拉松跑者更多地出于自身需要和想法参与跑步时，她们会表现出更高水平的参与度。相对地，无动机对年均马拉松比赛次数、跑步年限、每次跑步距离、周跑量具有负向的预测作用，当女性马拉松跑者没有明确的参与目的时，她们在行为上的投入程度也较低。此外，内摄调节对最长马拉松比赛的预测以及认同调节对跑步年限和每次跑步距离的预测都是负向的，这可能是因为女性马拉松跑者在长期坚持参与跑步的过程中，动机会不断变化，处于内摄调节和认同调节阶段时，她们虽然已逐渐接受和认可跑步运动，但行为上还需要努力适应和调整。

4.5　小　结

女性马拉松跑者的深度休闲动机具有较高的自我决定水平，内摄调节、认同调节、整合调节、内部动机的得分依次递增，其中内部动机对长期参与跑步具有重要作用，女性跑步更多的是发自内心地感兴趣。人口统计学差异显示，已婚跑者更多地会为了塑造体型或健康去参加跑步，年收入较高者倾向于将跑步视为生活中重要的一部分，加入跑团能够增加女性坚持跑步的动力。在参与行为上，跑步次数和跑量较少且不参加马拉松比赛的女性跑者在无动机上得分较高，而参与跑步年限较长、跑量较多的女性跑者，她们的休闲动机更加内化。动机对女性马拉松跑者的深度休闲行为具有一定的预测作用，持不同动机的女性跑者，其参与行为的水平存在差异。

5 女性深度休闲体育行为的限制因素研究

5.1 文献综述

5.1.1 相关概念及理论

作为休闲学独特的分支领域，关于休闲限制的系统研究已经开展了三四十年，最先始于在 20 世纪 80 年代出版的一批奠定性的论文（Boothby et al.，1981；Francken & Raaij，1981；Romsa & Hoffman，1980；Witt & Goodale，1981）。然而，正如 Goodale 和 Witt（1989）已经指出的，这个领域的缘起要更早，至少可以追溯到 20 世纪 60 年代早期的户外娱乐研究委员会的一些研究成果(Ferris,1962；Mueller et al.,1962)，甚至起源于 19 世纪北美的公园休闲运动。国外关于休闲限制和休闲体育限制的研究，并没有严格意义上的区分，众多关于休闲限制的实证研究，是基于一些户外休闲活动来进行阐述的，包括各种体育活动项目（Shaw，1994；Frederick & Shaw，1995；Henderson & Ainsworth，2001；Kuehn，2003）。

休闲限制是指任何影响主体休闲偏好、休闲决策过程及休闲体验，而导致其无法、不愿意或减少参与休闲活动的因素及其内在制约机制（Goodale & Witt，1989；Jackson，1998）。在过去的三四十年中，休闲限制理论也在不断发展。

20 世纪 80 年代早期，西方学术界在探讨"休闲限制"时常采用"leisure barrier"一词，研究者只关注介于休闲偏好和休闲参与这两个阶段之间的某一种类型的制约因素。早期的休闲限制研究一般有两个重要的假设：限制对休闲活动的阻碍是静止不变的；休闲限制的效果是阻碍或制约参与。换言之，有无限制可以解释为任何一个人参与或不参与一个休闲活动，个体如果遭遇限制因素，就会导致参与行为的不发生。若使用后来的语言，结构限制被认为是限制因素中唯一重要的。因此，限制的效果往往强调活动和参与，从而无法在整体上把握休闲限制的全过程。

图 5.1a 反映了 20 世纪 80 年代早期对休闲限制的理解：一个人被假定有一种偏好、欲望或休闲活动的需求，但是这一偏好的满足也许会由于限制因素的出现而妥协。图 5.1b 是一个稍微复杂的模式：参与（休闲活动）是因为没有限制因素，但是限制因素的出现往往导致不参与（休闲活动）。早期的研究忽略了不参与（休闲活动）之外的结果，限制因素也没有被认为能影响（选择休闲活动时的）偏好。因此，非参与者被假定在某种程度上受到了限制，参与者则没有受到限制。

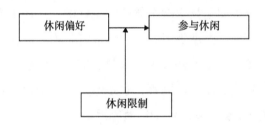

图 5.1a　休闲偏好、休闲限制和休闲参与的简单模型

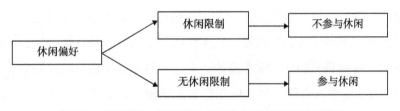

图 5.1b　休闲偏好、休闲限制、休闲参与 / 不参与的关系模型

20 世纪 80 年代晚期和 90 年代，休闲限制研究领域出现了一些转变，显示出与早期研究不同的特点。首先是语言的改变，"休闲障碍"（leisure barrier）一词逐渐被"休闲限制"（leisure constraints）所代替。这不仅仅是语义上的差别，更反映了该领域的研究重心的变化：前者不能涵盖限制休闲行为的所有因

素，研究者仅仅关注介于休闲偏好和休闲参与之间的某一种类型的制约；而随着对休闲限制的认识更加深刻，理解更加广泛，后者能更具体地涵盖阻碍休闲活动的各方面因素，同时，当该词应用于研究中时，学者不再单一假设休闲限制是影响休闲是否参与的绝对因素，而是探索休闲限制与休闲偏好、休闲参与的关系。

其次，休闲限制研究逐渐走向模型化、理论化。Crawford 和 Godbey（1987）在《再论家庭休闲制约》这篇很有影响力的论文中，提出了两个被广泛认同的观点：限制不仅影响参与或不参与这两种行为，而且也会影响休闲偏好，即休闲期望和休闲信息同样受到限制因素的影响；限制是有结构层次性的，它通过一系列内在的机制发挥作用，对休闲偏好产生影响。这一理论观点极大地拓宽了当时的休闲限制研究领域。Crawford 和 Godbey（1987）归纳了各类休闲限制研究，并将个体休闲偏好与休闲参与的制约因素归纳为以下 3 类：自身限制、人际限制和结构限制。自身限制是指影响个体休闲偏好的、存在于个体内在的心理状态的因素，例如价值观、态度等因素。人际限制是指个体在与其他人的交互作用过程中产生的干预性因素，例如家庭成员、朋友、同事、邻居等因素。结构限制是指来自外部环境的制约性因素，它是作用于休闲偏好和休闲参与之间的中介因素，例如缺乏机会、缺乏活动经费等因素。

Crawford 等（1991）进一步指出，这 3 类不同的限制因素是以一定的阶层关系进行运作并发挥制约作用的，因此，他们提出了一个解释休闲参与不能发生的全过程模型——休闲限制阶层模型（Hierarchical Models）（见图 5.2）。这个阶层模型强调限制层次的重要性，认为休闲限制的层次是从最初的自身限制到人际限制，再到最后的结构限制阶段。个人在形成休闲偏好的过程中，必须先挣脱自身限制；个人若能了解人际限制发生的原因，加以适当调解，便能到达下一个阶段，即人际关系和协调；而要真正实现参与休闲活动，个体必须排除一些外在的结构因素，包括金钱来源、能够获得的时间和机会等。3 种类型的制约因素都被克服后，个体才能顺利参与休闲活动。在休闲限制阶层模型中，个体若想参与活动，可能需要突破其中一层或所有的限制层级，这种限制阶层是由最低层的个人内在限制发展到最高层的结构限制的，个人自身限制是最基础但影响力最大的限制层级，结构限制的层级最高，但影响力最小。休闲限制的阶层模型也说明了对休闲限制的研究并不能仅仅停留在关注某些具体的限制因素上，更为重要的是去探究这些零乱的限制因素背后的深层作用机制。

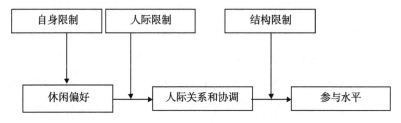

图 5.2 休闲限制阶层模型（Crawford，Jackson & Godbey，1991）

5.1.2 关于休闲体育行为限制因素的研究综述

5.1.2.1 国外的研究现状

关于休闲活动的限制因素研究，国外学者从不同的视角进行了探索。

一些学者对参与人群和非参与人群的限制因素进行了对比研究。Carrol 和 Alexandris（1997）对休闲体育参与的限制和动机进行研究，发现参与者和非参与者都会明显体会到个人/心理、缺乏兴趣、知识贫乏和时间限制，而非参与者更易受前两种限制的影响。Gilbert 和 Hudson（2000）以质性研究和定量研究相结合的方法，得出未参加滑雪的人会面临着一系列的个人限制，而已参加的滑雪者会被时间、家庭或经济因素限制的结论。Hung 和 Petrick（2012）发现游艇观光者（cruisers）和非游艇观光者（non-cruisers）之间存在不同，表现为：游艇观光者参与活动的限制较少，旅游动机和意图较强烈，而且他们更有可能变通旅游的限制。

一些学者对参与不同休闲活动项目人群的限制因素进行了研究。Kuehn（2003）研究了钓鱼运动的参与者，发现处于不同生命阶段的个体会经历不一样的限制：儿童时期的主要限制是机会和个人爱好，青少年时期主要是社会限制，成年时期主要是时间限制；而在每个时期，女性受到的限制都要比男性多一点。Alexandris 等（2008）以希腊的休闲滑雪者为研究对象展开探索性因素分析，发现滑雪者存在滑雪经验、心理限制、时间、经济和缺少伙伴 5 类休闲限制，而且限制会降低个体参与休闲活动的涉入程度和忠诚度。

一些学者对不同社会人群的限制因素进行了研究。Kleiber 和 Nimrod（2009）进行了质性研究，编码结果表明：退休人群遭遇的休闲限制因素主要有物理限制、照顾的责任、时间不足、财务、自身因素、地理位置、其他人际因素等。Palen 等（2010）研究了南非中学生的休闲限制（分为自身限制、人际限制、结构限制和社会文化限制），结果显示：休闲参与者很容易发现要克服人际限制和结构限制，但对自身限制和社会文化限制的感知不明显。Wood 和 Danylchuk（2012）对一个女性休闲体育群体进行了考察与访谈，发现女性参与一系列的休闲活动会遇到自身限制、身体限制、家庭责任、群体协调、距离、适应新成员等限制，同时女性也会采取相应的策略进行调整。

一些学者对某一类限制因素进行了研究。Jackson（1994）二次分析了前人统计的数据对休闲娱乐的地理限制，结果表明：地理限制虽然会影响休闲的选择，但是与其他限制因素相比没有那么显著，如花费、时间、缺乏设施。Nyaupane 和 Andereck（2008）针对旅游人群作了结构限制的子维度研究，归纳出缺乏时间、缺乏金钱和地方属性 3 个子维度，并认为休闲旅游需要更多的时间承诺和金钱，且地方因素的限制程度低于时间和金钱限制。Stodolska 和 Shinew（2010）以低收入的拉丁裔城市居民为对象，对其休闲体育活动的环境限制进行了质性研究，发现环境限制主要包括缺乏适合的自然环境和现有的环境存在问题两类，后者包括场地维护问题、安全问题、语言问题等。还有一些学者的休闲限制研究涉及道德规范（Parker，2007）、种族（Shinew et al.，2004）、歧视（Livengood & Stodolska，2004）等。

对于限制因素的阶层关系，在 Hawkins 等（1999）以轻至中度智力迟钝的人为对象的研究中未能得到验证。Jackson（1999）认为 Hawkins 等（1999）的研究选取的调查对象是边缘化或特殊的人群，对限制理论的研究是有意义的扩展，虽然没有找到限制的阶层顺序，但是正如克劳福德（Duane W. Crawford）在早期的手稿中评价的，"我相信这手稿考察的是一个有意义的话题，我们显然需要我们能得到的所有在这一领域的研究"。在未来的休闲限制研究中，研究者应该将理论与实践相结合，向多元化的方向迈进。

5.1.2.2 国内的研究现状

国内对于休闲限制的研究起步较晚，学者研究的角度也不同。岳晓梅等（2010）将老年人群分为不同的年龄段，调查西安市老年人的出游限制因素，发现亚老年人群主要受结构限制因素影响，最为明显的是"没有足够的钱旅行"，年轻老年人群和老年人群则主要受内在限制因素的影响，认为"旅游很累人""我身体不好，很难出游"。张琴、朱立新（2011）对上海女性白领进行了访谈和问卷调查，结果表明：限制在不同水平上影响着女性白领的休闲体验，依次是工作、缺乏精力或疲惫、社会文化限制、人际限制。史敏、朱建伟（2012）在文化研究视野下考察女大学生的运动参与限制，在休闲限制模型中引入文化限制，并指出人的主观意识形态受社会意识形态的影响，只有克服了文化限制，才会经历自身限制、人际限制和结构限制。周静、周伟（2009）对大学生锻炼行为的限制因素作了分阶段研究，发现在每个锻炼阶段不同锻炼层次的大学生面临的限制存在区别，大学生锻炼最大的限制因素是锻炼的社会支持不足和结构性制约。

一些学者基于休闲体育行为研究休闲限制因素。邱亚君（2008）在休闲限制理论的基础上，结合休闲体育行为的特性，提出了休闲体育行为中的第4种限制因素——体验限制。体验限制指的是个体在参与休闲体育活动过程中的亲身感受或留下的印象，会影响个体对体育活动的情感，从而制约其参与到体育活动中。体验限制在休闲体育行为的行动阶段表现最为强烈。孙琳、沈超（2012）发现，影响人们继续参与漂流活动的因素有可供选择的漂流产品不好、漂流场所人太多、漂流的价格太高等。

有学者对不同人群的休闲体育活动进行限制因素的研究。金青云（2014）运用问卷调查法研究了延边少数民族地区城镇居民休闲限制与休闲体育参与的关系，结果显示：休闲限制越大，休闲体育参与将会减少，其中时间限制对休闲体育参与频率的影响较大，个人内在限制对休闲体育参与期间和休闲体育参与强度的影响较大。张蕾（2016）对成都市城市女性参与休闲体育的限制影响因素进行阶层比较，发现各阶层的女性都体会到场地、自身技能缺乏、时间的限制，而较低阶层的女性因内心的不自信而造成的害羞心理这一潜在的自身限制较其他阶层的女性更为突出。付雯等（2015）对高校女性教师的休闲体育活动进行了分析，发现高校女性教师参与休闲体育的总体比例不高，影响女性教师参与休闲体育的限制随着年龄的增长而减少。

5.1.3 关于深度休闲体育行为限制因素的研究综述

国外学者主要基于不同休闲活动对深度休闲的限制因素进行探讨。Wegner等（2015）以长跑运动参与者为研究对象，进行了深度休闲性别和限制的研究，并以问卷的形式调查了全程马拉松和半程马拉松两种不同参与形式的参与者，发现不同性别和距离的长跑参与者的限制因素不同。Kennelly等（2013）以半结构化访谈的方式访问了澳大利亚 21 位业余深度"铁人三项"运动的参与者，结果表明：一系列变通策略会被用于适应或减轻限制，特别是认知和行为变通策略。Lyu 和 Oh（2015）以深度休闲垂钓者作为样本，将限制的维度分为内在限制、人际相互限制、监管限制、结构限制，结果表明：对限制的变通策略或努力在实现休闲身份过程中起重要作用。

国内学者对深度休闲限制因素的研究不多。王苏（2010）在其硕士学位论文中证实了深度休闲对老年人幸福人生的正向影响，结论中提到女性在选择休闲活动和参与休闲活动时会遭遇多于男性休闲者的休闲阻碍。台湾地区学者对深度休闲行为参与者的限制因素进行了研究，将深度休闲的限制因素分为自身限制、人际限制和结构限制。李英弘、高育芸（2009）通过抽样调查法对风浪板及高尔夫参与者的深度休闲特质和限制进行比较，发现结构限制是风浪板和高尔夫深度休闲参与者所面临的主要休闲限制，人际限制则是感受较弱的限制类型。林佑瑾等（2004）以访谈法和问卷调查法相结合的形式对高尔夫活动参与者的休闲限制进行研究，结果表明：具有深度休闲特质的参与者对个人限制和人际限制的感受程度明显低于不具有深度休闲特质的参与者，而二者在结构限制上没有区别。沈进成等（2007）以志工为研究对象，探讨志工深度休闲涉入、阻碍、效益与承诺之间的关系，结果显示：志工深度休闲的主要限制是人际限制，照顾家庭、小孩为影响志工参与深度休闲的主因。

综上所述，国内外学者对休闲限制因素的研究已经初具体系，公认的研究维度为自身限制、人际限制和结构限制（Crawford & Godbey, 1987）3 类。目前，已有一些国外学者围绕深度休闲体育限制因素进行研究，而国内对于深度休闲体育行为的限制因素的研究起步较晚，需要通过对不同的深度休闲体育参与群体的研究，使基础理论更加本土化。

5.2　研究方法

本研究采用问卷调查法（见附录 B），调查对象和问卷的内容同第 4 章，包括样本的基本情况、参与行为、限制因素等。第一部分是样本的基本情况，包括年龄、受教育程度、婚姻状况、年收入、是否加入跑团 5 个问题。第二部分是样本的参与情况，了解女性参与马拉松运动的行为表现，包括参加过最长距离的马拉松比赛、平均每年参加马拉松比赛的次数、跑步年限、每周跑步频率、每次跑步距离、每周跑量 6 个问题。

第三至第五部分是参与动机、限制因素、变通策略的调查，其中女性深度休闲限制因素的调查采用 Crawford 和 Godbey（1987）提出的休闲限制因素类型，结合研究所关注的跑步项目特点形成问题，共 12 题，包括自身限制 5 题、人际限制 3 题、结构限制 4 题。问卷采用李克特的五点量表法进行计分，"1"代表非常不同意，"5"代表非常同意，得分越高表明调查对象对这个题项的认同程度越高。该部分问卷总体以及 3 类限制因素的信度系数在 0.635 ~ 0.846，具有较好的内部一致性（见表 5.1）。

本研究的问卷发放、回收、数据管理同第 4 章。

5.3　研究结果

5.3.1　女性参与深度休闲体育的限制因素

女性马拉松跑者的深度休闲限制因素均值得分在 3.0 左右（见表 5.1），各维度得分从高到低依次为：自身限制（M=3.157；SD=0.641）、结构限制（M=3.120；SD=0.687）、人际限制（M=2.848；SD=0.766）。其中，"身体的伤病（膝盖痛、肌肉拉伤、感冒等）"得分最高（M=3.811；SD=0.934），"不利的天气

（如夏天太热、冬天太冷、下雨等）"（*M*=3.469；*SD*=0.935）、"跑步中的身体疲劳（极点、撞墙期等）"（*M*=3.315；*SD*=0.926）、"缺乏时间（工作、家务太忙等）"（*M*=3.307；*SD*=1.022）、"没有合适的场地设施（如跑步机太枯燥、公路上红绿灯太多等）"（*M*=3.118；*SD*=1.034）、"消极的心理状态（惰性、厌跑情绪等）"（*M*=3.106；*SD*=0.986）"得分也较高；而跑步太花费金钱（参赛费用、装备费用等）"得分最低（*M*=2.587；*SD*=0.981）。

表 5.1　女性马拉松跑者深度休闲限制因素统计一览（*n*=254）

限制因素	平均值（*M*）	标准差（*SD*）
自身限制（α=0.647）	3.157	0.641
身体的伤病（膝盖痛、肌肉拉伤、感冒等）。	3.811	0.934
运动能力欠缺（训练量不够、体重偏重、年龄偏大等）。	2.831	1.063
担心跑步时的人身安全（猝死、流氓、打劫等）。	2.720	1.058
跑步中的身体疲劳（极点、撞墙期等）。	3.315	0.926
消极的心理状态（惰性、厌跑情绪等）。	3.106	0.986
人际限制（α=0.641）	2.848	0.766
家人不支持（担心我会受伤等）。	2.606	0.930
找不到合适的同伴（兴趣不同、作息时间不同、配速不同等）。	2.965	1.046
周围缺少跑步氛围。	2.972	1.031
结构限制（α=0.635）	3.120	0.687
不利的天气（如夏天太热、冬天太冷、下雨等）。	3.469	0.935
没有合适的场地设施（如跑步机太枯燥、公路上红绿灯太多等）。	3.118	1.034
缺乏时间（工作、家务太忙等）。	3.307	1.022
跑步太花费金钱（参赛费用、装备费用等）。	2.587	0.981
问卷总体（α=0.846）	3.042	0.615

在不同的人口统计学变量上，女性马拉松跑者的深度休闲限制因素存在显著差异（见表5.2）。不同年龄（F=5.569，$P < 0.01$）和婚姻状况（t=2.174，$P < 0.05$）的女性跑者在结构限制上存在显著差异，表现为20～29岁的样本高于30～44岁的和45岁至退休前的，未婚跑者高于已婚跑者；不同受教育程度的女性跑者、加入跑团与未加入跑团的女性跑者在3类限制上都存在显著差异，表现为高中及以下学历的低于大专及本科的，加入跑团的低于没有加入跑团的。

表5.2　人口统计学变量间深度休闲限制因素差异性比较（n=254）

人口统计学变量		深度休闲限制因素（$Mean$）		
		自身限制	人际限制	结构限制
年龄	20～29岁	3.272	3.014	3.307[a]
	30～44岁	3.117	2.796	3.052[b]
	45岁至退休前	3.133	2.704	2.958[b]
F值		1.800	3.205	5.569**
受教育程度	高中及以下	2.677[b]	2.413[b]	2.631[b]
	大专及本科	3.175[a]	2.908[a]	3.176[a]
	研究生	3.309[a]	2.795[ab]	3.114[a]
F值		7.605**	4.186*	6.197**
婚姻状况	未婚	3.197	2.888	3.228
	已婚	3.130	2.827	3.043
t值		0.815	0.629	2.174*
年收入/元	≤2万	3.184	2.932	3.255
	2万～5万	3.213	3.089	3.267
	5万～12万	3.142	2.864	3.102
	>12万	3.138	2.721	3.023
F值		0.149	2.140	1.784
跑团	已加入	3.083	2.722	3.016
	未加入	3.307	3.103	3.330
t值		-2.663**	-3.837***	-3.506**

5.3.2　女性参与深度休闲体育的限制因素与参与行为的关系

在不同的行为变量上，女性马拉松跑者的深度休闲限制因素存在显著差异（见表 5.3）。不同跑步年限的女性跑者在自身限制（F=4.325，$P < 0.01$）、人际限制（F=5.012，$P < 0.01$）和结构限制（F=3.557，$P < 0.01$）上存在显著差异，表现为少于 6 个月的自身限制高于跑步 1 ~ 2 年的，人际限制高于 2 年以上的，结构限制高于 1 ~ 2 年和 5 年以上的。不同周跑步频率的女性跑者在结构限制（F=2.053，$P < 0.05$）上存在显著差异，表现为 1 ~ 2 次的高于 3 ~ 4 次的。每次跑步距离不同的女性跑者在自身限制（F=4.278，$P < 0.05$）和人际限制（F=5.531，$P < 0.01$）上存在显著差异，表现为小于 5 公里的自身限制高于 5 ~ 10 公里的，人际限制高于 10 ~ 20 公里的。不同周跑量的女性跑者在自身限制（F=4.400，$P < 0.05$）、人际限制（F=5.999，$P < 0.01$）和结构限制（F=5.448，$P < 0.05$）上存在显著差异，表现为小于 15 公里的显著高于 30 ~ 50 公里的。

表 5.3　行为变量间深度休闲限制因素差异性比较（n=254）

深度休闲限制	行为变量（F值）					
	最长马拉松比赛[b]	年均马拉松比赛次数[b]	跑步年限[b]	周跑步频率[a]	每次跑步距离[b]	周跑量[b]
自身限制	1.267	1.189	4.325**	1.644	4.278*	4.400*
人际限制	1.732	1.066	5.012**	1.745	5.531**	5.999**
结构限制	1.797	2.389	3.557**	2.053*	2.541	5.448*

注：[a] 表示独立样本 T 检验（t 值），[b] 表示单因素方差分析（F 值）。

为了进一步确定女性马拉松跑者深度休闲限制因素与行为变量之间的关系，首先运用相关分析进行判断，进而对相关变量做回归分析。由表 5.4 可以看出，结构限制与年均马拉松比赛次数之间存在显著的负相关，3 种限制因素与跑步年限、周跑步频率、每次跑步距离、周跑量之间均存在显著的负相关。这些显著的相关指标为下一步回归分析提供了变量。

表 5.4 深度休闲限制因素与行为变量的相关分析

深度休闲限制	最长马拉松比赛	年均马拉松比赛次数	跑步年限	周跑步频率	每次跑步距离	周跑量
自身限制	−0.071	−0.104	−0.182**	−0.154*	−0.148*	−0.205**
人际限制	−0.118	−0.080	−0.257**	−0.134*	−0.204**	−0.228**
结构限制	−0.115	−0.165**	−0.177**	−0.174**	−0.133*	−0.190**

5.3.2.1 深度休闲限制因素与年均马拉松比赛次数的回归分析

以年均马拉松比赛次数为因变量、结构限制为自变量做逐步回归分析。由表 5.5 可知，模型的方差分析 F 值为 7.082，显著水平为 0.008（$P < 0.01$），可推出所建立的回归方程有效。同时，回归参数的 T 检验 P 值小于 0.05 的显著水平，说明回归方程的回归参数显著不为零，建立线性模型是合理的，即结构限制对年均马拉松比赛次数的预测指标具有统计学意义，结构限制对年均马拉松比赛次数的预测是负向的（见图 5.3）。

表 5.5 深度休闲限制因素与年均马拉松比赛次数的回归分析

模型	非标准化系数		标准系数	T	P	R^2	F
	β	SD	β				
（常量）	2.984	0.313		9.519	0.000		
结构限制	−0.261	0.098	−0.165	−2.661	0.008	0.027	7.082**

注：因变量为年均马拉松比赛次数。

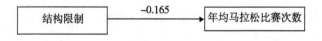

图 5.3 深度休闲限制因素与年均马拉松比赛次数之间的关系

5.3.2.2 深度休闲限制因素与跑步年限的回归分析

以跑步年限为因变量、深度休闲限制因素为自变量做逐步回归分析。由表 5.6 可知，模型的方差分析 F 值为 17.834，显著水平为 0.000（$P < 0.001$），可

推出所建立的回归方程有效。同时，回归参数的 T 检验 P 值小于 0.05 的显著水平，说明回归方程的回归参数显著不为零，建立线性模型是合理的，即人际限制对跑步年限的预测指标具有统计学意义，模型剔除了自身限制和结构限制 2 个变量，人际限制对跑步年限的预测是负向的（见图 5.4）。

表 5.6　深度休闲限制因素与跑步年限的回归分析

模型	非标准化系数		标准系数	T	P	R^2	F
	β	SD	β				
（常量）	4.392	0.338		12.981	0.000		
人际限制	−0.485	0.115	−0.257	−4.223	0.000	0.066	17.834***

注：因变量为跑步年限。

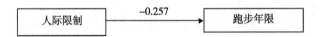

图 5.4　深度休闲限制因素与跑步年限之间的关系

5.3.2.3　深度休闲限制因素与周跑步频率的回归分析

以周跑步频率为因变量、深度休闲限制因素为自变量做逐步回归分析。由表 5.7 可知，模型的方差分析 F 值为 7.897，显著水平为 0.005（$P < 0.01$），可推出所建立的回归方程有效。同时，回归参数的 T 检验 P 值小于 0.05 的显著水平，说明回归方程的回归参数显著不为零，建立线性模型是合理的，即结构限制对周跑步频率的预测指标具有统计学意义，模型剔除了自身限制和人际限制 2 个变量，结构限制对周跑步频率的预测是负向的（见图 5.5）。

表 5.7　深度休闲限制因素与周跑步频率的回归分析

模型	非标准化系数		标准系数	T	P	R^2	F
	β	SD	β				
（常量）	2.042	0.180		11.321	0.000		
结构限制	−0.159	0.056	−0.174	−2.810	0.005	0.030	7.897**

注：因变量为周跑步频率。

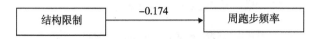

图 5.5 深度休闲限制因素与周跑步频率之间的关系

5.3.2.4 深度休闲限制因素与每次跑步距离的回归分析

以每次跑步距离为因变量、深度休闲限制因素为自变量做逐步回归分析。由表 5.8 可知，模型的方差分析 F 值为 10.997，显著水平为 0.001（$P < 0.01$），可推出所建立的回归方程有效。同时，回归参数的 T 检验 P 值小于 0.05 的显著水平，说明回归方程的回归参数显著不为零，建立线性模型是合理的，即人际限制对每次跑步距离的预测指标具有统计学意义，模型剔除了自身限制和结构限制 2 个变量，人际限制对每次跑步距离的预测是负向的（见图 5.6）。

表 5.8 深度休闲限制因素与每次跑步距离的回归分析

模型	非标准化系数		标准系数	T	P	R^2	F
	β	SD	β				
（常量）	2.421	0.172		14.077	0.000		
人际限制	−0.193	0.058	−0.204	−3.316	0.001	0.042	10.997**

注：因变量为每次跑步距离。

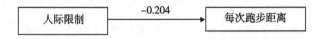

图 5.6 深度休闲限制因素与每次跑步距离之间的关系

5.3.2.5 深度休闲限制因素与周跑量的回归分析

以周跑量为因变量、深度休闲限制因素为自变量做逐步回归分析。由表 5.9 可知，模型的方差分析 F 值为 13.854，显著水平为 0.000（$P < 0.001$），可推出所建立的回归方程有效。同时，回归参数的 T 检验 P 值小于 0.05 的显著水平，说明回归方程的回归参数显著不为零，建立线性模型是合理的，即人际限制对周跑量的预测指标具有统计学意义，模型剔除了自身限制和结构限制 2 个变量，

人际限制对周跑量的预测是负向的（见图 5.7）。

表 5.9　深度休闲限制因素与周跑量的回归分析

模型	非标准化系数		标准系数	T	P	R²	F
	β	SD	β				
（常量）	2.711	0.218		12.462	0.000		
人际限制	−0.375	0.074	−0.228	−3.722	0.000	0.052	13.854***

注：因变量为周跑量。

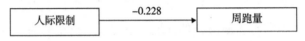

图 5.7　深度休闲限制因素与周跑量之间的关系

5.4　分析与讨论

研究结果显示，女性马拉松跑者一般都会体验到休闲限制因素的影响，其中，对"自身限制"的感知最强。我们知道，身体体验是最直接的，一方面，女性相较于男性，生理方面的身体能力可能较弱，当达到一样的目标成绩时，女性体验到的身体刺激是更加强烈的；另一方面，女性较为敏感和细心，会去关注长期参与过程中自己情绪和身体上的变化，所以在参与跑步过程中，女性跑者会明显感受到诸如伤病（膝盖痛、肌肉拉伤等）、疲劳、厌跑情绪等与自己身体相关的问题影响着她们的深度休闲参与。

不同人口统计学变量上女性马拉松跑者的深度休闲限制因素存在显著差异。20 ~ 29 岁跑者与未婚女性跑者会遭遇更多的结构限制，可能是因为她们正处于青年期，忙于学业和工作，各方面还处于不稳定的状态，容易受到外部因素的干扰，如不利的天气、缺乏时间、没有合适的场地等，且经济基础相对薄弱，需要控制各方面的开销。而随着年龄的增长，女性参与休闲体育的限制则会相对减少（付雯等，2015），有经济能力和闲暇时间投入跑步中。此外，高中及以下学历的女性跑者对限制因素的感知低于大专及本科学历的女性跑者，这与以往的认识不一致，即受教育程度较高人群的体育参与意识较高（王崇喜等，2004）。原因可能是，当下高中及以下学历的女性跑者较少，有时间和精力参与跑步的往往是生活条件较好的，而且相对来说，马拉松是一个门槛较低的项目，参与该项目的女性对马拉松的认同感较强。值得注意的是，加入了跑团的女性马拉松跑者会相对体验到更少的限制因素，这与上一章讲的动机因素研究结果相呼应。通常情况下，跑团会有自己的规范和章程，并定期开展跑步训练和活动。女性更倾向于参加群体的活动，而且她们能够在跑团中学习和分享跑步的知识、技能和经验，有利于强化参与跑步的行为，无形中提高了克服休闲限制的能力。Wood 和 Danylchuk（2012）也发现，群体能帮助女性休闲参与者形成变通策略，进而去面对大多数的限制情境。

在跑步年限、周跑步频率、每次跑步距离、周跑量上，女性马拉松跑者的深度休闲限制因素存在显著差异。跑步年限较长的女性跑者通过长期坚持跑步的过程，付出了显著的个人努力，会体验到较少的限制因素，大多认为困难都是可以克服的，没有特别影响自己持续参与跑步的因素。正如 Jackson 等（1993）提出的，人们参与休闲活动并不是因为限制因素不存在，而是因为已经通过使用变通策略克服了限制。这也反映在跑量上，随着跑量的增加，深度休闲参与者对跑步活动的认同感不断增强，在跑步运动中更加投入（Shipway & Jones，2007），觉得限制因素不会改变自己坚持跑步的信念。此外，每周跑1～2次的女性跑者会遭遇更多的结构限制，可能是因为她们日常工作和生活较为忙碌，缺乏时间就成为阻碍休闲参与的一个问题，需要积极作出调整。

进一步看，结构限制对女性马拉松跑者的年均马拉松比赛次数和周跑步频率具有负向的预测作用。为了参加一次马拉松比赛，女性马拉松跑者需要做长时间的准备，所以当时间不足、没有合适的跑步场所等问题增多时，她们难以集中精力准备马拉松比赛，同时也无法很好保证较高的周跑步频率。对于现代女性来讲，虽然她们离开灶台走向社会，但是在新的社会压力和传统观念的夹缝中，她们需要兼顾工作和家庭：一方面，她们要能出色地完成工作任务；另一方面，她们要承担很多的家庭事务。所以，缺乏时间可能对她们来说是比较明显的限制。另外，人际限制对女性马拉松跑者的跑步年限、每次跑步距离和周跑量具有负向的预测作用。人际限制大多指家人的不支持、没有合适的跑友等，人际限制体验较多的女性跑者，往往刚开始跑步，面对漫长的跑步路程，她们需要他人的精神支撑和鼓励。而常年坚持跑步的女性跑者，已形成了强大的意志力，能够独自面对长距离的挑战，同时，她们将跑步视为生活中不可缺少的一部分，保持一定的跑步量是自然而然的事情，不易受外部话语的影响。值得一提的是，随着时间的推移，周围的人还会认同跑步对她们的重要性，支持甚至是佩服她们长期坚持跑步这一行为。

5.5　小　结

女性马拉松跑者长期参与跑步过程中一般都会体验到休闲限制，其中对自身限制的感受较为明显，易受心理变化和身体变化的影响。人口统计学差异显示，年轻的和未婚的女性跑者忙于学业和工作，会经历更多的结构限制，加入跑团的女性在群体的帮助下，对3类休闲限制的感知较低。在参与行为上，跑步年限较长的女性跑者由于积累了变通限制的能力，觉得影响自己的限制因素较少，而较高周跑量和周跑步次数的女性跑者也因为对跑步具有较强的认同感，认为休闲限制并不会明显影响自己的跑步参与。人际限制和结构限制对女性马拉松跑者的部分深度休闲参与行为具有负向的预测作用，感知到较多限制的个体，投入跑步的行为水平也较低。

6 女性深度休闲体育行为的变通策略研究

6.1 文献综述

自 Crawford 等（1991）提出休闲限制阶层模型，许多学者在此基础上进行了一系列的实证研究并得到支持（Raymore et al.，1993；Henderson，1991；Mannell & Kleiber，1997）。但是另外有一些实证研究（Kay & Jackson，1991；Shaw et al.，1991），其研究结果并没有完全支持休闲限制阶层模型。因此，休闲限制的研究逐渐将新的观点融入休闲的某些方面，比如休闲的参与（participation）、动机（motivation）和变通（negotiation）。

6.1.1 休闲限制阶层 / 变通模型

Jackson 等（1993）在休闲限制阶层模型的基础上进一步假设，尽管遭遇限制因素，使得人们参与享受休闲的程度与原先有所不同，但人们还是会找到途径去参与休闲，享受休闲（见图 6.1）。他们还根据人们对制约因素作出的反应分出了 3 类人群，即：不参加他们想要的活动的人（消极反应）；尽管遭遇限制因素，毫不减少或改变他们参与的活动的人（成功主动反应）；参与态度选择不定的人（部分成功主动反应）。同时提出了 6 个假设，即：①人们参与休闲不是因为没有限制因素（尽管对有些人来说也许是这样的），而是因为能够通过变通克服限制因素，这种变通通常是改动而不是排除限制因素；②休闲限制研究中的多样性不仅可以被看作限制因素的多样性，同时也可以看成变通方法的多样性；③对于结构限制因素的成功变通，可以在一定程度上解释为什么个体不愿改变现有的休闲方式；④预期到一个或更多不可逾越的人际限制因素或结构限制因素，就会压制人们参与休闲的意愿；⑤预期不仅包括对限制因素的出现和强弱程度的预期，也包括对变通限制因素的能力的预期；⑥变通过程的开始和结果，取决于参与休闲所遇到的限制因素与动机之间的相关影响力。

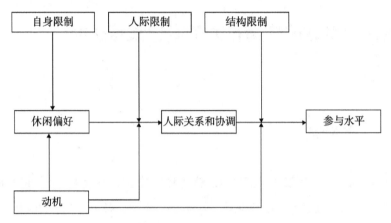

图 6.1　休闲限制阶层／变通模型（Jackson，Crawford & Godbey，1993）

6.1.1.1　休闲限制变通过程的 4 种理论模型

Hubbard 和 Mannell（2001）通过各类有关舒缓社会认知压力和促进健康的模型论证了动机、限制、变通和参与之间的关系，分析了变通过程的 4 个模型，提出了许多先前基本被忽略的重要问题，为深入研究指明了方向。这些模型对存在于不同联系框架中的动机、限制、变通和参与进行了具体化的阐述（见图6.2）。

在独立模型中，动机、限制和变通相互独立作用于参与，彼此之间没有任何关联作用。限制作用于参与是消极的，而动机和变通的作用是积极的。在另外 3 个模型中，变通在限制的整个过程中有不同的作用。在变通—缓冲模型中，变通是不直接作用于参与的，只是缓冲或降低限制对参与的消极影响。如果个体没有遭遇限制，人们可用的变通资源的水平与他们的参与是无关的。然而，当遭遇限制时，变通资源的使用可以减少限制对参与的消极影响。如果可利用的变通资源很少，限制会导致较少的参与。在限制—影响—抵消模型、认知—限制—减轻模型中，动机、变通和限制也会独立作用于参与，并产生积极或消极的影响。同时，变通和限制之间相互产生作用，两者间的关系（正向或负向）依赖于限制是被假设为有助于加强变通（正向），还是变通资源的运用被假设为可能降低限制的作用（负向）。在认知—限制—减轻模型中，动机对参与的间接影响通过两个途径实现，第一个与限制—影响—抵消模型中描述的动机—变通—参与途径相似；第二个是动机—变通—限制—参与途径。

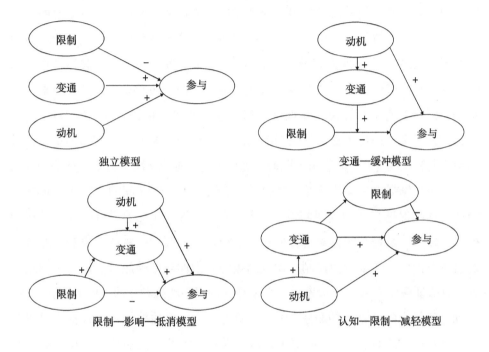

图 6.2　休闲限制变通过程的 4 种理论模型

6.1.1.2　休闲限制变通模型的发展

自从 Hubbard 和 Mannell（2001）提出了 4 个关于限制变通的基本模型后，学者基于不同的人群和休闲项目对模型进行验证。该文结论支持的限制—影响—抵消模型，在 Stanis 等（2009）对公园游客体力活动的实证研究中也得到了验证，Hung 和 Petrick（2012）对游艇观光者的调查同样验证了该模型。而 Son 等（2008）对公园中老年人群的休闲活动分析得出的模型表明，动机会影响变通，限制和变通是单独影响参与的，限制对参与的负面影响几乎完全抵消了变通策略的积极作用。

同时，国内外学者在原有模型的基础上做了部分的调整，特别是对限制—影响—抵消模型。Loucks-Atkinson 和 Mannell（2007）在限制—影响—抵消模型中引入自我效能，将变通效能定义为人们对自身能力中能成功地使用变通策略，以克服他们遇到的限制因素的信心。他们认为，变通效能不直接影响参与，但其是通过对变通水平的影响介导的，继而在1993年的6个假设的基础上提出了第7个假设，即人们面对限制时，变通资源被成功利用的信心以及变通的动机和努力越大，参与程度就越高。White（2008）以户外休闲的居民为对象，对问卷数据进行层次验证性因素分析，验证了 Mannell 等（2007）的假设模型，同时从社会认知理论出发，认为变通效能的形成有助于激励动机，减少对限制的感知，促进变通水平提高，从而间接影响参与水平。Jun 和 Kyle（2011）运用社会学相关理论探讨了身份认同对受访者感知休闲限制和限制变通的影响，将休闲认同和认同冲突／促进引入限制变通模型，以业余／娱乐高尔夫球手为研究对象，研究结果支持假设模型：限制随球手认同和其他认同的冲突水平增加而增加，认同促进会增加变通限制的水平。Chung 等（2016）通过引入知觉行为控制，即个人是否有能力对自己的行为进行控制的程度，将休闲限制—影响—抵消模型扩展为知觉行为控制限制变通模型。他们对单独旅行者进行了网络调查，以验证假设模型，结果表明，知觉行为控制在动机和变通之间起中介作用，动机与参与之间有直接的联系；由此，研究认为，单独旅行者觉得他们可以完全控制自己的旅行行为。Tan 等（2017）研究了大型多人在线角色扮演游戏参与者在面对阻止他们继续参与游戏的因素时如何采取变通策略，应用休闲限制变通过程和社会资本建构的概念，提出限制、变通、动机、意图、变通效能、社会资本、活动依恋等7个因素之间关系的假设模型，结果表明：社会资本推动变通策略的使用，社会互动的因素对限制变通过程的结果构成重要影响。从以上的研究可以看出，休闲限制变通模型还在不断发展，越来越多的因素被引入模型中，同时对模型产生了不同程度的影响。

6.1.2　关于休闲变通策略的研究综述

随着休闲限制理论的发展，不少学者开始对限制变通资源和策略进行研究。有研究发现，个体体验到的休闲限制不同，所采取的变通策略也会不同。Kay

和 Jackson（1991）对 19 种休闲限制因素进行了问卷调查，发现经济限制和时间限制是主要的限制因素。对待经济限制，大多数人会采取减少参与、省钱、不参与休闲活动的方式；对待时间限制，大多数人会采取减少休闲时间、减少家务时间、减少工作时间的方式。

在变通策略提出时，其主要分为认知变通策略和行为变通策略（Jackson，Crawford & Godbey，1993；Jackson & Rucks，1995）。认知变通策略有减少认知失调、坚持承诺等，行为变通策略有获取专业知识、改变活动项目等。之后，Hubbard 和 Mannell（2001）提出 4 种类型的变通策略，包括时间管理、技能获取、人际协调和经济资源。一些学者设计问卷时会采取这 4 类变通策略，再根据具体情况进行维度下的细分（Son et al.，2008）。

也有研究者发现，不同的休闲项目和参与人群提取的变通策略会有所区别。Little（2002）以参加冒险活动的女性为研究对象，发现女性一旦认为自己有能力和渴望参与冒险活动，她们对待休闲限制采取的变通策略将不是固定的：当限制程度较低时，会采取强化的策略，包括优先考虑、妥协；当限制程度较高时，会采取调整的策略，包括创造性的冒险活动、预先计划。Loicks-Atkinson 等（2007）自制问卷时，根据纤维肌痛综合征个体的情况，将改变休闲愿望和疼痛应对策略与之前的 4 项变通策略相结合，以研究限制变通过程。Kleiber 和 Nimrod（2009）发现，退休人群面对限制时的情感和行为反应有：减少和消除限制、坚持与承诺、将限制认为是"项目"、把限制作为一项工作、寻找替代活动、探索和自我发现。Jun 等（2011）从对业余 / 娱乐高尔夫球手的深入访谈和相关文献中提取了 22 条变通策略，分为社会、健康、技能、自信、金钱、天气、时间承诺等 7 类。

对于变通策略的使用，不同涉入程度的参与者运用程度不同。Alexandris 等（2013）以休闲游泳运动员为研究对象，在知识、生活方式、获取信息、时间策略、找到同伴 5 个变通维度下，发现高参与水平组的得分最高，而且使用变通策略会促成更高层次的参与和忠诚度。另外，Schneider 和 Stanis（2007）引入压力应对概念，认为人们处理压力状况的方式可以用来描述个体尽管有限制还要参与休闲的过程，从而加深对限制变通的理解。

国内对休闲变通策略的研究还处于探索阶段。邱亚君（2011）对休闲体育行为的变通策略进行了探索性研究，通过质性研究和定量研究相结合的方法，发现普通市民主要运用的策略有 6 类：意识提高策略、自我管理策略、帮助关系策略、时间调整策略、项目调整策略、环境支持策略。同时，基于邱亚君（2009）的研究，认为个体的休闲体育行为是一个动态的阶段变化过程，处于不同休闲体育行为发展阶段的个体会采取不同的变通策略。曾秀芹等（2016）将变通策略称为协商策略，研究冒险性户外运动的限制因素和协商策略，通过访谈和问卷调查的方法，最终将参与者的协商策略分为结构协商、个人协商、人际协商；同时，在与男性的对比中发现，女性爱好者表现出较低水平的限制和较高水平的协商。

6.2 研究方法

本研究采用问卷调查法（见附录 B），调查对象和问卷的内容同第 4 章，包括样本的基本情况、参与行为、限制因素等。第一部分是样本的基本情况，包括年龄、受教育程度、婚姻状况、年收入、是否加入跑团 5 个问题。第二部分是样本的参与情况，了解女性参与马拉松运动的行为表现，包括参加过最长距离的马拉松比赛、平均每年参加马拉松比赛的次数、跑步年限、每周跑步频率、每次跑步距离、每周跑量 6 个问题。

第三至第五部分是参与动机、限制因素、变通策略的调查，其中女性马拉松跑者深度休闲变通策略的调查参照邱亚君的探索性研究，以该研究所形成的问卷作为编制基础，并根据深度休闲特质和跑步项目特点对问卷进行了反复调整和修改，确定为 5 类变通策略，包括意识提高策略 3 题、自我管理策略 3 题、帮助关系策略 4 题、时间调整策略 3 题、环境支持策略 3 题，共计 16 题。问卷采用李克特的五点量表法进行计分，"1"代表非常不同意，"5"代表非常同意，得分越高表明调查对象对这个题项的认同程度越高。该部分问卷总体的以及 5 类变通策略的信度系数在 0.602 ~ 0.914，具有较好的内部一致性（见表 6.1）。

本研究的问卷发放、回收、数据管理同第 4 章。

6.3 研究结果

6.3.1 女性参与深度休闲体育的变通策略

女性马拉松跑者的深度休闲变通策略均值得分较高（见表6.1），各维度得分从高到低依次为：意识提高策略（M=3.892；SD=0.600）、自我管理策略（M=3.890；SD=0.628）、帮助关系策略（M=3.783；SD=0.650）、环境支持策略（M=3.573；SD=0.662）、时间调整策略（M=3.420；SD=0.587）。其中，"增强自身的意志力，使自己坚持参与跑步"得分最高（M=3.953；SD=0.737），"减少每周跑步的次数"得分最低（M=3.098；SD=0.863）。

表6.1　女性马拉松跑者深度休闲变通策略统计一览（n=254）

变通策略	平均值（M）	标准差（SD）
意识提高策略（α=0.772）	3.892	0.600
学习跑步的相关知识，以解决跑步时遇到的问题。	3.815	0.766
增强自身的意志力，使自己坚持参与跑步。	3.953	0.737
设立阶段性的跑步目标，指引和督促自己坚持跑步。	3.909	0.668
自我管理策略（α=0.805）	3.890	0.628
通过科学的训练提高跑步技能。	3.917	0.731
事先配备专业性的运动装备，以保护自己不受伤。	3.870	0.777
合理支出跑步活动的相关费用。	3.882	0.713
帮助关系策略（α=0.838）	3.783	0.650
遇到有关跑步的问题去咨询有经验的跑友。	3.862	0.776
努力获得家人的支持，以坚持参与跑步。	3.657	0.823
通过参加跑团获取支持，使自己坚持参与跑步。	3.795	0.813
与跑友相互支持、鼓励和督促，使自己坚持参与跑步。	3.815	0.755
时间调整策略（α=0.602）	3.420	0.587
减少每年参加跑步比赛的次数。	3.213	0.899

续　表

变通策略	平均值（M）	标准差（SD）
合理安排跑步的时间，协调跑步与工作、家庭事务的关系。	3.949	0.718
减少每周跑步的次数。	3.098	0.863
环境支持策略（α=0.688）	3.573	0.662
改变参与跑步的场地。	3.594	0.851
改变参与跑步的环境。	3.740	0.822
利用上下班的路程进行跑步。	3.386	0.998
问卷总体（α=0.914）	3.712	0.523

在不同的人口统计学变量上，女性马拉松跑者的深度休闲变通策略不存在显著差异（见表 6.2）。加入跑团与未加入跑团的女性跑者在意识提高策略（t=3.248，$P < 0.01$）、自我管理策略（t=4.180，$P < 0.001$）、帮助关系策略（t=4.331，$P < 0.001$）、时间调整策略（t=2.666，$P < 0.01$）上存在显著差异，表现为加入跑团的显著高于不加入跑团的。

表 6.2　人口统计学变量间深度休闲变通策略差异性比较（n=254）

人口统计学变量		深度休闲变通策略（Mean）				
		意识提高	自我管理	帮助关系	时间调整	环境支持
年龄	20～29岁	3.794	3.787	3.662	3.357	3.550
	30～44岁	3.934	3.975	3.861	3.503	3.610
	45岁至退休前	4.028	3.926	3.910	3.528	3.611
F值		2.819	2.654	3.419	2.100	0.255
受教育程度	高中及以下	3.873	3.952	3.833	3.349	3.429
	大专及本科	3.898	3.892	3.771	3.395	3.577
	研究生	3.879	3.848	3.807	3.561	3.629
F值		0.029	0.200	0.123	1.588	0.658

人口统计学变量		深度休闲变通策略（Mean）				
		意识提高	自我管理	帮助关系	时间调整	环境支持
婚姻状况	未婚	3.876	3.851	3.720	3.388	3.540
	已婚	3.886	3.902	3.827	3.425	3.602
t值		−0.127	−0.653	−1.311	−0.511	−0.735
年收入/元	≤2万	3.884	3.789	3.709	3.286	3.531
	2万~5万	3.889	3.889	3.800	3.489	3.656
	5万~12万	3.851	3.899	3.803	3.382	3.583
	>12万	3.929	3.933	3.783	3.495	3.562
F值		0.247	0.576	0.256	1.647	0.235
跑团	已加入	3.980	4.002	3.909	3.482	3.588
	未加入	3.714	3.663	3.527	3.294	3.544
t值		3.248**	4.180***	4.331***	2.666**	0.504

6.3.2 女性参与深度休闲体育的变通策略与参与行为的关系

在不同的行为变量上，女性马拉松跑者的深度休闲变通策略存在显著差异（见表6.3）。对最长马拉松比赛和年均马拉松比赛次数，女性跑者在意识提高策略、自我管理策略和帮助关系策略上存在显著差异，表现为参加全程马拉松的意识提高策略高于不参加马拉松比赛的，参加半程马拉松的自我管理策略和帮助关系策略高于不参加马拉松比赛的。不同周跑步频率的女性跑者在5类策略上都存在显著差异，表现为一周3~4次的高于1~2次的。每次跑步距离不同的女性跑者在意识提高策略（$F=6.664$，$P < 0.05$）、自我管理策略（$F=8.505$，$P < 0.001$）、帮助关系策略（$F=6.947$，$P < 0.05$）和时间调整策略（$F=5.229$，$P < 0.05$）上存在显著差异，表现为每次10~20公里的意识提高策略和时间调整策略高于小于5公里的，每次5~20公里的自我管理策略和帮助关系策略高于小于5公里的。不同周跑量的女性跑者在意识提高策略（$F=13.711$，$P < 0.001$）、自我管理策略（$F=10.000$，$P < 0.001$）、帮助关系策

117

略（$F=9.495$，$P<0.001$）和环境支持策略（$F=3.548$，$P<0.05$）上存在显著差异，表现为周跑量15～50公里的意识提高、自我管理、帮助关系策略高于小于15公里的，周跑量15～30公里的环境支持策略高于小于15公里的。

表6.3　行为变量间深度休闲变通策略差异性比较（$n=254$）

深度休闲变通策略	行为变量（F值）					
	最长马拉松比赛[b]	年均马拉松比赛次数[b]	跑步年限[b]	周跑步频率[a]	每次跑步距离[b]	周跑量[b]
意识提高策略	2.566*	6.760***	1.921	−5.090***	6.664*	13.711***
自我管理策略	2.628**	7.995***	2.386	−4.786***	8.505***	10.000***
帮助关系策略	2.921**	6.519***	1.144	−3.240**	6.947*	9.495***
时间调整策略	2.501	2.401	0.993	−2.771**	5.229*	2.377
环境支持策略	0.692	1.706	1.482	−2.393*	1.685	3.548*

注：[a]表示独立样本T检验（t值），[b]表示单因素方差分析（F值）。

为了进一步确定女性马拉松跑者深度休闲变通策略与行为变量之间的关系，首先运用相关分析进行判断，进而对相关变量做回归分析。由表6.4可以看出，自我管理策略与6个行为变量间均存在显著的正相关，意识提高策略、帮助关系策略和时间调整策略与5个行为变量间（除跑步年限）均存在显著的正相关，环境支持策略与年均马拉松比赛次数、周跑步频率、周跑量存在显著的正相关。这些显著的相关指标为下一步回归分析提供了变量。

表6.4　深度休闲变通策略与行为变量的相关分析

深度休闲变通策略	最长马拉松比赛	年均马拉松比赛次数	跑步年限	周跑步频率	每次跑步距离	周跑量
意识提高策略	0.170**	0.257**	0.120	0.308**	0.222**	0.258**
自我管理策略	0.171**	0.231**	0.151*	0.268**	0.235**	0.255**
帮助关系策略	0.164**	0.253**	0.082	0.177**	0.219**	0.204**
时间调整策略	0.176**	0.150*	0.114	0.161*	0.200**	0.152*
环境支持策略	0.057	0.125*	−0.044	0.146*	0.115	0.125*

6.3.2.1 深度休闲变通策略与最长马拉松比赛的回归分析

以最长马拉松比赛为因变量、深度休闲变通策略（除环境支持策略）为自变量做逐步回归分析。由表6.5可知，模型的方差分析 F 值为8.031，显著水平为0.005（$P < 0.01$），可推出所建立的回归方程有效。同时，回归参数的 T 检验 P 值小于0.05的显著水平，说明回归方程的回归参数显著不为零，建立线性模型是合理的，即时间调整策略对最长马拉松比赛的预测指标具有统计学意义，模型剔除了意识提高策略、自我管理策略和帮助关系策略3个变量，时间调整策略对最长马拉松比赛的预测是正向的（见图6.3）。

表6.5　深度休闲变通策略与最长马拉松比赛的回归分析

模型	非标准化系数		标准系数	T	P	R^2	F
	β	SD	β				
（常量）	1.358	0.498		2.727	0.007		
时间调整策略	0.407	0.143	0.176	2.834	0.005	0.031	8.031**

注：因变量为参加过最长马拉松比赛。

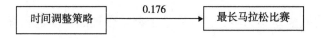

图6.3　深度休闲变通策略与最长马拉松比赛之间的关系

6.3.2.2 深度休闲变通策略与年均马拉松比赛次数的回归分析

以年均马拉松比赛次数为因变量、深度休闲变通策略为自变量做逐步回归分析。由表6.6可知，模型的方差分析 F 值为17.756，显著水平为0.000（$P < 0.001$），可推出所建立的回归方程有效。同时，回归参数的 T 检验 P 值小于0.05的显著水平，说明回归方程的回归参数显著不为零，建立线性模型是合理的，即意识提高策略对年均马拉松比赛次数的预测指标具有统计学意义，模型剔除了自我管理策略、帮助关系策略、时间调整策略、环境支持策略4个变量，意识提高策略对年均马拉松比赛次数的预测是正向的（见图6.4）。

表6.6　深度休闲变通策略与年均马拉松比赛次数的回归分析

模型	非标准化系数		标准系数	T	P	R²	F
	β	SD	β				
（常量）	0.366	0.433		0.845	0.399		
意识提高策略	0.463	0.110	0.257	4.214	0.000	0.066	17.756***

注：因变量为年均马拉松比赛次数。

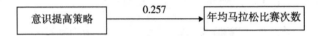

图6.4　深度休闲变通策略与年均马拉松比赛次数之间的关系

6.3.2.3　深度休闲变通策略与跑步年限的回归分析

以跑步年限为因变量、自我管理策略为自变量做回归分析。由表6.7可知，模型的方差分析 F 值为5.892，显著水平为0.016（$P < 0.05$），可推出所建立的回归方程有效。同时，回归参数的 T 检验 P 值小于0.05的显著水平，说明回归方程的回归参数显著不为零，建立线性模型是合理的，即自我管理策略对跑步年限的预测指标具有统计学意义，自我管理策略对跑步年限的预测是正向的（见图6.5）。

表6.7　深度休闲变通策略与跑步年限的回归分析

模型	非标准化系数		标准系数	T	P	R²	F
	β	SD	β				
（常量）	1.661	0.564		2.946	0.004		
自我管理策略	0.347	0.143	0.151	2.427	0.016	0.023	5.892*

注：因变量为跑步年限。

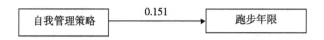

图 6.5　深度休闲变通策略与跑步年限之间的关系

6.3.2.4　深度休闲变通策略与周跑步频率的回归分析

以周跑步频率为因变量、深度休闲变通策略为自变量做逐步回归分析。由表 6.8 可知，模型的方差分析 F 值为 26.455，显著水平为 0.000（$P < 0.001$），可推出所建立的回归方程有效。同时，回归参数的 T 检验 P 值小于 0.05 的显著水平，说明回归方程的回归参数显著不为零，建立线性模型是合理的，即意识提高策略对周跑步频率的预测指标具有统计学意义，模型剔除了自我管理策略、帮助关系策略、时间调整策略、环境支持策略 4 个变量，意识提高策略对周跑步频率的预测是正向的（见图 6.6）。

表 6.8　深度休闲变通策略与周跑步频率的回归分析

模型	非标准化系数		标准系数	T	P	R^2	F
	β	SD	β				
（常量）	0.298	0.246		1.214	0.226		
意识提高策略	0.321	0.062	0.308	5.143	0.000	0.095	26.455***

注：因变量为周跑步频率。

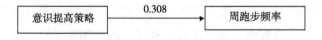

图 6.6　深度休闲变通策略与周跑步频率之间的关系

6.3.2.5　深度休闲变通策略与每次跑步距离的回归分析

以每次跑步距离为因变量、深度休闲变通策略（除环境支持策略）为自变量做逐步回归分析。由表 6.9 可知，模型的方差分析 F 值为 14.711，显著水平为 0.000（$P < 0.001$），可推出所建立的回归方程有效。同时，回归参数的 T 检

验 P 值小于 0.05 的显著水平，说明回归方程的回归参数显著不为零，建立线性模型是合理的，即自我管理策略对每次跑步距离的预测指标具有统计学意义，模型剔除了意识提高策略、帮助关系策略和时间调整策略 3 个变量，自我管理策略对每次跑步距离的预测是正向的（见图 6.7）。

表 6.9 深度休闲变通策略与每次跑步距离的回归分析

模型	非标准化系数		标准系数	T	P	R^2	F
	β	SD	β				
（常量）	0.817	0.278		2.935	0.004		
自我管理策略	0.271	0.071	0.235	3.836	0.000	0.055	14.711***

注：因变量为每次跑步距离。

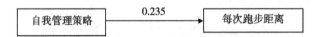

图 6.7 深度休闲变通策略与每次跑步距离之间的关系

6.3.2.6 深度休闲变通策略和周跑量的回归分析

以周跑量为因变量、深度休闲变通策略为自变量做逐步回归分析。由表 6.10 可知，模型的方差分析 F 值为 17.909，显著水平为 0.000（$P < 0.001$），可推出所建立的回归方程有效。同时，回归参数的 T 检验 P 值小于 0.05 的显著水平，说明回归方程的回归参数显著不为零，建立线性模型是合理的，即意识提高策略对周跑量的预测指标具有统计学意义，模型剔除了自我管理策略、帮助关系策略、时间调整策略、环境支持策略 4 个变量，意识提高策略对周跑量的预测是正向的（见图 6.8）。

表6.10　深度休闲变通策略与周跑量的回归分析

模型	非标准化系数		标准系数	T	P	R^2	F
	β	SD	β				
（常量）	0.391	0.368		1.064	0.288		
意识提高策略	0.395	0.093	0.258	4.232	0.000	0.066	17.909***

注：因变量为周跑量。

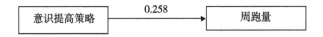

图6.8　深度休闲变通策略与周跑量之间的关系

6.4　分析与讨论

由结果可知，在深度休闲参与过程中，女性马拉松跑者会积极地使用各种变通策略克服休闲限制。众所周知，女性与男性面对的休闲限制种类和程度是不同的（Wegner et al.，2015），由于特定的生理结构、家庭角色、思想观念等因素，女性更加需要采取不同的变通策略去应对限制（Little，2002）。其中，"增强自身的意志力，使自己坚持参与跑步"的得分最高，可以看出，意志力是女性坚持参与跑步的重要品质，特别是面对各种各样的休闲限制时。以休闲时间为例，当女性走出家庭承担社会工作，就意味着女性必须担起工作和家庭的双重责任，男性与女性的总工作时间的差异极小，但大多数女性在有偿工作时间（社会工作）之外，还承担着一定时间的无报酬工作（如家务）（Bittman & Wajcman，2000）。为了能更好地坚持跑步，参与深度休闲体育活动，他们就需要不断坚定跑步的信念，去克服因缺乏时间所带来的限制。但"减少每周跑步的次数"对于女性深度休闲参与者而言，不是一种较为合适的选择，因为她们对跑步有强烈的认同感，渴望在持续的参与中获得满足感，所以她们尽量选择其他的变通方法，而不是减少跑步的次数。另外，加入跑团的女性马拉松跑者在意识提高策略、自我管理策略、帮助关系策略和时间调整策略上得分较高。

正如一项研究指出的，在休闲长跑运动中，接受过群体训练的参与者能够逐渐确定与社交相关的价值观和行为（Robinson et al., 2014）。跑团提供了一个女性跑者相互联系的平台，大家分享跑步的知识和训练方法，遇到问题时，可以去咨询有经验的跑友，及时获取帮助。同时，跑团的活动也会吸引女性跑者更积极地调整自己的休闲时间参与其中。

在参与行为方面，参加过半程马拉松和全程马拉松比赛的女性跑者在变通策略上得分较高。作为马拉松赛事的入门，半程马拉松虽然距离上只有全程马拉松的一半，但对普通女性参与者而言，也是极具挑战性的，所以她们遇到自身运动能力不足、消极的心理状态等问题时，会通过科学的训练、配备专业的运动准备、获取跑友的帮助等自我管理策略和帮助关系策略来克服。而为了完成全程马拉松，女性跑者还会不断增强自身的意志力，通过各种途径学习跑步的相关知识。此外，每周跑步次数3~4次、每次跑步距离5公里及以上和周跑量15公里及以上的女性跑者在变通策略上的得分也相对较高，5公里是女性跑者相对认可的休闲跑步距离，当她们逐渐提高自己的跑步能力，5公里将是推进她们跑步生涯的重要里程碑。而为了保持这样的能力，她们会努力克服困难，坚持不懈地参与跑步，给自己设定每周跑步的次数和跑量，将跑步安排于有规律的生活之中。

进一步看，时间调整策略对最长马拉松比赛具有正向的预测作用，当女性马拉松跑者能够积极调整自己的日常时间参与跑步时，他们会更专注于跑步运动，积累较强的体能，进而倾向于参加更具挑战性的长距离比赛。意识提高策略对年均马拉松比赛次数、周跑步频率和周跑量具有正向的预测作用，在不断投入跑步的过程中，女性跑者通过积极地学习跑步的知识、设定合理的目标等，会想要增加自己的参赛次数，以衡量自身的跑步能力，当然必须以一定的周跑步频率和周跑量作为支撑才有能力参赛。同时，自我管理策略对跑步年限和每次跑步距离具有正向的预测作用，即科学有效地管理自己的跑步过程，提高跑步技术，将促进女性长期坚持跑步，从而更有能力承受相应的跑步距离。

6.5　小　结

女性马拉松跑者的深度休闲变通策略得分较高，会积极采用意识提高策略、自我管理策略、帮助关系策略、环境支持策略、时间调整策略5种变通策略克服长期参与过程中遇到的休闲限制。加入跑团的女性跑者受跑团氛围的影响，使用各个变通策略的水平均比未加入跑团的女性跑者高。在参与行为上，为了参加半程马拉松和全程马拉松比赛，女性跑者会科学训练，学习跑步的相关知识，以应对较高运动强度下可能出现的困难；同时，具有较高周跑步频率和跑量的女性也能够较多地使用变通策略，保持跑步参与。时间调整策略、意识提高策略、自我管理策略对女性马拉松跑者的部分深度休闲参与行为具有正向的预测作用，积极使用这3种变通策略的女性跑者，在行为上也更加投入。

7 女性深度休闲体育行为的休闲满意度研究

7.1 文献综述

7.1.1 相关概念及理论

对满意度的研究始于制造业和市场营销领域，研究者关注顾客对产品和服务质量的满意度，并依据满意度来提升产品和服务质量。20 世纪 80 年代初，一些学者开始对休闲满意度进行概念界定和量表编制，并探索休闲满意度的决定因素。

不同学者对休闲满意度有不同的定义，但是都认同休闲满意度是个体对休闲感知的评价。Beard 和 Ragheb（1980）认为，休闲满意是个体因从事休闲活动而形成、引出或获得的正向看法或感受，它是个体对自己目前一般休闲经验及情境，觉得满意或满足的程度。也就是说，休闲满意度是个体对休闲参与经历所带来的积极感受所作出的评价，更关注休闲体验本身的好坏。而 Francke 和 Raaij（1981）强调休闲满意度的相对性，认为休闲满意度取决于个体对实际情况和期望情况之间的感知差异，以及对阻碍实现期望情况的内部和外部障碍的感知。也就是说，他们认为休闲满意度是休闲期望和实际情况之间的差距，未达到的期望会引起不满，而与预期相符甚至比预期更好的实际休闲参与情况会带来满足感。Diener 等（1999）认为，休闲满意度可以被定义为在休闲领域的主观幸福感水平。

Beard 和 Ragheb（1980）编制的休闲满意量表，是目前国内外学者在有关休闲满意度的研究中使用最为普遍的。休闲满意量表测量个体在参与休闲活动中感知到的个人需求获得满足的程度，共有 6 个子维度（各包含 4 个题项），分别是心理满意、教育满意、社会满意、放松满意、生理满意以及审美满意。心理满意是指个体从休闲活动中获得心理上的好处，例如自由感、享受感、参与感和智力挑战感。教育满意是指个体在休闲当中追寻"智力刺激"，以了解自己与周围的环境。社会满意是指个体在休闲活动中与他人建立有益的社会关系。放松满意是指休闲活动可以使人得到休息、放松，缓解工作和生活中的压力。生理满意是指休闲活动是一种发展身体素质、保持健康、控制体重以及促进健康的方法。审美满意是指从事休闲活动的区域是令人愉快的、有趣的、美丽的，而且总体上设计得很好。

在 Beard 和 Ragheb（1980）的研究中，休闲满意量表的整体信度为 0.96，6 个子维度的信度分别是 0.86（心理）、0.90（教育）、0.88（社交）、0.85（放松）、0.92（生理）、0.86（审美），表明整体量表和子维度量表的内部一致性都较好，并且该量表已经被后续很多研究验证具有良好的信度和效度。

7.1.2　关于休闲满意度的研究综述

20 世纪 70 年代以来，学者在休闲满意度领域进行了大量的研究（如：London et al.，1977）。

一些学者探究了休闲满意度的决定因素和影响因素。例如，Ragheb（1980）发现休闲满意度与休闲参与、休闲态度与休闲参与、休闲态度与休闲满意度存在正相关关系；因此，Ragheb 和 Tate（1993）建立了一个包含休闲参与、休闲态度、休闲动机和休闲满意度的行为模型，模型表明：影响休闲满意度的主要因素是情感性的休闲态度，而休闲参与和认知性的休闲态度对休闲满意度的效应相对较低。Mannell 和 Kleiber（1997）提出了一个休闲满意度的反馈模式，认为心理需求或动机决定了行为和动机，行为和动机决定了休闲满意度，休闲满意度作为一种正反馈会强化需求或动机。具体而言，如果休闲行为或休闲参与的结果是实现了需求满意，其就会提供有益的正反馈；如果休闲行为或休闲参与的结果导致个人的信念和预期失去了平衡，休闲满意度降低，那么需求和动机将会减少。也就是说，个体在休闲情境中，是否实现需求满意会影响到休闲需求和动机，也会影响休闲行为或休闲参与。

另有许多研究调查了休闲满意度与其他变量的关系，主要包括休闲参与、生活质量、生活满意度、主观幸福感、休闲专门化、深度休闲等。

部分研究关注了休闲参与和休闲满意度之间的关系。Robinson（2003）对有学龄前儿童的母亲进行对照研究，发现休闲参与水平对休闲满意度具有显著的正向影响。Walker 等（2011）对中国移民的休闲参与和休闲满意度进行了纵向调查，发现第一阶段的休闲参与直接影响第二阶段的休闲满意度，间接影响第三阶段的休闲满意度。张晓秋和易芳（2013）通过问卷调查，发现高年级小学生的 6 种休闲参与类型和休闲满意度的 6 个维度之间都具有显著相关性，休闲参与频率越高，则感受到的休闲满意度也越高。谭家伦（2011）检验了中国大陆和台湾地区高学历单身女性的健康生活状态、休闲参与、休闲满意度与幸福感的关系，发现两岸女性的休闲参与对休闲满意度和幸福感都有显著的正向影响。在一项元分析研究中，Kuykendall 等（2015）也发现休闲参与和休闲满意度之间存在正相关关系。

部分研究探讨了休闲满意度对生活质量的影响。例如，London 等（1977）通过美国全国概率抽样调查，发现工作满意度和休闲满意度都与感知有意义的生活质量相关。Sirgy 和 Cornwell（2001）探讨了种族和休闲满意度如何影响人们的幸福、平静和生活质量，通过对 3 个不同种族的调查，发现总体休闲满意度显著地影响幸福、平静和所有 9 个生活质量维度，并且种族对生活水平、生活成就以及整个生活都有显著影响。Ngai（2005）检验了澳门居民的休闲满意度与生活质量之间的关系，通过相关分析发现，休闲满意度与生活质量之间有很强的正相关关系。在一项以克罗地亚公民为样本的实证研究中，Brajša-Žganec 等（2011）指出，人们通过参与休闲活动建立社会关系、感受积极的情绪、获得额外的技能和知识，从而提高他们的生活质量。李洪波和郝飞（2014）检验了厦门市居民的休闲满意度和主观生活质量，经过数据统计发现，厦门市居民的休闲满意度与主观生活质量都相对较高，证实了休闲满意度与主观生活质量的正相关关系。

部分研究发现休闲满意度与生活满意度存在正相关关系（Russell，1987）。例如，Ragheb 和 Griffith（1982）检验了 55 岁及以上老人（$n=565$）的休闲满意度、休闲参与和生活满意度之间的相互关系，研究表明：休闲活动参与频率越高，休闲满意度越高，生活满意度也越高；休闲满意度越高的个体，其生活满意度也越高，并且休闲满意度的 6 个维度均与生活满意度呈正相关。Huang 和 Carleton（2003）对大学生群体的研究也得出了类似的结论。Lapa（2013）探讨了运动休闲活动参与者的生活满意度、休闲满意度与休闲自由感的关系，通过抽样调查和分析，发现生活满意度与休闲满意度之间、生活满意度与休闲自由感之间呈线性正相关关系。

休闲满意度对主观幸福感的正向预测关系被许多研究所证实（Brown et al., 1991；Lu & Argyle，1994；Spiers & Walker，2009）。不少文献指出，休闲满意度是主观幸福感的一个预测因素（Kleiber et al., 2011）。例如，在一项荟萃分析中，Kuykendall 等（2015）基于纵向实验研究，显示了休闲满意度对主观幸福感自下而上的影响。Ito 等（2016）发现，休闲满意度显著地、积极地、实质性地影响了西方和东亚文化中个体的主观幸福感。Walker 和 Ito（2016）的一项纵向研究发现，休闲满意度对加拿大华裔移民的幸福和生活满意度有显著的积极影响。Liu（2014）指出，在人格特质得到控制后，休闲满意度对大学生的主观幸福感仍有积极影响。

一些国外学者对休闲满意度与休闲专门化之间的关系进行了探索。例如，Kim 等（2013）对韩国 437 名休闲体育旅游活动参与者的研究发现，休闲专门化对休闲满意度产生直接影响，并且休闲专门化通过休闲满意度间接影响健康。Matsumoto 等（2015）探讨了休闲专门化、主观幸福感与休闲满意度之间的关系。他们收集了 356 名美国垂钓者的数据，结果显示：休闲专门化和休闲收入对主观幸福感和休闲满意度均有显著影响，休闲满意度随着休闲专门化水平的提高而显著提高。Hwang 和 Kim（2017）研究了韩国 393 名自行车骑行俱乐部会员在休闲专门化与炫耀性休闲消费交互作用下的休闲满意度差异，结果表明：休闲专门化水平对休闲满意度有显著影响，专门化程度越高，休闲满意度就越高；高休闲专门化、低炫耀性休闲消费群体的休闲满意度最高，低休闲专门化、低炫耀性休闲消费群体的休闲满意度最低。Lim 和 Kim（2017）收集了 293 份来自韩国大学生的问卷数据，探讨了大学生户外休闲运动参与中休闲专门化、感知恢复环境与休闲满意度的关系，结果表明：休闲专门化对休闲满意度有正向影响，感知恢复环境在休闲专门化与休闲满意度之间起中介作用。Jeong 和 Hwang（2020）检验了参与时间对登山客休闲专门化与休闲满意度之间关系的调节作用，对 443 名有 1 年以上登山经验的登山者进行了问卷调查，结果表明：休闲专门化对休闲满意度有显著影响，登山运动员参与时间对休闲专门化与休闲满意度的关系有调节作用。Matsumoto 和 Chiashi（2018）对 19 名经验丰富的水肺潜水者进行访谈，运用质性研究探讨海洋运动休闲专门化对主观幸福感和休闲满意度的影响，结果表明：在休闲专门化的形成过程中，基于休闲参与的休闲满意度持续提高；其原因在于，参与者可能会改变他们的潜水目的以减少无聊的感觉，这有助于他们维持休闲满意度的水平。

在深度休闲研究领域，一些学者发现，深度休闲者和非深度休闲者在休闲满意度上具有显著差异。在一项研究中，Liu 和 Yu（2015）发现深度休闲组与非深度休闲组在休闲满意度总分及 6 个子维度上均存在显著差异，且深度休闲参与者在休闲满意度各方面均显著高于非深度休闲参与者。Cheng（2010）对澳大利亚老年园艺休闲参与者进行了一项调查，考察了深度休闲、业余爱好休闲、随兴休闲和休闲满意度之间的关系，发现深度休闲园丁的休闲满意度是最高的，而随兴休闲园丁的休闲满意度中等。因此，相对来说，深度休闲参与者能够获得较高的休闲满意度（俞滨，2013）。

综上所述，休闲满意度理论是休闲学领域的研究热点，已有的休闲满意度研究涵盖多项休闲体育活动，涉及多个其他变量，学者检验了许多不同休闲项目的休闲满意度与其他变量之间的关系，并且探索了深度休闲与休闲满意度之间的关系。但是，我国对深度休闲和休闲满意度的研究起步较晚，研究成果零散，尚未覆盖大部分休闲体育项目，并且对两者之间关系的探索性研究也较少。因此，有必要对我国休闲体育参与者展开本土化的研究，通过对不同群体、不同休闲体育项目的研究，探索深度休闲与休闲满意度之间的关系，以丰富该领域的理论成果；同时，通过该项研究，引起国内民众对深度休闲体育的关注和重视，进而提高人们对深度体育休闲活动的参与度。

7.2 研究方法

本研究采用问卷调查法（见附录 C），以女性马拉松参与者为调查对象，问卷的内容包括样本的基本情况、参与行为、休闲满意度、主观幸福感。第一部分是样本的基本情况，包括年龄、受教育程度、婚姻状况、年收入、是否加入跑团 5 个问题。第二部分是样本的参与情况，了解女性参与马拉松运动的行为表现，包括参加过最长距离的马拉松比赛、平均每年参加马拉松比赛的次数、跑步年限、每周跑步频率、每次跑步距离、每周跑量 6 个问题。

第三部分是休闲满意度调查，第四、五部分是主观幸福感的调查。休闲满意度调查采用 Beard 和 Ragheb（1980）制定的量表，共 24 题，包括心理层面 4 题、教育层面 4 题、社会层面 4 题、放松层面 4 题、身体层面 4 题、审美层面 4 题。问卷采用李克特的五点量表法进行计分，"1"代表非常不同意，"5"代表非常同意，得分越高表明调查对象对这个题项的认同度越高。该问卷总体的以及 6 个维度的信度系数在 0.796 ~ 0.966，具有较好的内部一致性（见表 7.3）。

本研究于 2019 年 11 月 2 日至 3 日进行问卷的发放，通过纸质问卷发放，随机抽取 2019 年杭州马拉松比赛终点区域的女性跑者填写，共回收 270 份问卷，并对回收的问卷进一步筛选，剔除了不符合调查条件的问卷，同时将存在漏题、信息不全或真实性遭到质疑的问卷一律剔除，最终得到有效问卷 255 份。运用统计软件 SPSS 22.0 对有效问卷进行数据管理和分析。

7.3 研究结果

7.3.1 样本基本情况

研究样本包括 255 名女性马拉松跑者，超过半数的为已婚跑者（54.9%），年龄以 20 ~ 29 岁（34.1%）和 30 ~ 44 岁（44.3%）为主，受教育程度为大专及本科的占比最多（59.2%），年收入为 5 万元以上的跑者占较大比例（66.3%），2/3 的女性马拉松跑者都已加入跑团（60.8%）（见表 7.1）。

表 7.1　女性马拉松跑者的人口描述性统计（*n*=255）

人口统计学变量		频数	占比/%
年龄	20岁以下	2	0.8
	20～29岁	87	34.1
	30～44岁	113	44.3
	45岁至退休前	41	16.1
	退休以后	12	4.7
受教育程度	高中及以下	45	17.6
	大专及本科	151	59.2
	研究生	59	23.1
婚姻状况	未婚	106	41.6
	已婚	140	54.9
	离异或独居	9	3.5
年收入/元	≤2万	41	16.1
	2万～5万	45	17.6
	5万～12万	89	34.9
	>12万	80	31.4
是否加入跑团	已加入	155	60.8
	未加入	100	39.2

对于最长距离的马拉松比赛，本研究样本参加过的最多的是全程马拉松（62.7%），每年参加马拉松比赛的次数以3～4次（70.6%）为主，大部分的女性跑者坚持参与跑步1年以上（91.4%），每周参与跑步次数以3～4次（62.7%）为主，大多数女性跑者每次跑步距离在5公里及以上（74.5%），每周跑量在30～50公里（73.7%）（见表7.2）。

表 7.2 女性马拉松跑者的行为描述性统计（*n*=255）

行为变量		频数	占比/%
参加过最长距离的马拉松比赛	半程马拉松	68	26.7
	全程马拉松	160	62.7
	超级马拉松	27	10.6
平均每年参加马拉松比赛的次数	1~2次	38	14.9
	3~4次	180	70.6
	≥5次	37	14.5
跑步年限	<6个月	7	2.7
	6个月至1年	15	5.9
	1~2年	65	25.5
	2~5年	123	48.2
	≥5年	45	17.6
每周跑步频率	1~2次	47	18.4
	3~4次	160	62.7
	≥5次	48	18.8
每次跑步距离	<5公里	65	25.5
	5~10公里	104	40.8
	10~20公里	86	33.7
每周跑量	<15公里	5	2.0
	15~30公里	25	9.8
	30~50公里	188	73.7
	≥50公里	37	14.5

7.3.2　女性参与深度休闲体育的休闲满意度

女性马拉松跑者的休闲满意度均值得分在 4.0 左右（见表 7.3），各维度得分从高到低依次为：放松层面（$M=4.323$；$SD=0.534$）、身体层面（$M=4.286$；$SD=0.589$）、教育层面（$M=4.146$；$SD=0.683$）、心理层面（$M=4.117$；$SD=0.633$）、社会层面（$M=4.091$；$SD=0.680$）、审美层面（$M=4.046$；$SD=0.646$），其中"跑步有助于我缓解压力"得分最高（$M=4.435$；$SD=0.636$），"在跑步过程中我会用到多种技能"得分最低（$M=3.757$；$SD=0.885$）。

表 7.3　女性马拉松跑者休闲满意度统计一览（$n=255$）

休闲满意度	平均值（M）	标准差（SD）
心理层面（$\alpha=0.831$）	4.117	0.633
我对跑步很感兴趣。	4.239	0.738
跑步能让我获得自信。	4.318	0.713
跑步能让我有成就感。	4.153	0.761
在跑步过程中我会用到多种技能。	3.757	0.885
教育层面（$\alpha=0.897$）	4.146	0.683
跑步能增进我对周围事物的了解。	4.161	0.722
跑步使我有机会尝试新事物。	4.098	0.829
跑步使我更加了解自己。	4.310	0.728
跑步有助于我了解其他人。	4.016	0.837
社会层面（$\alpha=0.866$）	4.091	0.680
通过跑步增进了我的人际交往。	4.125	0.784
跑步有助于我和其他人发展友好关系。	4.047	0.802
跑步中遇到的人都很友善。	4.255	0.738
平时我经常与那些喜欢跑步的人交往。	3.937	0.890
放松层面（$\alpha=0.839$）	4.323	0.534
跑步有助于我放松身心。	4.341	0.644

休闲满意度	平均值（M）	标准差（SD）
跑步有助于我缓解压力。	4.435	0.636
跑步有助于我的精神健康。	4.380	0.602
我参与跑步仅仅是因为自己喜欢。	4.133	0.714
身体层面（α=0.863）	4.286	0.589
跑步有助于我提高体能。	4.408	0.645
跑步有助于我保持身体健康。	4.376	0.627
跑步有助于我恢复体力。	4.188	0.729
跑步有助于我控制体重。	4.173	0.785
审美层面（α=0.796）	4.046	0.646
跑步的环境干净、空气清新。	4.000	0.874
跑步的地点对我有吸引力。	4.020	0.825
跑步的地方风景优美。	4.208	0.779
跑步的区域有很好的规划和设计。	3.957	0.800
问卷总体（α=0.966）	4.168	0.568

在不同的人口统计学变量上，女性马拉松跑者的休闲满意度存在显著差异（见表7.4）。不同受教育程度的女性跑者在心理层面（F=3.554，$P < 0.05$）和社会层面（F=5.784，$P < 0.01$）存在显著差异，表现为大专及本科在心理层面上显著高于研究生，高中及以下和大专及本科在社会层面显著高于研究生。

表7.4 人口统计学变量间休闲满意度差异性比较（n=255）

人口统计学变量		休闲满意度（Mean）					
		心理层面	教育层面	社会层面	放松层面	身体层面	审美层面
年龄	20～29岁	3.983	4.052	3.986	4.233	4.216	3.920
	30～44岁	4.162	4.168	4.093	4.319	4.290	4.069
	45岁至退休前	4.213	4.220	4.232	4.433	4.372	4.189
F值		2.665	1.100	1.887	2.041	1.022	2.742
受教育程度	高中及以下	4.206[ab]	4.244	4.211[a]	4.406	4.306	4.178
	大专及本科	4.164[a]	4.185	4.156[ab]	4.341	4.343	4.063
	研究生	3.928[b]	3.970	3.835[c]	4.212	4.127	3.903
F值		3.554*	2.709	5.784**	1.916	2.915	2.474
婚姻状况	未婚	4.064	4.085	4.000	4.259	4.248	3.958
	已婚	4.139	4.171	4.145	4.364	4.307	4.098
t值		−0.895	−0.977	−1.648	−1.519	−0.777	−1.697
年收入/元	≤2万	4.000	4.000	3.994	4.177	4.140	3.982
	2万～5万	4.089	4.189	4.150	4.372	4.311	4.122
	5万～12万	4.132	4.129	4.107	4.301	4.261	4.051
	＞12万	4.175	4.216	4.091	4.394	4.286	4.031
F值		0.734	0.979	0.405	1.686	1.535	0.357
跑团	已加入	4.158	4.182	4.137	4.339	4.319	4.105
	未加入	4.053	4.090	4.020	4.298	4.235	3.955
t值		1.302	1.054	1.373	0.601	1.117	1.817

7.3.3 女性参与深度休闲体育的休闲满意度与参与行为的关系

在不同的行为变量上，女性马拉松跑者的休闲满意度存在显著差异（见表7.5）。参加过不同距离马拉松赛的女性跑者在心理层面（F=3.267，

$P < 0.05$）、教育层面（$F=3.152$，$P < 0.05$）、社会层面（$F=3.925$，$P < 0.05$）和审美层面（$F=3.930$，$P < 0.05$）存在显著差异，表现为全程马拉松参赛者高于半程马拉松参赛者。年均马拉松比赛次数不同的女性跑者在心理层面（$F=4.523$，$P < 0.05$）和教育层面（$F=3.799$，$P < 0.05$）存在显著差异，表现为5次及以上的高于3～4次的。不同周跑步频率的女性跑者在教育层面（$F=3.087$，$P < 0.05$）和身体层面（$F=3.228$，$P < 0.05$）存在显著差异，表现为5次及以上的高于3～4次的。每次跑步距离不同的女性跑者在心理层面（$F=5.594$，$P < 0.01$）、教育层面（$F=6.019$，$P < 0.01$）、社会层面（$F=5.093$，$P < 0.01$）、放松层面（$F=4.170$，$P < 0.05$）、身体层面（$F=4.134$，$P < 0.05$）存在显著差异，表现为距离在20公里及以上的低于5～10公里和10～20公里的。周跑量不同的女性跑者在6个层面都存在显著差异，表现为跑量在50公里及以上的高于30～50公里的。

表7.5 行为变量间休闲满意度差异性比较（$n=255$）

行为变量	休闲满意度（F值/t值）					
	心理层面	教育层面	社会层面	放松层面	身体层面	审美层面
最长马拉松比赛[b]	3.267*	3.152*	3.925*	1.668	2.969	3.930*
年均马拉松比赛次数[b]	4.523*	3.799*	1.833	2.453	2.035	1.872
跑步年限[b]	0.278	1.090	0.385	0.796	0.851	0.687
周跑步频率[a]	2.412	3.087*	1.441	2.760	3.228*	1.252
每次跑步距离[b]	5.594**	6.019**	5.093**	4.170*	4.134*	2.525
周跑量[b]	8.918***	7.329***	5.750**	5.105**	6.405***	2.801*

注：[a]表示独立样本T检验（t值），[b]表示单因素方差分析（F值）。

为了进一步确定女性马拉松跑者休闲满意度与行为变量之间的关系，首先运用相关分析进行判断，进而对相关变量做回归分析。由表7.6可以看出，心理层面、教育层面、社会层面、审美层面与最长马拉松比赛之间均存在显著的正相关，身体层面与周跑步频率存在显著的正相关，6个层面与每次跑步距离之间均存在显著的负相关关系。这些显著的相关指标为下一步回归分析提供了变量。

表7.6 休闲满意度与行为变量的相关分析

休闲满意度	最长马拉松比赛	年均马拉松比赛次数	跑步年限	周跑步频率	每次跑步距离	周跑量
心理层面	0.148*	0.027	0.017	0.085	−0.196**	0.038
教育层面	0.149*	0.031	0.068	0.117	−0.198**	0.053
社会层面	0.137*	0.028	0.054	0.106	−0.175**	0.72
放松层面	0.109	0.032	0.032	0.111	−0.149*	0.053
身体层面	0.119	0.016	0.097	0.125*	−0.168**	0.026
审美层面	0.164**	0.071	0.085	0.087	−0.131*	0.066

7.3.2.1 深度休闲体育行为变量与心理层面的回归分析

以心理层面为因变量、最长马拉松比赛和每次跑步距离为自变量做逐步回归分析。由表7.7可知，模型的方差分析 F 值为8.842，显著水平为0.000（ $P < 0.001$ ），可推出所建立的回归方程有效。同时，回归参数的 T 检验 P 值小于0.05的显著水平，说明回归方程的回归参数显著不为零，建立线性模型是合理的，即最长马拉松比赛和每次跑步距离对心理层面的预测指标具有统计学意义，每次跑步距离对心理层面的预测是负向的，最长马拉松比赛对心理层面的预测是正向的（见图7.1）。

表7.7 深度休闲体育行为变量与心理层面的回归分析

模型	非标准化系数		标准系数	T	P	R^2	F
	β	SD	β				
（常量）	4.148	0.236		17.588	0.000		
每次跑步距离	−0.173	0.050	−0.210	−3.433	0.001		
最长马拉松比赛	0.177	0.066	0.165	2.701	0.007	0.066	8.842***

注：因变量为心理层面。

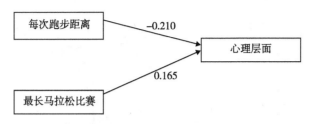

图 7.1 深度休闲体育行为变量与心理层面之间的关系

7.3.2.2 深度休闲体育行为变量与教育层面的回归分析

以教育层面为因变量、最长马拉松比赛和每次跑步距离为自变量做逐步回归分析。由表 7.8 可知，模型的方差分析 F 值为 8.997，显著水平为 0.000（$P < 0.001$），可推出所建立的回归方程有效。同时，回归参数的 T 检验 P 值小于 0.05 的显著水平，说明回归方程的回归参数显著不为零，建立线性模型是合理的，即最长马拉松比赛和每次跑步距离对教育层面的预测指标具有统计学意义，每次跑步距离对教育层面的预测是负向的，最长马拉松比赛对教育层面的预测是正向的（见图 7.2）。

表 7.8 深度休闲体育行为变量与教育层面的回归分析

模型	非标准化系数		标准系数	T	P	R^2	F
	β	SD	β				
（常量）	4.181	0.254		16.453	0.000		
每次跑步距离	−0.188	0.054	−0.212	−3.465	0.001		
最长马拉松比赛	0.192	0.071	0.166	2.722	0.007	0.067	8.997***

注：因变量为教育层面。

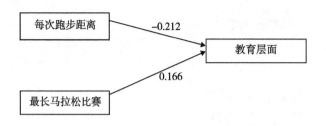

图 7.2 深度休闲体育行为变量与教育层面之间的关系

7.3.2.3 深度体育体育行为变量与社会层面的回归分析

以社会层面为因变量、最长马拉松比赛和每次跑步距离为自变量做逐步回归分析。由表 7.9 可知，模型的方差分析 F 值为 7.155，显著水平为 0.001（$P < 0.01$），可推出所建立的回归方程有效。同时，回归参数的 T 检验 P 值小于 0.05 的显著水平，说明回归方程的回归参数显著不为零，建立线性模型是合理的，即最长马拉松比赛和每次跑步距离对社会层面的预测指标具有统计学意义，每次跑步距离对社会层面的预测是负向的，最长马拉松比赛对社会层面的预测是正向的（见图 7.3）。

表 7.9　深度休闲体育行为变量与社会层面的回归分析

模型	非标准化系数		标准系数	T	P	R^2	F
	β	SD	β				
（常量）	4.104	0.255		16.105	0.000		
每次跑步距离	−0.166	0.055	−0.187	−3.048	0.003		
最长马拉松比赛	0.176	0.071	0.153	2.482	0.014	0.054	7.155**

注：因变量为社会层面。

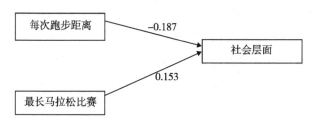

图 7.3　深度休闲体育行为变量与社会层面之间的关系

7.3.2.4　深度休闲体育行为变量与放松层面的回归分析

以放松层面为因变量、每次跑步距离为自变量做回归分析。由表 7.10 可知，模型的方差分析 F 值为 5.769，显著水平为 0.017（$P < 0.05$），可推出所建立的回归方程有效。同时，回归参数的 T 检验 P 值小于 0.05 的显著水平，说明回归方程的回归参数显著不为零，建立线性模型是合理的，即每次跑步距离对放松层面的预测指标具有统计学意义，每次跑步距离对放松层面的预测是负向的（见图 7.4）。

表 7.10　深度休闲体育行为变量与放松层面的回归分析

模型	非标准化系数		标准系数	T	P	R^2	F
	β	SD	β				
（常量）	4.643	0.138		33.767	0.000		
每次跑步距离	-0.104	0.043	-0.149	-2.402	0.017	0.022	5.769*

注：因变量为放松层面。

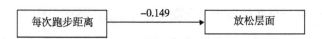

图 7.4　深度休闲体育行为变量与放松层面之间的关系

7.3.2.5　深度休闲体育行为变量与身体层面的回归分析

以身体层面为因变量、每次跑步距离和周跑步频率为自变量做逐步回归分析。由表 7.11 可知，模型的方差分析 F 值为 6.563，显著水平为 0.002

（$P < 0.01$），可推出所建立的回归方程有效。同时，回归参数的 T 检验 P 值小于 0.05 的显著水平，说明回归方程的回归参数显著不为零，建立线性模型是合理的，即每次跑步距离和周跑步频率对身体层面的预测指标具有统计学意义，每次跑步距离对身体层面的预测是负向的，周跑步频率对身体层面的预测是正向的（见图 7.5）。

表 7.11 深度休闲体育行为变量与身体层面的回归分析

模型	非标准化系数		标准系数	T	P	R^2	F
	β	SD	β				
（常量）	4.441	0.181		24.483	0.000		
每次跑步距离	−0.142	0.048	−0.185	−2.994	0.003		
周跑步频率	0.142	0.060	0.147	2.376	0.018	0.050	6.563**

注：因变量为身体层面。

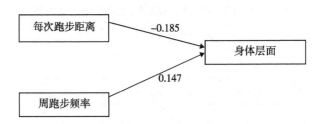

图 7.5 深度休闲体育行为变量与身体层面之间的关系

7.3.2.6 深度休闲体育行为变量与审美层面的回归分析

以审美层面为因变量、每次跑步距离和最长马拉松比赛为自变量做逐步回归分析。由表 7.12 可知，模型的方差分析 F 值为 6.346，显著水平为 0.002（$P < 0.01$），可推出所建立的回归方程有效。同时，回归参数的 T 检验 P 值小于 0.05 的显著水平，说明回归方程的回归参数显著不为零，建立线性模型是合理的，即每次跑步距离和最长马拉松比赛对审美层面的预测指标具有统计学意义，每次跑步距离对审美层面的预测是负向的，最长马拉松比赛对审美层面的

预测是正向的（见图 7.6）。

表 7.12　深度休闲体育行为变量与审美层面的回归分析

模型	非标准化系数		标准系数	T	P	R^2	F
	β	SD	β				
（常量）	3.876	0.243		15.969	0.000		
每次跑步距离	−0.122	0.052	−0.145	−2.357	0.019		
最长马拉松比赛	0.193	0.067	0.176	2.855	0.005	0.048	6.346**

注：因变量为审美层面。

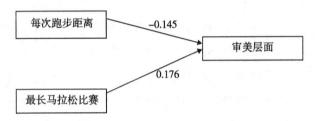

图 7.6　深度休闲体育行为变量与审美层面之间的关系

7.4　分析与讨论

　　女性马拉松跑者具有较高的休闲满意度，并在放松层面表现明显。这可能是因为，面对快速发展的社会生活，女性特别需要缓解工作和生活压力的途径。而通过一段时间的马拉松参与，女性会认识到休闲体育活动具有一定的积极意义。其中最直接的就是身心上的放松，能够将工作和生活上积累的消极情绪释放。同时，她们还会进一步感受到业余生活的丰富，可以与不同领域的人交往，增加对自己和周围事物的了解。这些深度休闲参与中获得的积极感知，让女性马拉松跑者能体验到较高的休闲满意度。相关研究也显示，个体在休闲时间长期参与体育活动，其会有更高的休闲满意度（Hwang & Kim，2017）。

　　人口统计学差异显示，研究生学历的女性马拉松跑者较之研究生以下学历的跑者在休闲满意度的心理层面和社会层面都偏低。虽然受教育程度高的个体的体育参与意识更强（王崇喜等，2004），但是她们的休闲活动可能有更多的选择，也可能会在长期参与中考虑更多，如考虑在跑步过程中有没有自我提升、是否能够科学地跑步、有没有合适的跑友等。大专及本科和高中及以下的女性马拉松跑者，在运动认知上相对单纯，能够从各种获益中对马拉松运动形成强烈的认同感，也愿意去接触跑步中遇到的各种各样的人。

在参与行为方面，女性马拉松跑者的休闲满意度存在一定的差异。首先，参加过全程马拉松的女性跑者在心理层面、教育层面、社会层面和审美层面高于参加过半程马拉松的。周跑量在50公里及以上的女性跑者在6个层面均高于30～50公里的。在从跑半马升级到跑全马的过程中，女性跑者往往需要更多的付出，以一定的周跑量为支撑，体验朝着目标努力的心理认知过程，接受跑友的帮助，从不同的跑步环境和路线中寻找乐趣。当完成全马时，她们会获得满满的成就感，进一步了解自己在挑战中的可能性。其次，年均参加马拉松比赛5次及以上的女性跑者在心理层面和教育层面高于3～4次的。这可能是因为，每一次完成比赛都会给女性跑者带来自信和成就感，同时，马拉松比赛分布在各地，参与越多意味着去的地方越多，能够了解各地的新事物，所以也可以带来心理层面和教育层面的满足。在跑步次数上，每周跑步次数多能提高个体的体能储备，但每次跑步距离应控制在合理的范围内，如5～10公里、10～20公里，这样女性跑者不易产生疲劳、厌跑情绪等，能更多地去感受坚持跑步的益处。此外，女性马拉松跑者的休闲满意度在跑步年限上不存在差异，这与已有的研究不一致。Jeong和Hwang（2020）认为，休闲参与持续时间会促进个体在休闲专门化中维持休闲满意度。这可能是因为相对于随兴休闲，深度休闲参与者会获得更高程度的休闲满意度，但本研究的样本大多数持续参加跑步在6个月及以上，而且有能力参加半马及以上的比赛，也就是说在跑步这个领域已经持续且有规律地参加了很长时间，积累了一定的基础，因此即使跑步年限不是很长，也可以获得参与的积极体验。

进一步看，每次跑步距离对休闲满意度的6个维度均具有负向的预测作用，也就是说，每次跑步距离越长，女性马拉松跑者的休闲满意度越低。马拉松是一项对参与者体能要求很高的运动项目，由于生理上的差异，女性跑者相较于男性来讲，体能方面相对较弱。过量的运动往往会造成个体运动损伤，有难受、疼痛等不适感，进而失去运动和休闲的乐趣。所以，每个参与者都应该量力而行，避免每次超量练习。为了能在长期跑步中获得更高的休闲满意度，应该增加每周跑步的次数，而不是增加每次跑步的距离。如每周 5 次、每次跑 5 公里，比每周 2 次、每次跑 15 公里所获得的满意度更高。另外，最长马拉松比赛对心理层面、教育层面、社会层面、审美层面具有正向的预测作用，周跑步频率对身体层面的预测是正向的。这些回归结果与差异性结果相一致，表明能够完成全程马拉松的女性跑者会拥有更丰富的休闲体验，较高的周跑步频率有助于个体提高体能，保持身体健康。

7.5　小　结

女性马拉松跑者的休闲满意度得分都较高，各维度得分从高到低依次为：放松层面、身体层面、教育层面、心理层面、社会层面、审美层面。大多数女性认为"跑步有助于我缓解压力""跑步有助于我提高体能""跑步有助于我的精神健康""跑步有助于我保持身体健康""跑步能让我获得自信""跑步使我更加了解自己""跑步有助于我放松身心"。在不同的人口统计学变量上，不同受教育程度的女性跑者在心理层面和社会层面存在显著差异；在不同的行为变量上，参加过不同距离马拉松赛的女性跑者在心理层面、教育层面、社会层面和审美层面存在显著差异；年均马拉松比赛次数不同的女性跑者在心理层面和教育层面存在显著差异；不同周跑步频率的女性跑者在教育层面和身体层面存在显著差异；每次跑步距离不同的女性跑者在心理层面、教育层面、社会层面、放松层面、身体层面存在显著差异；不同周跑量的女性跑者在 6 个层面都存在显著差异。最长马拉松比赛对心理层面、教育层面、社会层面和审美层面的正向预测具有统计学意义，周跑步频率对身体层面的正向预测具有统计学意义；每次跑步距离对心理层面、教育层面、社会层面、放松层面、身体层面、审美层 6 个维度的负向预测具有统计学意义。因此，长期坚持跑步，增加跑步的频率，而不是增加每次跑步的距离，会让女性的休闲满意度更高。通过一段时间的练习，使自身有能力参加更长距离的马拉松赛事，也会让女性获得更高的休闲满意度。

8 女性深度休闲体育行为的主观幸福感研究

8.1 文献综述

8.1.1 相关概念的界定

幸福是人们认识到自己的需要或理想得到实现时产生的一种情绪反应，它是由需要、认知等心理因素和外部诱因交互影响形成的复杂心理状态。而主观幸福感是指个体通过自己的主观认知对其生活状况作出的评估与判断（Diener，1984）。Diener（1984）认为，主观幸福感有 3 个基本特点：主观性，指人们主要依赖自己内定的标准，而非他人或外界的准则；相对稳定性，即外部环境和情绪状态会影响到主观幸福感的判定，但一段时间内它会处于相对稳定状态；整体性，主观幸福感是对个体综合的评价，包括积极情感、消极情感和生活满意度。目前，这一观点已得到国内外大多数学者的认可。

此外，我国学者也从不同视角对主观幸福感进行了界定。例如，邢占军（2011）认为，主观幸福感是个体受客观条件和主观需求等因素综合作用下而产生的对自身生存和发展状况的一种积极的心理体验，它融合了满意感、价值感和快乐感。

8.1.2 主观幸福感的测量

通过梳理相关文献，发现已有研究对主观幸福感的测量经历了由单题项到多题项的转变，目前学者主要使用的主观幸福感量表有以下几种。

8.1.2.1 单题项自陈量表

人们常被问及"您对您的生活总体上的满意程度如何",通过他们对自己整体生活满意度（global life satisfaction）的评分评估其主观幸福感。尽管这个题项可以很好地测量主观幸福感,但相比之下,多题项量表的测量结果更可信。

8.1.2.2 多题项量表

单一结构量表。这种方法包含多个题项,每个题项都从整体上反映了生活满意情况,代表了生活满意度主题上的变化。例如,Diener 等（1985）制定了生活满意度量表（Satisfaction with Life Scale,SWLS）,该量表共包括 5 个题项,常被学者用来测量人们的主观幸福感（Lee & Hwang,2018）。

生活领域量表。这种方法采用具体生活领域来评估生活满意度,单个题项代表了具体的生活领域。大多数研究采用这种方式评价人们的主观幸福感,例如,世界幸福组织 2006 年推出的个人幸福指数（Personal Well-being Index,PWI）获得许多学者的认可（Tomyn & Cummins,2011；Liu & Yu,2015；Davern,Cummins & Stokes,2007）,该量表共包括 8 个题项,涉及健康、成就、安全等 8 个生活领域。

情感体验量表。这种方法通过让人们回顾过去 4 周的经历,汇报自己体验积极情感和消极情感的程度。当个体体验较多的积极情感和较少的消极情感时,则表明其幸福感较强。Diener 等（2009）制定的积极情感和消极情感量表（Positive Affect and Negative Affect Scale,PANAS）共 12 个题项,其中,积极情感（如快乐、愉悦）6 题、消极情感（如害怕、生气）6 题。

此外,我国学者邢占军（2003）也开发出适合我国城市居民的主观幸福感量表,该量表共有 20 个题项,包括 10 个维度,如精神健康、目标和个人价值、生理健康、人际关系、家庭氛围等。

总体上,目前国内外学者均倾向于使用多题项的量表测量主观幸福感,有些研究仅选择上述中的一个量表测量主观幸福感,也有一些学者采用多个量表综合评估主观幸福感。目前,Diener（1984）对主观幸福感的界定得到大多数学者的认同,即从认知评估和情感体验两个层面评估人们的主观幸福感。近几年的研究也证实了这种方法的适用性（Garcia et al.,2017；Joshanloo,2018；Pi et al., 2014），这也为本书中主观幸福感的测量提供了参考。

8.1.3　关于主观幸福感的研究综述

20 世纪 70 年代，国内外掀起了积极心理学的研究热潮。在此背景下，主观幸福感逐渐发展成众多学科的重要议题。半个世纪以来，在心理学、老年病学和休闲研究等学科中，学者对主观幸福感开展了广泛和深入的研究。

8.1.3.1　国外主观幸福感研究现状

一些学者通过文献综述的形式，对不同阶段主观幸福感的研究成果进行总结归纳，为后续研究提供了新的研究方向和经验指导。例如，Diener 等（1999）回顾了过去有关主观幸福感的研究，并详细介绍了解释主观幸福感的相关理论。研究进一步阐释了心理因素和生活环境交互作用于主观幸福感的影响机制，列举了多种人们获取幸福的因果路径，并进一步解释一些变量对主观幸福感不同层面的作用机制。Ryan 和 Deci（2001）总结了已有研究，发现幸福感的研究存在两个普遍观点——享乐主义和幸福主义，前者是从获得快乐和避免痛苦的角度定义幸福感，而后者侧重于意义和自我实现。这两种观点虽然形成了不同的研究重点和知识体系，但在某些领域也有交叉。总体上，该研究考察了幸福的本质、幸福的先行词，以及幸福感在不同时代和文化背景上的差异。Luhmann 等（2012）通过元分析考察重大生活事件对主观幸福感的影响，整合了 313 个样本的纵向数据，结果表明：生活事件对主观幸福感情感层面和认知层面的效应量并不相同，表现为生活事件对认知层面的影响在所有样本中更强；不同的生活事件对主观幸福感的效应量也不相同。Diener 等（2018）对过去十年相关研究作了梳理，结论如下：随着科技的不断发展，主观幸福感的测量方法在不断完善，但在不同的领域存在一定的差异；通常来说，较高水平的主观幸福感会带来健康和长寿、良好的社会关系和工作表现；影响主观幸福感的因素主要有遗传、个性、环境、收入等。

主观幸福感的影响机制一直是学者比较关注的议题。一些研究主要考察人口统计学变量对幸福感的影响，如收入、婚姻、居住空间。例如，Kahneman 和 Deaton（2010）以美国人口为例，考察收入与主观幸福感的关系，研究证实，收入与生活满意度和情感幸福存在一定程度的相关性，具体表现为：收入越高的人其生活满意度也越高，但他们并不开心，而收入较低者的生活满意度和情感幸福指数都很低。Nelson 等（2014）考察了为人父母者与未当父母的人的幸福感的差异，发现为人父母和幸福感的关系错综复杂。一方面，为人父母者有时会感到不幸福，原因包括面对较多的负面情绪、放大了财政问题、更多的睡眠障碍以及婚姻陷入困境；另一方面，当体会到生活的意义、基本需求的满足、更多的积极情绪以及增强的社会角色时，他们会感到幸福和快乐。Foye（2017）以英国人为例考察了居住空间对主观幸福感的影响，研究发现：居住空间通过个人地位影响主观幸福感，搬到大房子居住对人们的主观幸福感并没有正向影响，因此，居住空间的大小与主观幸福感之间存在较弱的正相关关系。

另有一些研究考察其他变量对主观幸福感的影响。例如，Newman 等（2014）对 363 篇休闲与主观幸福感相关的研究进行定量总结，探究了休闲增进主观幸福感的 5 种核心心理机制：分离—恢复、自主、掌握、意义和归属。研究认为，这些心理机制通过自下而上的理论增强了人们的主观幸福感；同时，研究还讨论了今后如何使用此概念模型来理解休闲和主观幸福感之间的关联。Tay 和 Diener（2011）以 123 个国家和地区的样本为例，考察了需求与主观幸福感之间的关系，结果表明，所有样本的需求与主观幸福感均相关；生活满意度与基本需求最相关；积极的情感与社交和尊重需求最相关；负面的情感与基本需求、尊重和自治的需求最相关。Heo 等（2010）以 22 名美国老年人为例，调查深度休闲和流畅体验对老年人主观幸福感的影响，结果表明：深度休闲与积极情感呈显著正相关，流畅体验与积极情感呈显著负相关。该研究结果再次证实老年人主观幸福感是深度休闲参与的重要结果。

8.1.3.2　国内主观幸福感研究现状

20 世纪 80 年代中期，国内学者才开始关注主观幸福感的研究，目前还处于理论探索阶段，实证研究的数量和深度尚需进一步提升。

学者主要通过综述的形式介绍主观幸福感的基础理论和相关研究成果。一些研究是从整体的视角对先前学者的成果进行归纳和整合。例如，邢占军（2002）从伦理学和经济学对幸福的界定切入，梳理主观幸福感测量的演变，进而过渡到当代社会学和心理学对主观幸福感的测量，认为当前衡量主观幸福感的指标倾向整合统一，测量主观幸福感的方法正走向多样化。严标宾、郑雪和邱林（2004）从中西方视角对主观幸福感进行了历史性回溯，并详细归纳了主观幸福感的概念界定和有关理论，在此基础上，系统介绍了跨文化研究的贡献和主观幸福感的定量研究成果，为国内相关领域研究提供了崭新的视角。陈姝娟和周爱保（2003）在比较已有文献的基础上，介绍了主观幸福感的内涵和特点，梳理了主观幸福感的理论基础，认为社会支持、个人应激水平、价值观念和健康状况等是影响主观幸福感的重要因素。

一些学者结合具体领域对主观幸福感的影响进行综述。例如，陈作松（2005）在整合身体锻炼和主观幸福感相关文献的基础上，总结已有研究的不足，并提出未来该领域研究的努力方向；研究认为，今后研究应注重锻炼行为（如时间、频率、强度）对主观幸福感的影响，同时加强考察锻炼情境与主观幸福感的关联，并进一步完善测量工具和测量方法。张羽和邢占军（2007）在已有文献基础上探索社会支持对主观幸福感的影响机制，发现社会支持的来源、方式和性质对主观幸福感均有一定程度的影响；研究还归纳了社会支持和主观幸福感之间的中介影响变量，认为未来应基于更广泛的群体考察主观幸福感的内外部影响机制。田林（2004）通过对已有研究的整理，从主观幸福感的界定和历史研究出发，指出人口统计学因素（如收入、教育背景、婚姻状况）对主观幸福感的影响较小，而人格特质（尤其是外向型和神经质）与主观幸福感具有很高的相关性，建议今后应多采用实验方法考察人格与主观幸福感之间的关系。

一些学者通过实证研究考察不同群体的主观幸福感的影响因素，主要涉及人群包括城市居民、老年人和大学生。例如，邢占军（2011）根据政府公开统计数据，系统地分析了我国城市居民收入与主观幸福感的关系，研究发现：城市居民的收入与主观幸福感之间呈正相关，地区富裕程度会影响两者之间的关系；同时，较高收入的城市居民其主观幸福感水平明显高于低收入人群。Lu（2000）以中国台湾社区居民为例，考察了夫妻在角色体验和主观幸福感上的差异，结果表明：夫妻在角色体验和主观幸福感上差异很大，丈夫更认同工作角色，而妻子更认同父母的角色；同时，夫妻在角色体验上的差异与他们在主观幸福感上的差异存在关联。刘慧梅以大学生艺术群体为例，通过问卷调查考察个性、休闲满意度和主观幸福感之间的关系，研究发现：外向型性格与休闲满意度呈显著正相关，神经质性格与休闲满意度呈显著负相关；休闲满意度与主观幸福感呈显著正相关，当控制个性变量后，休闲满意度仍显著影响主观幸福感（Liu，2014）。吴捷（2008）以天津市老年人为例，探讨社会支持、孤独感和主观幸福感之间的关系，结果表明：在工作状态上，老年人的孤独感、社会支持呈现出显著差异；在社会支持水平上，老年人的主观幸福感和孤独感也明显不同；老年人的主观幸福感与孤独感和社会支持存在显著相关性。总体上，类似研究探索出影响人们主观幸福感的诸多因素，为理解和增进不同人群的幸福感提供了参考。

8.2　研究方法

本研究采用问卷调查法（见附录C），调查对象和问卷的内容同第7章，包括样本的基本情况、参与行为、休闲满意度、主观幸福感。第一部分是样本的基本情况，包括年龄、受教育程度、婚姻状况、年收入、是否加入跑团5个问题。第二部分是样本的参与情况，了解女性参与马拉松运动的行为表现，包括参加过最长距离的马拉松比赛、平均每年参加马拉松比赛的次数、跑步年限、每周跑步频率、每次跑步距离、每周跑量6个问题。

第三部分是休闲满意度的调查，第四、五部分是主观幸福感的调查。其中，主观幸福感采用认知评估和情感评估综合评价的方法，选择Pavot等（1993）提出的生活满意度量表进行认知评估，该量表包括5个题项，采用李克特的七点量表法，由"1"到"7"表示"完全不同意"到"完全同意"。情感评估采用Diener等（2009）提出的积极情感和消极情感量表，该量表包括6个积极情感问题和6个消极情感问题，采用李克特的五点量表法，由"1"到"5"表示"几乎没有"到"总是"。该问卷总体的以及3个维度的信度系数在0.774～0.916，具有较好的内部一致性（表8.1）。

本研究的问卷发放、回收、数据管理同第7章。

8.3 研究结果

8.3.1 女性参与深度休闲体育的主观幸福感

女性马拉松跑者的主观幸福感，各维度得分分别为：生活满意度（M=5.439；SD=1.027）、积极情感（M=4.048；SD=0.697）、消极情感（M=2.146；SD=0.779）（见表8.1）。其中，生活满意度中"我的生活条件很好"得分最高（M=5.725；SD=0.961），"如果我能回头重走人生之路，我几乎不想改变任何东西"得分最低（M=4.765；SD=1.718）；积极情感中的"快乐"得分最高（M=4.129；SD=0.795），"欣喜"得分最低（M=3.941；SD=0.842）；消极情感中的"消极"得分最高（M=2.302；SD=1.007），"害怕"得分最低（M=2.016；SD=0.956）。

表 8.1 女性马拉松跑者主观幸福感统计（n=255）

主观幸福感	平均值（M）	标准差（SD）
生活满意度（α=0.899）	5.439	1.027
我生活中的大多数方面接近我的理想。	5.494	1.079
我的生活条件很好。	5.725	0.961
我对自己的生活感到满意。	5.694	1.000
迄今为止我在生活中得到了想得到的重要东西。	5.518	1.170
如果我能回头重走人生之路，我几乎不想改变任何东西。	4.765	1.718
积极情感（α=0.916）	4.048	0.697
积极	4.039	0.846
良好	3.965	0.825
开心	4.122	0.792
快乐	4.129	0.795
欣喜	3.941	0.842

续　表

主观幸福感	平均值（M）	标准差（SD）
满足	4.094	0.882
消极情感（α=0.899）	2.146	0.779
消极	2.302	1.007
糟糕	2.145	0.963
伤心	2.118	0.940
沮丧	2.102	0.971
害怕	2.016	0.956
生气	2.192	0.886
问卷总体（α=0.774）	3.878	0.485

在不同的人口统计学变量上，女性马拉松跑者的主观幸福感存在显著差异（见表8.2）。不同年龄的女性跑者在生活满意度（F=20.025，$P < 0.001$）、积极情感（F=6.265，$P < 0.001$）和消极情感（F=25.645，$P < 0.001$）上存在显著差异，表现为45岁至退休前的在生活满意度上得分高于20～29岁的和30～44岁；45岁至退休的在积极情感上得分高于20～29岁的，45岁至退休前的在消极情感上得分低于20～29岁的和30～44岁。不同受教育程度的女性跑者在生活满意度（F=6.856，$P < 0.01$）和消极情感（F=9.538，$P < 0.001$）上存在显著差异，表现为高中及以下的在生活满意度上高于研究生，研究生在消极情感上高于高中及以下和大专及本科的。不同婚姻状况的女性跑者在3个维度上均存在显著差异，表现为已婚跑者高于未婚跑者；不同年收入的女性跑者在消极情感（F=3.087，$P < 0.05$）上存在显著差异，表现为年收入在12万元以上的跑者高于2万～5万元的。是否加入跑团在生活满意度（t=2.722，$P < 0.01$）和积极情感（t=2.150，$P < 0.05$）上存在显著差异，表现为已加入跑团的高于未加入跑团的。

表 8.2 人口统计学变量间主观幸福感差异性比较（ *n*=255 ）

人口统计学变量		主观幸福感（ *Mean* ）		
		生活满意度	积极情感	消极情感
年龄	20～29岁	4.979c	3.879b	2.517a
	30～44岁	5.520b	4.077ab	2.131b
	45岁至退休前	6.093a	4.329a	1.561c
*F*值		20.025***	6.265***	25.645***
受教育程度	高中及以下	5.836a	4.122	1.730c
	大专及本科	5.453ab	4.095	2.184b
	研究生	5.102b	3.873	2.364a
*F*值		6.856**	2.486	9.538***
婚姻状况	未婚	5.057	3.898	2.360
	已婚	5.693	4.155	2.029
*t*值		−5.077***	−2.888**	3.379**
年收入/元	≤2万	5.254	3.882	2.297ab
	2万～5万	5.618	4.174	1.848b
	5万～12万	5.420	4.069	2.152ab
	＞12万	5.455	4.040	2.229a
*F*值		0.916	1.300	3.087*
跑团	已加入	5.578	4.127	2.168
	未加入	5.224	3.927	2.112
*t*值		2.722**	2.150*	0.561

8.3.2 女性参与深度休闲体育的主观幸福感与参与行为的关系

在不同的行为变量上，女性马拉松跑者的主观幸福感存在显著差异（见表8.3）。最长马拉松比赛不同的女性跑者在生活满意度（F=6.319，$P < 0.01$）和积极情感（F=4.980，$P < 0.01$）上存在显著差异，表现为全程马拉松高于半程马拉松。不同周跑步频率的女性跑者在生活满意度（F=3.092，$P < 0.05$）上存在显著差异，表现为5次及以上的高于3～4次的和1～2次的。

表8.3 行为变量间主观幸福感差异性比较（n=255）

主观幸福感	行为变量（F值）					
	最长马拉松比赛	年均马拉松比赛次数	跑步年限	周跑步频率	每次跑步距离	周跑量
生活满意度	6.319**	1.203	1.094	3.092*	0.041	2.053
积极情感	4.980**	1.435	0.286	1.126	3.038	1.558
消极情感	2.761	0.010	0.984	0.716	0.056	0.096

为了进一步确定女性马拉松跑者主观幸福感与行为变量之间的关系，首先运用相关分析进行判断，进而对相关变量做回归分析。由表8.4可以看出，生活满意度与最长马拉松比赛之间均存在显著的正相关，生活满意度与周跑步频率存在显著的正相关，积极情感与每次跑步距离之间均存在显著的负相关。这些显著的相关指标为下一步的回归分析提供了变量。

表8.4 主观幸福感与行为变量的相关分析

主观幸福感	最长马拉松比赛	年均马拉松比赛次数	跑步年限	周跑步频率	每次跑步距离	周跑量
生活满意度	0.173**	0.075	0.083	0.138*	−0.009	0.087
积极情感	0.116	−0.012	0.028	0.078	−0.150*	0.001
消极情感	−0.103	0.003	−0.081	−0.047	−0.014	0.032

8.3.2.1　生活满意度与行为变量的回归分析

以生活满意度为因变量、最长马拉松比赛为自变量做逐步回归分析。由表 8.5 可知，模型的方差分析 F 值为 7.800，显著水平为 0.006（$P<0.01$），可推出所建立的回归方程有效。同时，回归参数的 T 检验 P 值小于 0.05 的显著水平，说明回归方程的回归参数显著不为零，建立线性模型是合理的，即最长马拉松比赛对生活满意度的预测指标具有统计学意义，最长马拉松比赛对生活满意度的预测是正向的。

表 8.5　生活满意度与行为变量的回归分析

模型	非标准化系数		标准系数	T	P	R^2	F
	β	SD	β				
（常量）	4.585	0.312		14.672	0.000		
最长马拉松比赛	0.301	0.108	0.173	2.793	0.006	0.030	7.800**

注：因变量为生活满意度。

8.3.2.2　积极情感与行为变量的回归分析

以积极情感为因变量、每次跑步距离为自变量做逐步回归分析。由表 8.6 可知，模型的方差分析 F 值为 5.813，显著水平为 0.017（$P < 0.05$），可推出所建立的回归方程有效。同时，回归参数的 T 检验 P 值小于 0.05 的显著水平，说明回归方程的回归参数显著不为零，建立线性模型是合理的，即每次跑步距离对积极情感的预测指标具有统计学意义，每次跑步距离对积极情感的预测是负向的。

表 8.6　积极情感与行为变量的回归分析

模型	非标准化系数		标准系数	T	P	R^2	F
	β	SD	β				
（常量）	4.469	0.180		24.884	0.000		
每次跑步距离	−0.136	0.057	−0.150	−2.411	0.017	0.022	5.813*

注：因变量为积极情感。

8.4 分析与讨论

Diener 等（1999）认为，人们的主观幸福感通常由生活满意度、积极情感和消极情感组成。已有研究发现，休闲体育活动参与和人们的主观幸福感具有一定的关联（Heo et al.，2018；Yang，Kim & Heo，2019）。研究结果表明，马拉松跑者总体上具有较高水平的主观幸福感，具体表现为较高的生活满意度和较高的积极情感，以及较低的消极情感，这一结果既肯定了 Diener（1984）对主观幸福感的界定，同时也与先前的研究发现较为一致（Garcia et al.，2017；Tiam el al.，2020）。此外，本研究中，主观幸福感总体上的信度良好，其组成部分（即生活满意度、积极情感和消极情感）亦具有良好的信度，这再次肯定了先前的相关研究结论（Garcia et al.，2017；Joshanloo，2018；Silvera，Lavack & Kropp，2008）。

研究结果表明，在年龄、受教育程度、婚姻状况、年收入和是否加入跑团 5 个人口统计学变量上，女性马拉松跑者的主观幸福感存在显著的差异，这一结果部分证实了先前研究的发现（Diener et al.，1999；Diener，Oishi & Tay，2018），即年龄、收入、婚姻、受教育程度、职业等人口统计学变量与主观幸福感之间存在关联。45 岁至退休前阶段的女性在事业上、家庭上或经济地位上均获得了较大的收获或满足，她们感知到的生活满意度相对较高、积极情感相对较多。相比之下，20～29 岁年龄段的女性群体正处于事业奋斗阶段或情感、家庭的建立期，难免会遇到一些挫折或困难，故而体验到的消极情感稍微多一些。受教育程度较低的女性参与者（高中）会获得更高的生活满意度，而且体验到的消极情感也较少，可能是因为她们在余暇的休闲生活中反而能找到自我满足的途径，实现自己的价值，获得幸福人生。婚姻状况会引起女性主观幸福感的差异，已婚的女性更能获得较高水平的生活满意度和积极情感。对已婚的女性而言，其参加休闲活动如果能得到丈夫的支持和认同，就更享受组建家庭所带来的幸福和参与休闲带来的满足。收入对女性主观幸福感的影响并不明显，总体上看，中等收入的女性所体验到的消极情感会更少。人们会根据自己的收入水平调整自己的需求，选择适合自己的生活方式，因而低收入水平人群同样可以获得较高水平的主观幸福感。加入跑团的女性能获得更高的生活满意度和更多的积极情感，这可能是由于加入休闲团体后，她们经常参加该团体的活动，她们的潜力和才能得到展现，业余生活也变得更充实。这一研究发现有助于理解休闲体育参与中个体主观幸福感的影响机制，可以为政府相关部门及体育运动组织者提供理论支持和经验参考。

近年的研究表明，休闲体育参与能够驱动人们体验较高水平的生活满意度、较高水平的愉悦和激情以及较低水平的沮丧（Cheng et al.，2016；Heo et al.，2018；Yang et al.，2019）。当个体不再满足于随兴参与体育活动，达到了深度休闲的状态后，他们能够感知并收获到诸多持久的收益（Stebbins，2014）。随着我国有关体育政策的松绑，马拉松赛事作为一项时尚的运动，呈现出"井喷式"的发展态势，它以开放、包容等独特的魅力，深深吸引了国内部分女性。随着女性跑者坚持不懈的努力，她们不仅积累了跑步相关的知识与技术，同时也通过系统的训练增强了自己的体能。研究结果表明，女性参加过马拉松比赛的距离越长，她们的生活满意度就越高。女性跑者通过不断的付出与努力，与男性一样能够完成半程马拉松和全程马拉松，这不仅是对她们长期坚持练习效果的肯定，同时也使她们在家庭生活、工作等之外寻找到了更多的快乐和成就。因此，能够完成较长距离的马拉松赛事有助于提升女性的生活满意度。此外，研究结果表明，女性跑者每次跑步的距离对其积极情感的影响是负向的。也就是说，女性跑者平均每次跑步的距离越长，她们经历的积极情感就会越少。通常情况下，性别的差异会造成女性跑者的每公里配速相对低于男性跑者，当完成同样的跑步距离时，女性所需要的投入的时间和付出的努力要显著高于男性。已有研究发现，女性在长跑过程中通常需要应对更多的困难和挑战（Ridinger et al.，2012），同时，她们在闲暇时间里还要做家务、照顾孩子等，这在一定程度上会缩减她们用于跑步的时间（Goodselll & Harris，2011）。因此，当女性跑者面对这些困难或挑战时，她们通常会根据自身实际情况，适当地减少每次跑步的距离，进而获得更多积极的休闲体验。

8.5 小 结

女性马拉松跑者总体上表现出较高的主观幸福感水平，即较高的生活满意度、较多的积极情感，以及较少的消极情感。在年龄、受教育程度、婚姻状况、年收入和是否加入跑团等人口统计学变量上存在显著的差异。不同年龄的女性跑者在生活满意度、积极情感和消极情感上存在显著差异；不同受教育程度的女性跑者在生活满意度和消极情感上存在显著差异；不同婚姻状况的女性跑者在 3 个维度上均存在显著差异；不同年收入的女性跑者在消极情感上存在显著差异；加入跑团与不加入跑团的女性跑者在生活满意度和积极情感上存在显著差异。在不同的行为变量上，女性跑者的主观幸福感存在显著差异，最长马拉松比赛不同的女性跑者在生活满意度和积极情感上存在显著差异；周跑步频率不同的女性跑者在生活满意度上存在显著差异。女性跑者的参与行为与其主观幸福感存在一定的相关性，并表现为最长马拉松比赛对生活满意度具有正向影响，每次跑步距离对积极情感具有负向影响。

9 女性休闲体育专门化表现特征的研究

9.1 文献综述

9.1.1 相关概念及理论

现如今，随着社会的快速发展和生产方式的不断进步，人们的生活水平得到了极大的提升，闲暇时间的增多为人们进行休闲提供更多可能。随着生命历程的不断推进，人们渐渐意识到休闲活动参与所带来的价值，不再满足于随兴参与带来的快乐和愉悦，而是追求深度参与所带来的满足感与成就感。当休闲参与达到一定阶段时，个体会表现出一种"专门化"现象。

在不同的语境中，对"专门化"（specialization）的理解也有所差异。《牛津词典》（线上版，https：//www.oxfordlearnersdictionaries.com）将"专门化"解释为"在工作、学习或商业等特殊领域成为一个专家的过程；相比其他人，在工作等领域投入更多的时间"。《朗文当代英文词典》（www.ldoceonline.com）将"专门化"解释为：你熟知的一项活动或主题；对某一特定主题凝聚你的兴趣或活动的实践。《韦氏英语词典》（线上版，https：//www.merriam-webster.com/）对"专门化"的解释与《牛津词典》较为相近——"做得或变得专业"。《汉语辞海（修订版）》（线上版，www.cihai123.com）将"专门"一词解释为"专精某一门技艺或学术"，将"专业"一词解释为"主要研究某种学业或从事某种事业"。

Bryan（1977）将休闲专门化（recreation specialization）定义为"从一般到特殊的行为连续体，体现为对休闲活动中使用的装备、技能以及对活动地点或环境的偏爱"。Bryan（2000）进一步对休闲专门化的概念进行补充，认为休闲专门化可以通过行为（如涉入的时间和程度）以及态度和价值（如个体认同的中心性）来解释。尽管一些学者尝试从休闲社群（Ditton et al.，1992）、认同（Jun et al.，2015）等视角对休闲专门化进行重新界定，但这些研究的观点未能得到国内外学者的广泛认可。

专门化理论最早可追溯到 20 世纪 80 年代有关个性理论（Personality Theory）的研究中。Little（1972）基于个性理论整合功能所依附的一系列假设，从发展的视角提出了专门化理论，并将其应用于环境心理学领域。如图 9.1 所示，Little 认为，专门化的本质是个体在环境行动中的认知、情感和行为 3 个部分之间的联系。具体来讲，行为系统是指个体面对自己的专长时所表现出来的参与频率或强度；认知系统是指构建所属领域的内容或结构；情感系统是指个体在专属领域中所感知的兴趣和愉悦。Little 认为，专门化环路的 3 个组成部分是相互双向强化的，即当任何一个部分得到增强时，也会使相邻部分获得较高水平的提升。因此，所属领域情感部分的增加将可能促进行为的频率提高（顺时针方向），同时也可能提升该领域的认知功能的水平（逆时针方向）。

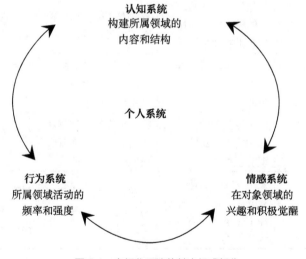

图 9.1 专门化环路的基本组成部分

有别于传统的态度调查方法，Bryan（1977）提出休闲专门化概念，目的是为自然资源管理和研究人员提供一个概念框架，并用其理解和考察同一种户外活动参与者多样化的行为特征。他认为，休闲专门化不仅仅是一个测量涉入强度的变量，从根本上看，它存在一个发展连续体（连续变化过程），即随着人们参与休闲活动的时间增加，他们会向更高的层次进阶。根据 Bryan 的观点，处在休闲专门化连续体较高一端的个体，对活动的承诺水平较高，也会使用较为娴熟的技术和装备；而处于连续体较低的一端是那些不经常参加活动的新手和个体，他们认为活动并不重要，对活动相关的装备认知不足、技术水平相对较低。如表 9.1 所示，Bryan（1977）根据钓鱼取向、装备倾向、资源取向、管理哲学、社交环境和休闲取向 6 个方面的特征，描述了垂钓活动中专门化连续体的发展进程。即由"偶尔垂钓者"（occasional fisherman；垂钓新手，对参与活动的装备、环境等要求很低，尚未形成有规律的参与）过渡到"技术环境专家"（technique-setting specialists；已经深深地融入休闲活动中，并且专注于在特定环境下的垂钓方式，如溪流水域中的飞绳钓）。

表 9.1　垂钓者专门化程度及其特征

垂钓者类型/特征	钓鱼取向、装备倾向	资源取向、管理哲学	社交环境、休闲取向
偶尔垂钓者	只是为了钓获鱼；对鱼的种类和所使用的装备没有要求	只要有鱼的水域；使人们很容易到达	和家人一起钓鱼；很少出去度假
一般大众	使用纺线轮或纺线轮投掷装置钓获少量的鱼	湖泊、较大的有乱石的溪流；确保溪流水域中鱼类的繁衍	和同伴一起钓鱼；在一定区域内进行短期的钓鱼度假
技术专家	使用专业的装备（飞绳钓具）钓获较大体型的鱼种	相对于湖泊，更喜欢去溪流垂钓；渔获政策应限制钓鱼的尺寸	和同伴一起钓鱼；扩大钓鱼度假的区域
技术环境专家	使用专业的装备（飞绳钓具）在特定的条件下（泉水、溪流）钓获鱼类	石灰岩泉水、溪流；栖息地管理，保护自然环境	和同样的专家一起钓鱼；或许会集中住在钓鱼水域附近

此后，学者们在 Bryan（1977）的基础上对休闲专门化进行深入的探讨。一方面，他们将休闲专门化概念应用到更广泛的休闲活动中，并用其考察人们的休闲专门化程度，以及不同休闲专门化程度的参与者在某些变量上的差

异。如垂钓（Galloway，2012）、狩猎（Lessard et al.，2018）、远足（Song et al.，2018）、登山（Dyck et al.，2003）、潜水（Anderson & Loomis，2012）、骑行（Shafer & Scott，2013）、徒步（胡俊杰、林镇监、吴明忠，2012）、乒乓球（Tsai，2018）等。另一方面，也有学者致力于考察休闲专门化与其他变量之间的关联。例如，Burr 和 Scott（2004）探讨了休闲专门化的表现特征与观赏者的动机和满意度的关系，发现观鸟者的承诺和动机、满意度呈高度正相关，而技巧水平与总体满意度呈高度负相关。

9.1.2 休闲专门化表现特征的评价

休闲专门化表现特征的评价也经历了由单一维度特征指标向多维度特征指标转变的过程。

9.1.2.1 单一维度特征指标

起初，一些研究使用单一维度评价人们的休闲专门化表现特征，包括参与频率、投入时间、造访地点的数量以及对待环境的态度等。例如，Ditton 和 Loomis（1992）认为，垂钓者的休闲专门化表现特征为过去一年进行垂钓的天数，并据此将垂钓者的专门化程度由低到高分为 4 类。Shafer 和 Hammitt（1995）根据远足和徒步活动参与者对待自然保护区的态度，将美国南部科休塔自然保护区 361 名活动参与者区分为 3 种专门化类别，即强烈纯粹主义者（16%）、半纯粹主义者（69%）和非纯粹主义者（15%）。

9.1.2.2 多维度特征指标

绝大多数研究认为，人们在休闲专门化上会表现出多个维度的特征。这些研究多以 McIntyre 和 Pigram（1992）归纳的休闲专门化模型为基础，选取其中的一些特征指标对休闲专门化进行评价，即将休闲活动参与者以不同的种类或程度划分。在采用多维特征指标的休闲专门化的研究中，一些学者将休闲专门化的表现特征归纳为认知、行为和情感 3 个维度，但在 3 个维度下并没有设置二级指标（见图 9.2）。如 Waight 和 Bath（2014）以认知、情感和行为 3 个特征为依据，采用均值聚类法，将沙滩车运动参与者分为随兴参与者（casual participants）、积极参与者（active participants）和专注参与者（dedicated participants）。另有一些学者认为，个体的休闲专门化主要表现出行为、知识与技术、承诺3个特征，并以此为依据展开相关研究（见图9.3）。例如，Scott 和 Shafer（2001a）在布莱恩（Hobson Bryan）等学者的研究基础上证实，随着人们涉入时间和程度的变化，休闲专门化的特征主要体现为他们对行为的关注、获取知识和发展技能以及对活动的承诺使之成为中心生活方式。

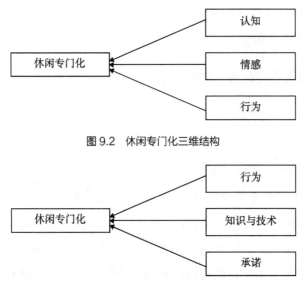

图 9.2 休闲专门化三维结构

图 9.3 Scott 等学者采用的三维休闲专门化结构

9.1.3 关于休闲专门化的研究综述

梳理国外休闲专门化文献，可以看出研究主要围绕两个主题展开。一方面，把休闲专门化作为一个研究变量，考察休闲专门化与其他变量之间的关系，主要包括动机、限制、认同和休闲体验等。例如，Tsai（2018）通过构建结构方程模型，考察深度休闲、参与动机和休闲专门化之间的关系。该研究随机调查了280名乒乓球爱好者，结果表明：乒乓球参与者的动机水平越高，他们的深度休闲特征就越显著，休闲专门化程度就越高。Park 等（2017）考察了水上旅游参与者休闲限制、休闲限制变通和休闲专门化的关系，结果表明：休闲限制与休闲限制变通存在显著的负向关系，自身限制、结构限制与休闲专门化存在显著的负向关系，而自身限制与休闲专门化并不存在显著相关性；另外，休闲限制变通与休闲专门化存在显著的正向关系。Jun 等（2015）从认同理论视角出发，提出认同会影响休闲专门化的行为层面、认知层面，认同的表达、肯定维度对活动的吸引、活动中的角色、参与者获得的技巧以及行为涉入都有积极的影响。基于这些考虑，Jun 等建议从认同理论的视角重新考虑休闲专门化的结构，未来研究应更注重认同对休闲专门化结构的影响。Wu 等（2013）使用休闲专门化探讨在线游戏者的发展历程、流畅体验以及成瘾倾向的关系，结果表明：休闲专门化程度较高的玩家更倾向于经历流畅体验和游戏成瘾，同时，休闲专门化强化了流畅体验对成瘾倾向的作用。

另一方面，国外学者将休闲活动参与者区分成不同的休闲专门化类别，并进一步探索不同类别群体在其他变量上的差异，如管理态度和环境选择。例如，Garlock 和 Lorenzen（2017）使用休闲专门化和消费取向概念探索垂钓者在管理态度上的多样性及鱼类资源储备上的态度，根据休闲专门化的 5 个特征将垂钓者区分为低、中、高 3 类，研究发现：近岸垂钓者一般赞成强化鱼类资源管理，但对许多管理政策（如栖息地恢复和最小尺寸限制）不太支持，而休闲专门化程度较高的垂钓者完全赞成强化鱼类资源管理，并完全支持大多数的管理政策。Song 等（2018）采用潜在框架分析法，以休闲专门化和地点依恋的维度为分类依据，将 428 名济州岛徒步者分成新手组、情感导向组、专家组 3 个组别，研究表明：3 个组别在既往经验和人口统计学变量上存在差异，新手组对他们的徒步经历和环境方面并不满意，同时，他们再次重游的意愿也相对较低。

我国有关休闲专门化的研究较少，研究开展的时间也比较晚，近几年才引起有关学者的关注，主要以摄影、登山和露营等休闲活动参与者为对象开展了相关研究，研究内容主要涉及休闲专门化和深度休闲、休闲限制和地方依恋等变量之间的关系。例如，汤澍、汤渼和陈玲玲（2014）考察了登山活动参与者深度休闲、休闲专门化和地方依恋三者之间的相互关系，研究发现：深度休闲对休闲专门化和地方依恋具有显著的正向影响；休闲专门化对地方依恋具有负向影响，并在深度休闲与地方认同之间起到中介变量作用。刘松和楼嘉军（2016）探讨了露营爱好者休闲限制与休闲专门化的关系，研究发现：行为、知识技能和承诺能够较好地反映参与者休闲专门化的程度，休闲限制对休闲专门化具有负向影响；另外，相对于外在因素的影响，个体内在心理因素以及与他人的互动行为对休闲专门化更为重要。刘松和楼嘉军（2017）构建了深度休闲和休闲专门化的结构方程模型，研究发现：深度休闲特质越明显，摄影爱好者的休闲专门化程度越高，坚持不懈、生涯性、个人努力、强烈认同对休闲专门化维度有不同程度的影响。

综上所述，在休闲专门化的研究中，国外学者在更广泛的休闲活动中探索休闲专门化的表现特征，不仅考察休闲专门化与其他变量的关系，而且关注不同休闲专门化程度人群在环境选择和管理规范上的具体表现。而在国内，尽管民众的休闲体育活动参与呈现出一片繁荣的景象，如马拉松、骑行、登山和徒步等，但学者对休闲专门化现象并未给予足够的重视，已有研究涉及领域有限，研究成果也较少。总体上，已有研究成果增进了人们对休闲参与的认知，同时也丰富了休闲领域的有关理论，为科学指导大众休闲参与提供了宝贵意见。因此，有必要进一步拓展休闲专门化在国内休闲体育领域的研究，并丰富休闲专门化的理论体系，为科学指导大众休闲参与提供理论依据和经验支持。

9.2 研究方法

本研究以女性马拉松、骑行和皮划艇参与者为调查对象，通过问卷调查（见附录 D）了解女性休闲体育专门化的表现特征，问卷的内容共包括两个部分。第一部分是样本的基本情况，包括年龄、受教育程度、婚姻状况、年收入以及是否加入休闲体育团体 5 个题项。第二部分、第三部分和第四部分是休闲体育专门化表现特征的调查，采用田海波等制定的休闲体育专门化表现特征量表，共 24 题，包括装备认知 4 题、活动吸引 4 题、运动承诺 4 题、知识与技能 3 题、中心生活方式 3 题、赛事经历 3 题、参与行为 3 题（Tian et al., 2020）。问卷采用李克特的五点量表法进行计分，除参与行为（如"1"表示"≤ 1 次"，"5"表示"≥ 5 次"）、赛事经历（如"1"表示"本地"，"5"表示"国外"）和知识与技能（如"1"表示"新手"，"5"表示"高手"）标尺不同外，其他题项中"1"表示非常不同意，"5"表示非常同意，得分越高表示调查对象对这个题项的认同程度越高。该问卷总体的以及 7 个维度的信度系数在 0.749 ~ 0.927，具有较好的内部一致性（见表 9.3）。

本研究于 2019 年 7 月至 2020 年 3 月，以杭州、沈阳等地的马拉松、骑行和皮划艇女性参与者为例，通过问卷星平台和纸质问卷相结合的方法进行问卷发放，共回收 347 份问卷。经进一步筛选，剔除部分有漏选、信息不全或真实性遭到质疑等情况的问卷，最终保留有效问卷 310 份，其中马拉松女性参与者 93 人，骑行女性参与者 123 人，皮划艇女性参与者 94 人，有效率为 89.3%。运用统计软件 SPSS 22.0 对问卷进行数据管理和分析。

9.3　研究结果与分析

9.3.1　样本基本情况

表 9.2 呈现的是女性休闲体育参与者的人口统计学信息，研究共计包括 310 个有效样本。总体上，大多数的女性年龄段在 20～29 岁和 30～44 岁，分别占总体的 35.2%（109 人）和 26.1%（81 人），而退休以后年龄段的样本所占比例相对较少，占总人数的 18.1%（56 人）。大部分的女性具有大专及本科学历，其次是高中及以下学历，而研究生及以上学历的样本较少，三者分别占总体的 64.8%（201 人）、25.8%（80 人）和 9.4%（29 人）。半数以上的女性为已婚，占总体的 60.3%（187 人），而离异或独居者较少，占总体的 8.4%（26 人）。大部分样本的年收入为 2 万～5 万元、5 万～12 万元，分别占总体的 39.4%（122 人）和 32.3%（100 人），而年收入为 2 万元及以下和 12 万元以上的样本比例相对较少，分别占总样本的 20.6%（64 人）和 7.7%（24 人）。在是否加入休闲体育团体上，已加入的女性稍高于未加入的人数，分别占总体的 51.3%（159 人）和 48.7%（151 人）。

表9.2　女性休闲体育参与者的人口描述性统计（*n*=310）

人口统计学变量		频数	占比/%
年龄	20～29岁	109	35.2
	30～44岁	81	26.1
	45岁至退休前	64	20.6
	退休以后	56	18.1
受教育程度	高中及以下	80	25.8
	大专及本科	201	64.8
	研究生	29	9.4
婚姻状况	未婚	97	31.3
	已婚	187	60.3
	离异或独居	26	8.4
年收入/元	≤2万	64	20.6
	2万～5万	122	39.4
	5万～12万	100	32.3
	>12万	24	7.7
是否加入休闲体育团体	已加入	159	51.3
	未加入	151	48.7

9.3.2　女性休闲体育专门化的表现特征

由表9.3可知，女性参与者的休闲体育专门化表现特征均值水平在1.938～3.838。具体来讲，活动吸引、运动承诺、中心生活方式和装备认知的均值水平相对较高，知识与技能、参与行为和赛事经历相对较低。

表9.3 女性休闲体育专门化表现特征统计一览（n=310）

休闲体育专门化表现特征	平均值（M）	标准差（SD）
参与行为（α=0.763）	2.420	1.043
我已坚持_____的时间	2.510	1.384
我平均每次_____的用时	2.532	1.326
我平均每周参加_____的次数	2.219	1.069
赛事经历（α=0.749）	1.938	0.887
过去一年我参加_____赛事的数量	1.929	1.188
过去一年我参加_____赛事的级别	2.287	1.162
过去一年我参加_____赛事的地点	1.597	0.886
知识与技能（α=0.877）	2.625	1.055
相比其他人，我在_____方面的知识与技能更胜一筹。	3.110	1.194
我在_____方面的知识与技能水平更贴近（专家）。	2.335	1.167
我在_____上的能力更贴近（高手）。	2.429	1.171
活动吸引（α=0.858）	3.838	0.777
相比之下，_____是我最喜欢的休闲活动。	3.726	1.001
我在身体或精神上的变化很大程度上受益于_____。	3.787	0.931
_____对我来说很重要。	3.765	0.920
_____使我获得很多益处（如生理、心理、社交）。	4.074	0.854
装备认知（α=0.927）	3.463	0.986
我已积累了许多专业的_____装备。	3.461	1.075
相比其他人，我拥有更多的_____装备。	3.406	1.116
我已在_____装备上投入很多。	3.448	1.104
我经常关注最新的_____装备。	3.535	1.057

续　表

休闲体育专门化表现特征	平均值（M）	标准差（SD）
运动承诺（α=0.874）	3.599	0.860
如果放弃_____我会失去很多朋友。	3.455	1.107
我会在_____上持续投入（如时间、金钱）。	3.535	0.974
对我来说，中断或放弃_____是一件困难的事。	3.661	1.004
无论怎样，我都会一直坚持_____。	3.745	0.943
中心生活方式（α=0.873）	3.490	0.947
_____已成为我主要的休闲活动。	3.594	1.041
我的业余生活大多是围绕_____展开的。	3.403	1.124
阅览有关_____的资讯，已成为我的一种习惯。	3.474	1.013
问卷总体（α=0.948）	3.126	0.731

　　女性参与者参与行为的平均值为 2.420，标准差为 1.043。在参与行为特征上，女性参与者主要反映在坚持参与年限、每周运动频率和每次运动用时 3 个方面。在题项"我已坚持_____的时间"上，大多数女性参与者选择 6 个月及以下（34.2%）以及 1～2 年（24.5%）；在题项"我平均每次_____的用时"上，选择 0.5～1.0h（30.6%）和 0.5h 及以下（25.8%）的女性参与者为多数；在题项"我平均每周参加_____的次数"上，大部分女性参与者选择 1 次及以下（27.7%）以及 2 次（38.4%）。对于那些刚刚入门的女性来讲，她们正处于休闲生涯的"狂热期"，尽管她们坚持休闲体育参与的年限较短，但表现出相对较高的参与频率和每次运动用时。相比之下，那些坚持多年的女性已经学会合理安排自己的日常训练计划，通常表现出较为规律的参与频率和每次运动用时。

　　女性参与者赛事经历的平均值为 1.938，标准差 0.887。在赛事经历特征上，女性参与者主要反映在参加赛事的数量、参赛地点和赛事级别 3 个方面。在题项"过去一年我参加_____赛事的次数"上，大多数女性参与者选择 1 次及以下（48.7%）以及 2 次（28.1%）；在题项"过去一年我参加_____赛事的地点"上，选择本地（62.6%）和省内其他城市（19.4%）的女性参与者居多；在题项

"过去一年我参加_____赛事的级别"上，大部分女性参与者选择较低级别赛事（32.9%）和中等级别赛事（29.7%）。随着参与的深入，女性也倾向于参加相关的体育赛事，并借此机会检验她们的锻炼效果以及挑战自己的潜能。通常情况下，女性通常要面对更多的休闲限制（如生理期、做家务、照顾孩子），这使她们投入休闲体育活动的时间和精力比较有限，每年参加的赛事数量也不多，主要参加居住地附近城市举办的、级别较低的赛事。此外，也有部分女性为此付出了显著的个人努力，不断提高自己的运动表现，她们更倾向选择参加国内外较高级别的体育赛事，进而检验自己的训练成果，挑战她们的个人最好成绩。

女性参与者的知识与技能平均值为 2.625，标准差为 1.055。女性参与者掌握的知识与技能主要包括动作姿态、体能分配、能量补给和伤病预防等方面。在题项"相比其他人，我在_____方面的知识与技能更胜一筹"上，半数以上女性参与者选择一般（35.2%）和同意（21.9%）；在题项"我在_____方面的知识与技能水平更贴近"上，选择新手（31.3%）、新手和中等水平之间（24.2%）以及中等水平（29.4%）的女性参与者为多数；在题项"我在_____上的能力更贴近"上，大部分女性参与者选择新手（27.7%）、新手和中等水平之间（24.2%）以及中等水平（31.3%）。为了获得更好的休闲体育体验，女性在学习和积累相关知识与技能上付出了明显的努力。一些女性会利用相关书籍或网络上的资源，通过自学的方式不断积累休闲体育活动的知识与技能；另有一些女性选择加入业余的休闲体育团体，通过与团体中的"高手"交流与学习，进而提升自身的知识与技能水平。

女性参与者在活动吸引上的平均值为 3.838，标准差为 0.777。在题项"相比之下，_____是我最喜欢的休闲活动"上，大部分女性参与者选择一般（29.7%）、同意（34.8%）以及非常同意（25.2%）；在题项"我在身体或精神上的变化很大程度上受益于_____"上，大多数女性参与者选择一般（29.0%）和同意（40.6%）；在题项"_____对我来说很重要"上，选择一般（31.6%）、同意（38.4%）和非常同意（23.2%）的女性参与者为多数；在题项"_____使我获得很多益处（如生理、心理、社交）"上，大多数女性参与者选择同意（39.7%）以及非常同意（35.8%）。在休闲体育活动参与过程中，女性的休闲需求不断得到满足，她们已经意识到体育活动给她们带来的积极转变，这已成为她们持续参与的动力。众所周知，长期坚持体育锻炼不仅能够改善女性身体的各项健康指标，缓解其工作和生活中所面对的压力，而且能够扩大女性的社交网络。当女性感知到休闲体育所带来的收益越多，她们持续参与的意愿和动机就越强烈。

女性参与者的装备认知平均值为3.463，标准差为0.986。在题项"我已积累了许多专业的_____装备"上，大多数女性参与者选择一般（38.1%）、同意（26.5%）以及非常同意（20.0%）；在题项"相比其他人，我拥有更多的_____装备"上，选择一般（33.9%）和同意（29.7%）的女性参与者居多；在题项"我已在_____装备上投入很多"上，大部分女性参与者选择一般（33.9%）和同意（29.7%）；在题项"我经常关注最新的_____装备"上，半数以上女性参与者选择一般（31.6%）和同意（35.5%）。随着女性休闲体育参与的深入，她们会购买相关的运动装备辅助自己提高运动表现和增进休闲体验，如服装、护具等。她们通常会利用网络资源搜集并积累有关运动装备的性能和用途等知识，结合亲身经历选用适合自己的运动装备，同时，她们也会参照朋友的建议和资深人士总结的经验，提升自己对相关运动装备的认知水平。

女性参与者在运动承诺上的平均值为3.599，标准差为0.860。在题项"如果放弃_____我会失去很多朋友"上，大部分女性参与者选择一般（29.7%）和同意（34.5%）；在题项"我会在_____上持续投入（如时间、金钱）"上，大多数女性参与者选择一般（36.8%）以及同意（36.1%）；在题项"对我来说，中断或放弃_____是一件困难的事"上，选择一般（30.3%）和同意（37.7%）的女性参与者居多；在题项"无论怎样，我都会一直坚持_____"上，大多数女性参与者选择一般（28.4%）、同意（41.3%）和非常同意（21.9%）。当休闲体育参与所带来的收益大于所付出的成本（如投入的时间、精力和金钱）时，个体会呈现出较高水平的运动承诺。大多女性参与者认为，中断或放弃休闲体育活动是很可惜的，在休闲体育参与中，她们不但感觉到身体机能的显著改善，而且也获得他人的认可与赞同。因此，即便在休闲体育参与过程中常常面对一些困难与阻碍，她们早已学会使用相应的变通策略应对类似的问题，进而展现出较高的运动承诺水平。

女性参与者中心生活方式的平均值为3.490，标准差为0.947。在题项"_____已成为我主要的休闲活动"上，选择一般（35.2%）、同意（28.7%）和非常同意（23.2%）的女性参与者居多；在题项"我的业余生活大多是围绕＿＿＿展开的"上，半数以上女性参与者选择一般（33.2%）和同意（26.1%）；在题项"阅览有关＿＿＿＿的资讯，已成为我的一种习惯"上，选择一般（29.7%）以及同意（34.5%）的女性参与者居多。这表明女性愿意在闲暇时间里将休闲体育活动作为中心生活方式，主要表现在阅览相关的资讯以及生活习惯的养成。一些女性反映，空闲时间里进行锻炼就像吃饭和睡眠一样，已成为她们生活中不可或缺的一部分，并给她们带来持久的愉悦和满足。同时，她们利用空闲时间阅读有关的书籍、浏览微信公众号以及 App，获得休闲体育活动的赛事信息、教学视频等。

9.3.3 不同人口统计学变量的女性休闲体育专门化表现特征研究

9.3.3.1 不同年龄阶段的女性休闲体育专门化表现特征研究

表 9.4 是描述不同年龄女性参与者休闲体育专门化表现特征的差异性分析，结果显示：不同年龄的女性参与者在赛事经历（$F=1.750$，$P > 0.05$）、知识与技能（$F=1.204$，$P > 0.05$）、装备认知（$F=0.575$，$P > 0.05$）和中心生活方式（$F=1.841$，$P > 0.05$）等 4 个特征上均无显著差异，在参与行为（$F=7.979$，$P < 0.001$）、活动吸引（$F=3.056$，$P < 0.05$）和运动承诺（$F=3.688$，$P < 0.05$）上存在显著差异。

为进一步考察组间差异，进行事后多重比较。通过方差齐性检验判断为什么呈现显著的结果——是由样本总体的方差不同造成的，还是由不同年龄段的样本引起的，从而选择相对应的计算方法进行分析。如表 9.5 所示，参与行为的总体方差非齐性（$P=0.018 < 0.05$），故采用 Dunnett's T3 检验方法进行事后多重比较。结果显示，45 岁至退休（$M=2.599$，$SD=0.899$）和退休以后（$M=2.875$，$SD=1.157$）2 个年龄段的样本在参与行为上的均值水平显著高于 20 ~ 29 岁（$M=2.107$，$SD=0.981$）的样本。活动吸引的总体方差非齐性（$P=0.022 < 0.05$），故采用 Dunnett's T3 检验方法进行事后多重比较。结果显示：30 ~ 44 岁（$M=3.941$，$SD=0.670$）和退休以后（$M=4.000$，$SD=0.745$）两个年龄段的样本在活动吸引上的均值水平显著高于 20 ~ 29 岁（$M=3.670$，$SD=0.859$）的样本。运动承诺的总体方差齐性（$P=0.149 > 0.05$），故采用 LSD 检验方法进行事后多重比较。结果显示：30 ～ 44 岁（$M=3.713$，$SD=0.847$）和退休以后（$M=3.817$，$SD=0.750$）2 个年龄段的样本在运动承诺上的均值水平显著高于 20 ～ 29 岁（$M=3.401$，$SD=0.937$）的样本。

表9.4　不同年龄女性参与者休闲体育专门化表现特征的方差分析

休闲体育专门化	20 ～ 29岁 $M\pm SD$	30 ～ 44岁 $M\pm SD$	45岁至退休前 $M\pm SD$	退休以后 $M\pm SD$	F
参与行为	2.107 ± 0.981^b	2.387 ± 1.021	2.599 ± 0.899^a	$2.875\pm1.157a$	7.979***
赛事经历	1.969 ± 0.877	2.086 ± 0.979	1.771 ± 0.821	1.851 ± 0.821	1.750
知识与技能	2.612 ± 1.124	2.798 ± 1.090	2.479 ± 0.935	2.565 ± 0.987	1.204
活动吸引	3.670 ± 0.859^b	3.941 ± 0.670^a	3.852 ± 0.749	4.000 ± 0.745^a	3.056*
装备认知	3.397 ± 1.030	3.549 ± 1.060	3.398 ± 0.893	3.540 ± 0.893	0.575
运动承诺	3.401 ± 0.937^b	3.713 ± 0.847^a	3.602 ± 0.770	3.817 ± 0.750^a	3.688*
中心生活方式	3.370 ± 1.007	3.609 ± 0.914	3.396 ± 0.927	3.661 ± 0.873	1.841

表9.5　不同年龄女性参与者休闲体育专门化表现特征的方差同质性检验

休闲体育专门化	Levene 统计	df_1	df_2	P
参与行为	3.427	3	306	0.018
赛事经历	1.399	3	306	0.243
知识与技能	2.282	3	306	0.079
活动吸引	3.248	3	306	0.022
装备认知	1.569	3	306	0.197
运动承诺	1.788	3	306	0.149
中心生活方式	0.890	3	306	0.447

研究结果表明，年龄越大的女性（即 45 岁至退休前、退休以后）在参与行为上的表现要显著高于年龄较小的女性（20 ～ 29 岁）。通常情况下，45 岁至退休阶段的女性正处于成年中后期，她们早已明确自己的优先需求，能够有效地利用闲暇时间，积极地参与社会活动，并在这个过程中追求生命、精神和情感方面的和谐。相比之下，20 ～ 29 岁年龄段的女性正处于成年早期，她们主要关注和发展与他人之间的亲密关系，所以在参与行为上的表现稍低一些。

此外，在活动吸引和运动承诺上，30 ～ 44 岁和退休以后女性的表现显著高于 20 ~ 29 岁的女性。通常情况下，20 ~ 29 岁的女性尚处于成年早期，这个阶段的个体将对家庭的关心和职业的关注放在重要的位置，她们更重视自己与他人之间建立真正的亲密关系。相反，30 ~ 44 岁以及退休以后年龄段的女性大多处于成年中后期，她们已经意识到健康的重要性，尽管她们也很重视家庭和事业，然而，她们会利用和谐的社交关系，进而更多地参与社会活动，并将自己的价值观传递给他人，追求生命、情感和精神方面的和谐。已有研究表明，长期坚持参与休闲活动的中老年人收获了诸多方面的益处，如保持健康、增进友谊等（Heo et al., 2018；Siegenthaler & O'Dell, 2003）。因此，相比 20 ~ 29 岁的女性，30 ~ 44 岁以及退休以后年龄段的女性更加热衷于参与休闲体育活动，同时，她们的运动承诺水平也较高。

9.3.3.2 不同婚姻状况的女性休闲体育专门化表现特征研究

表 9.6 是描述不同婚姻状况女性参与者休闲体育专门化表现特征的差异性分析，结果显示：不同婚姻状况女性参与者在赛事经历（$F=0.705$，$P > 0.05$）和知识与技能（$F=2.009$，$P > 0.05$）2 个特征上均无显著差异，在参与行为（$F=6.459$，$P < 0.01$）、活动吸引（$F=5.719$，$P < 0.01$）、装备认知（$F=3.985$，$P < 0.05$）、运动承诺（$F=6.132$，$P < 0.01$）和中心生活方式（$F=4.439$，$P < 0.05$）5 个特征上存在显著的差异。

为进一步考察组间差异，进行事后多重比较。通过方差齐性检验判断为什么呈现显著的结果——是由样本总体的方差不同造成的，还是由不同年龄段的样本引起的，从而选择相对应的计算方法进行分析。如表 9.7 所示，参与行为的总体方差齐性（$P=0.077 > 0.05$），故采用 LDS 检验方法进行事后多重比较。结果显示：已婚女性（$M=2.590$，$SD=1.048$）在参与行为上的均值水平显著高于未婚（$M=2.155$，$SD=1.052$）的样本。活动吸引的总体方差非齐性（$P=0.022 < 0.05$），故采用 Dunnett's T3 检验方法进行事后多重比较。结果显示：已婚女性（$M=3.957$，$SD=0.721$）在活动吸引上的均值水平显著高于未婚（$M=3.657$，$SD=0.861$）的样本。装备认知的总体方差齐性（$P=0.292 > 0.05$），故采用 LSD 检验方法进行事后多重比较。结果显示：已婚女性（$M=3.575$，$SD=0.956$）在装备认知上的均值水平显著高于未婚（$M=3.232$，$SD=1.048$）的样本。运动承诺的总体方差非齐性（$P=0.035 < 0.05$），故采用 Dunnett's T3 检验方法进行事后多重比较。结果显示：已婚女性（$M=3.731$，$SD=0.789$）在运动承诺上的均值水平显著高于未婚（$M=3.433$，$SD=0.945$）和离异或独居（$M=3.269$，$SD=0.851$）的样本。中心生活方式的总体方差齐性（$P=0.102 > 0.05$），故采用 LSD 检验方法进行事后多重比较。结果显示：已婚女性（$M=3.606$，$SD=0.920$）在中心生活方式上的均值水平显著高于未婚（$M=3.371$，$SD=1.007$）的样本。

表9.6　不同婚姻状况女性参与者休闲体育专门化表现特征的方差分析

休闲体育专门化	未婚	已婚	离异或独居	F
	$M\pm SD$	$M\pm SD$	$M\pm SD$	
参与行为	2.155 ± 1.052^b	2.590 ± 1.048^a	2.192 ± 0.707	6.459**
赛事经历	1.883 ± 0.918	1.941 ± 0.888	2.115 ± 0.760	0.705
知识与技能	2.460 ± 1.117	2.679 ± 1.022	2.846 ± 1.008	2.009
活动吸引	3.657 ± 0.861^b	3.957 ± 0.721^a	3.654 ± 0.700	5.719**
装备认知	3.232 ± 1.048^b	3.575 ± 0.956^a	3.519 ± 0.830	3.985*
运动承诺	3.433 ± 0.945^b	3.731 ± 0.789^a	3.269 ± 0.851^b	6.132**
中心生活方式	3.371 ± 1.007^b	3.606 ± 0.920^a	3.103 ± 0.770^b	4.439*

表9.7　不同婚姻状况女性参与者休闲体育专门化表现特征的方差同质性检验

休闲体育专门化	Levene 统计	df_1	df_2	P
参与行为	2.586	2	307	0.077
赛事经历	1.574	2	307	0.209
知识与技能	1.587	2	307	0.206
活动吸引	3.862	2	307	0.022
装备认知	1.235	2	307	0.292
运动承诺	3.384	2	307	0.035
中心生活方式	2.301	2	307	0.102

研究结果显示，已婚女性在参与行为、活动吸引和装备认知上显著高于未婚的女性，这说明已婚的女性更加深刻地认识到休闲体育参与带来的愉悦和满足，她们在完成工作、照顾家庭之外的闲暇时间里，更愿意养成自律的休闲参与行为，购买相关装备并熟练使用，进而在长期的坚持过程中获得持久的收益

和积极的休闲体验。相比之下，尽管未婚的女性也意识到休闲体育参与的益处，但她们更容易受到其他外界因素的影响，如就业、组建家庭等，因而在参与行为、活动吸引和装备认知上的表现相对要差一些。

此外，在运动承诺和中心生活方式上表现为已婚女性显著高于未婚女性和离异或独居的女性，这说明已婚女性已经意识到休闲体育参与可以使她们从繁忙的生活节奏中得到缓解、恢复活力，所以在闲暇时间里，她们更愿意克服自身所遇到的休闲限制，持续地参与自己喜欢的休闲体育运动。

9.3.3.3　不同受教育程度的女性休闲体育专门化表现特征研究

表9.8是描述不同受教育程度女性参与者休闲体育专门化表现特征的差异性分析，结果显示：不同受教育程度女性参与者在参与行为（F=1.698，$P >$ 0.05）、赛事经历（F=1.326，$P > 0.05$）、知识与技能（F=2.234，$P > 0.05$）、活动吸引（F=0.629，$P > 0.05$）、装备认知（F=0.644，$P > 0.05$）5个特征上均无显著差异，在运动承诺（F=4.838，$P < 0.01$）和中心生活方式（F=3.623，$P < 0.05$）2个特征上存在显著的差异。

为进一步考察组间差异，进行事后多重比较。通过方差齐性检验判断显著的结果为什么呈现——是由样本总体的方差不同造成的，还是由不同年龄段的样本引起的，从而选择相对应的计算方法进行分析。如表9.9所示，运动承诺的总体方差齐性（P=0.221 > 0.05），故采用LDS检验方法进行事后多重比较。结果显示：高中及以下的女性（M=3.775，SD=0.912）和大专及本科的女性（M=3.586，SD=0.831）在运动承诺上的均值水平显著高于研究生（M=3.207，SD=0.796）的样本。中心生活方式的总体方差齐性（P=0.196 > 0.05），故采用LDS检验方法进行事后多重比较。结果显示：高中及以下的女性（M=3.650，SD=0.976）和大专及本科的女性（M=3.483，SD=0.940）在运动承诺上的均值水平显著高于研究生（M=3.103，SD=0.822）的样本。

表 9.8　不同受教育程度女性参与者休闲体育专门化表现特征的方差分析

休闲体育专门化	高中及以下	大专及本科	研究生	F
	M±SD	M±SD	M±SD	
参与行为	2.604 ± 1.123	2.362 ± 1.022	2.322 ± 0.928	1.698
赛事经历	2.050 ± 0.958	1.877 ± 0.854	2.046 ± 0.815	1.326
知识与技能	2.779 ± 1.212	2.531 ± 0.960	2.851 ± 1.170	2.234
活动吸引	3.888 ± 0.841	3.838 ± 0.767	3.698 ± 0.669	0.629
装备认知	3.563 ± 0.963	3.439 ± 0.992	3.353 ± 1.017	0.644
运动承诺	3.775 ± 0.912[a]	3.586 ± 0.831[a]	3.207 ± 0.796[b]	4.838**
中心生活方式	3.650 ± 0.976[a]	3.483 ± 0.940[a]	3.103 ± 0.822[b]	3.623*

表 9.9　不同受教育程度女性参与者休闲体育专门化表现特征的方差同质性检验

休闲体育专门化	Levene 统计	df_1	df_2	P
参与行为	0.418	2	307	0.659
赛事经历	0.274	2	307	0.760
知识与技能	5.374	2	307	0.005
活动吸引	2.988	2	307	0.052
装备认知	0.117	2	307	0.890
运动承诺	1.515	2	307	0.221
中心生活方式	1.639	2	307	0.196

　　研究结果表明，受教育程度为高中及以下、大专及本科的女性在运动承诺上显著高于研究生的样本。王崇喜等（2004）认为，受教育程度对人们的健身意识和行为的影响是广泛和持久的。毋庸置疑，在休闲体育参与的过程中，无论女性的受教育程度高低，她们均获得持久的身心收益。相比之下，受教育程度较低的女性通过休闲体育参与在一定程度上弥补她们在事业或工作上成就感和满足感的缺失，而受教育程度较高的女性通常在工作或事业方面更容易获得成功，因此，受教育程度较低的女性的运动承诺水平相对高于后者。

　　同样，受教育程度为高中及以下、大专及本科的女性在中心生活方式上的表现显著高于研究生的样本。对于那些受教育程度较低的女性而言，通过休闲体育参与，她们不仅拓展了社交网络，同时也获得来自他人的赞赏和认同。然而，那些受教育程度较高的女性，通常具有较丰富的社交网络，她们在工作或事业上更容易取得突出的成绩。相比之下，受教育程度较低的女性从休闲体育参与过程中感知到更多的收获，她们也更倾向于围绕休闲体育运动构建中心生活方式。

9.3.3.4 不同年收入的女性休闲体育专门化表现特征研究

表 9.10 是描述不同年收入女性参与者休闲体育专门化表现特征的差异性分析，结果显示：不同年收入女性参与者在参与行为（$F=1.487$，$P > 0.05$）、赛事经历（$F=1.228$，$P > 0.05$）、活动吸引（$F=1.347$，$P > 0.05$）、装备认知（$F=0.301$，$P > 0.05$）、运动承诺（$F=0.568$，$P > 0.05$）和中心生活方式（$F=0.170$，$P > 0.05$）6 个特征上均无显著差异，在知识与技能（$F=2.947$，$P < 0.05$）特征上存在显著的差异。

为进一步考察组间差异，进行事后多重比较。首先，通过方差齐性检验判断显著的结果为什么呈现——是由于样本总体的方差不同，还是由不同年龄段的样本引起的，从而选择相对应的计算方法进行分析。如表 9.11 所示，知识与技能的总体方差齐性（$P=0.099 > 0.05$），故采用 LDS 检验方法进行事后多重比较。结果显示：年收入 2 万元及以下的女性（$M=2.854$，$SD=1.211$）在知识与技能上的均值水平显著高于年收入 2 万 ~ 5 万元（$M=2.421$，$SD=1.005$）的样本。

表 9.10　不同年收入女性参与者休闲体育专门化表现特征的方差分析

休闲体育专门化	≤2万元	2万 ~ 5万元	5万 ~ 12万元	>12万元	F
	M±SD	M±SD	M±SD	M±SD	
参与行为	2.214 ± 1.312	2.407 ± 0.894	2.517 ± 1.103	2.639 ± 1.035	1.487
赛事经历	1.979 ± 1.093	1.831 ± 0.711	1.990 ± 0.903	2.153 ± 1.002	1.228
知识与技能	2.854 ± 1.211[a]	2.421 ± 1.005[b]	2.680 ± 0.989	2.819 ± 0.997	2.947*
活动吸引	3.684 ± 0.988	3.832 ± 0.702	3.923 ± 0.728	3.927 ± 0.682	1.347
装备认知	3.367 ± 1.099	3.510 ± 0.912	3.473 ± 1.007	3.438 ± 0.981	0.301
运动承诺	3.563 ± 1.050	3.547 ± 0.768	3.693 ± 0.852	3.573 ± 0.792	0.568
中心生活方式	3.547 ± 1.105	3.448 ± 0.906	3.497 ± 0.898	3.528 ± 0.947	0.170

表 9.11　不同年收入女性参与者休闲体育专门化表现特征的方差同质性检验

休闲体育专门化	Levene 统计	df_1	df_2	P
参与行为	6.380	3	306	0.000
赛事经历	5.340	3	306	0.001
知识与技能	2.112	3	306	0.099
活动吸引	6.214	3	306	0.000
装备认知	1.213	3	306	0.305
运动承诺	3.555	3	306	0.015
中心生活方式	2.137	3	306	0.096

　　研究结果表明，不同年收入的女性在参与行为、赛事经历、活动吸引、装备认知、运动承诺和中心生活方式共 6 个表现特征上均无显著差异。众所周知，近些年，随着体育单项协会的推广以及有关政府部分的配套设施建设，马拉松、骑行和皮划艇已成为广大女性乐于参加的休闲体育活动。不同年收入的女性均认识到休闲体育参与的多重价值，愿意围绕这些体育活动构建生活方式，并且表现出较为规律的日常参与行为和赛事经历。毋庸置疑，收入水平是休闲活动参与和享受休闲乐趣的重要前提（于光远，2005），较高的收入可以为女性积累丰富的知识与技能提供充分的保障。然而，收入水平较低的女性常常采用一些变通策略以提升自己的相关知识与技能，如互联网搜索、订阅微信公众号以及加入休闲体育团体等。

9.3.3.5　是否加入休闲体育团体的女性休闲体育专门化表现特征研究

　　表 9.12 是关于是否加入休闲体育团体上女性休闲体育专门化表现特征的差异性分析，结果显示：加入休闲体育团体与未加入休闲体育团体的女性在参与行为（t=6.337，$P < 0.001$）上存在显著差异，并表现为已加入休闲体育团体的样本（M=2.765，SD=1.040）高于未加入休闲体育团体的样本（M=2.057，SD=0.919）；加入休闲体育团体与未加入休闲体育团体的女性在赛事经历（t=3.737，$P < 0.001$）上存在显著差异，并表现为已加入休闲体育团体的样本（M=2.117，SD=0.960）高于未加入休闲体育团体的样本（M=1.748，SD=0.829）；加入休闲体育团体的与未加入休闲体育团体女性在知识与技能（t=3.969，$P < 0.001$）上存在显著差异，并表现为已加入休闲体育团体的样本（M=2.851，SD=0.986）高于未加入休闲体

育团体的样本（M=2.386，SD=1.076）；加入休闲体育团体与未加入休闲体育团体的女性在活动吸引（t=6.082，$P<0.001$）上存在显著差异，并表现为已加入休闲体育团体的样本（M=4.086，SD=0.678）高于未加入休闲体育团体的样本（M=3.576，SD=0.792）；加入休闲体育团体与未加入休闲体育团体的女性在装备使用（t=5.672，$P<0.001$）上存在显著差异，并表现为已加入休闲体育团体的样本（M=3.758，SD=0.869）高于未加入休闲体育团体的样本（M=3.152，SD=1.009）；加入休闲体育团体与未加入休闲体育团体的女性在运动承诺（t=6.556，$P<0.001$）上存在显著差异，并表现为已加入休闲体育团体的样本（M=3.893，SD=0.743）高于未加入休闲体育团体的样本（M=3.290，SD=0.876）；加入休闲体育团体与未加入休闲体育团体的女性在中心生活方式（t=4.673，$P<0.001$）上存在显著差异，并表现为已加入休闲体育团体的样本（M=3.727，SD=0.857）高于未加入休闲体育团体的样本（M=3.241，SD=0.976）。

表 9.12　是否加入休闲体育团体上女性休闲体育专门化表现特征的 T 检验

休闲体育专门化	已加入		未加入		t值	P
	M	SD	M	SD		
参与行为	2.765	1.040	2.057	0.919	6.337	0.000
赛事经历	2.117	0.960	1.748	0.829	3.737	0.000
知识与技能	2.851	0.986	2.386	1.076	3.969	0.000
活动吸引	4.086	0.678	3.576	0.792	6.082	0.000
装备使用	3.758	0.869	3.152	1.009	5.672	0.000
运动承诺	3.893	0.743	3.290	0.876	6.556	0.000
中心生活方式	3.727	0.857	3.241	0.976	4.673	0.000

已有研究发现，休闲团体是集合信息、规范、信念、价值观、规则和实践为一体，通过非正式或间接的渠道而组建而成的（Unruh，1979）。个体在休闲团体中以新闻通讯、邮寄通告、电话信息、群发邮件、电视和广播公告等多种方式为中介进行交流。加入休闲体育团体的女性，不仅可以通过参加团体的例行活动，养成有规律的体育运动习惯，而且可以利用体育团体中的多种资源，不断积累和提升相关的知识与技能。此外，体育团体特有的文化也深深地吸引着广大的女性参与者，加入团体的女性更容易感知到该项运动的价值与魅力，

愿意围绕这项运动构建生活方式，并表现出持续参与这项运动的渴望与决心。因此，加入休闲体育团体的女性在休闲体育专门化的 6 个表现特征上均显著高于未加入休闲体育团体的女性。

9.4 小 结

女性休闲体育专门化的表现特征由高到低依次为：活动吸引、运动承诺、中心生活方式、装备认知、知识与技能、参与行为和赛事经历。同时，以女性休闲体育参与者为例，研究证实，休闲体育专门化表现特征理论模型具有较理想的信度。此外，在年龄、婚姻状况、受教育程度、年收入和是否加入休闲体育团体等人口统计学变量上，女性的休闲体育专门化表现特征均存在一定程度的显著差异。不同年龄的女性参与者在参与行为、活动吸引和运动承诺 3 个特征上存在显著的差异；不同婚姻状况的女性参与者在参与行为、活动吸引、装备认知、运动承诺和中心生活方式 5 个特征上存在显著的差异；不同受教育程度的女性参与者在运动承诺和中心生活方式 2 个特征上存在显著的差异；不同年收入的女性参与者在知识与技能特征上存在显著的差异；加入休闲体育团体的女性与未加入休闲体育团体的女性在参与行为、赛事经历、知识与技能、活动吸引、装备使用、运动承诺、中心生活方式 7 个特征上都存在显著差异。

CHAPTER 10

10　结论与建议

10.1　结　论

本书在质性研究和定量研究的基础上，对女性深度休闲体育行为进行了系统的探索和研究，包括女性深度休闲体育的特征表现，女性深度休闲体育的动机因素、限制因素、变通策略、休闲满意度、主观幸福感、休闲专门化等变量及其与行为的关系，得出如下结论。

第一，随着社会经济的发展、生活水平的提高，现代女性社会地位进一步提高，使得她们的自主意识得到彰显，她们的休闲参与意识也逐渐觉醒，女性自主参与休闲体育活动呈现出前所未有的崭新局面。现代社会中，女性的生活空间不断扩展，女性休闲体育呈现出繁荣的景象，她们参与休闲体育的内容越来越丰富多彩，而且越来越多的女性深入参与到某项休闲体育活动中去。尤其是近几年来，某些发展迅速的休闲体育运动项目，如跑步、骑行等，不乏女性参与者的身影。但也不能否认一个事实，与男性相比，女性休闲体育还存在发展的空间。

第二，基于对 19 名女性受访者的访谈（运动项目涉及马拉松、健身、骑行、越野跑、冬泳、普拉提、瑜伽、羽毛球、乒乓球等），以及 249 名女性马拉松跑者的问卷调查，通过质性研究和探索性研究，将女性深度休闲体育特征归纳为自我提升、项目认同、社会联系、性别意识 4 项。自我提升包括自我坚持、自我发展、个人利益，项目认同包括自我认同和他人认同，社会联系包括团体精神和社会利益，性别意识包括性别差异认识和女性角色约束。从女性主义视角看，女性深度休闲体育参与是女性彰显主体实践、理解身体意义的途径，但由于传统性别认识的根深蒂固，女性的参与依然受传统文化的牵制，需要继续寻找挑战的可能性。其中，深度休闲体育团体扮演了重要角色，提供了女性情感联系、两性求同存异的空间。女性应该更主动地加入自己感兴趣的体育团体，在同伴的支持与鼓励中坚持运动、愉悦身心，让生活变得更加充实有序。

第三，基于对254名女性马拉松跑者的问卷调查，表明女性马拉松跑者的深度休闲动机具有较高的自我决定水平，内摄调节、认同调节、整合调节、内部动机的得分依次递增，其中内部动机对长期参与跑步具有重要作用，女性跑步更多的是出于内心兴趣和对跑步的喜爱。人口统计学差异显示，已婚跑者更倾向于为了体型或健康去参加跑步，年收入较高者倾向于将跑步视为生活中重要的一部分，加入跑团能够增加女性坚持跑步的动力。在参与行为上，跑步次数和跑量较少且不参加马拉松比赛的女性跑者无动机得分较高，而参与跑步年限较长、跑量较多的女性跑者，她们的休闲动机更加内化。动机对女性马拉松跑者的深度休闲行为具有一定的预测作用，无动机对部分行为变量有负向的预测作用，整合调节对行为变量都有正向的预测作用。也就是说，无动机越低、整合调节越高的个体，投入跑步的行为水平越高。

第四，基于对254名女性马拉松跑者的问卷调查，表明女性马拉松跑者长期参与跑步过程中一般都会体验到休闲限制，其中对自身限制的感受较为明显，易受心理变化和身体变化的影响。人口统计学差异显示，年轻的和未婚的女性跑者忙于学业和工作，会经历更多的结构限制，加入跑团的女性在群体的帮助下，对3类休闲限制的感知较低。在参与行为上，跑步年限较长的女性跑者由于积累了变通限制的能力，觉得影响自己的限制因素较少，而较高周跑量和周跑步次数的女性跑者也因为对跑步具有较强的认同感，认为休闲限制并不会明显影响自己的跑步参与。人际限制和结构限制对女性马拉松跑者的部分深度休闲参与行为具有负向的预测作用，感知到较多限制的个体，投入跑步的行为水平也较低。

第五，基于对254名女性马拉松跑者的问卷调查，表明女性马拉松跑者的深度休闲变通策略得分较高，会积极采用意识提高策略、自我管理策略、帮助关系策略、环境支持策略、时间调整策略5种变通策略克服长期参与过程中遇到的休闲限制。加入跑团的女性跑者受跑团氛围的影响，使用各个变通策略的水平均比未加入跑团的女性跑者高。在参与行为上，为了能参加半程马拉松和全程马拉松比赛，女性跑者会科学训练，学习跑步的相关知识，以克服较高运动强度下可能出现的困难；同时，具有较高周跑步次数和周跑量的女性也能够较多地使用变通策略，保持跑步参与。时间调整策略、意识提高策略、自我管理策略对女性马拉松跑者的部分深度休闲参与行为具有正向的预测作用，积极使用这3种变通策略的女性跑者，在行为上也更加投入。

第六，基于对255名女性马拉松跑者的问卷调查，表明女性马拉松跑者的休闲满意度得分都较高，各维度得分从高到低依次为放松层面、身体层面、教育层面、心理层面、社会层面、审美层面，大多数女性认为"跑步有助于我缓解压力""跑步有助于我提高体能""跑步有助于我的精神健康""跑步有助于我保持身体健康""跑步能让我获得自信""跑步使我更加了解自己""跑步有助于我放松身心"。在不同的人口统计学变量上，不同受教育程度的女性跑者在心理层面和社会层面存在显著差异；在不同的行为变量上，参加过不同距离马拉松赛的女性跑者在心理层面、教育层面、社会层面和审美层面存在显著差异；年均马拉松比赛次数不同的女性跑者在心理层面和教育层面存在显著差异；不同周跑步频率的女性跑者在教育层面和身体层面存在显著差异；每次跑步距离不同的女性跑者在心理层面、教育层面、社会层面、放松层面、身体层面存在显著差异；周跑量不同的女性跑者在6个层面都存在显著差异。最长马拉松比赛对心理层面、教育层面、社会层面和审美层面的正向预测具有统计学意义，周跑步频率对身体层面的正向预测具有统计学意义；每次跑步距离对心理层面、教育层面、社会层面、放松层面、身体层面、审美层面6个维度的负向预测具有统计学意义。因此，长期坚持跑步，增加跑步的频率，而不是增加每次跑步的距离，会让女性的休闲满意度更高。通过一段时间的练习，使自身有能力参加更长距离的马拉松赛事，也会让女性获得更高的休闲满意度。

第七，基于对255名女性马拉松跑者的问卷调查，表明女性马拉松跑者总体上表现出较高的主观幸福感水平，即较高的生活满意度、较多的积极情感，以及较少的消极情感。在年龄、受教育程度、婚姻状况、年收入和是否加入跑团等人口统计学变量上存在显著的差异。不同年龄的女性跑者在生活满意度、积极情感和消极情感上存在显著差异；不同受教育程度的女性跑者在生活满意度和消极情感上存在显著差异；不同婚姻状况的女性跑者在 3 个维度上均存在显著差异；不同年收入的女性跑者在消极情感上存在显著差异；加入跑团与不加入跑团的女性跑者在生活满意度和积极情感上存在显著差异。在不同的行为变量上，女性跑者的主观幸福感存在显著差异，最长马拉松比赛不同的女性跑者在生活满意度和积极情感上存在显著差异；不同周跑步频率的女性跑者在生活满意度上存在显著差异。女性跑者的参与行为与其主观幸福感存在一定的相关性，并表现为最长马拉松比赛对生活满意度具有正向影响，每次跑步距离对积极情感具有负向影响。

第八，基于对 310 名女性马拉松（93 人）、骑行（123 人）和皮划艇参与者（94 人）的问卷调查，表明女性休闲体育专门化的表现特征由高到低依次为：活动吸引、运动承诺、中心生活方式、装备认知、知识与技能、参与行为和赛事经历。同时，以女性休闲体育参与者为例，研究证实，休闲体育专门化表现特征理论模型具有较理想的信度。此外，在年龄、受教育程度、婚姻状况、年收入和是否加入休闲体育团体等人口统计学变量上，女性的休闲体育专门化表现特征均存在一定程度的显著差异。不同年龄的女性参与者在参与行为、活动吸引和运动承诺 3 个特征上存在显著的差异；不同婚姻状况的女性参与者在参与行为、活动吸引、装备认知、运动承诺和中心生活方式 5 个特征上存在显著的差异；不同受教育程度的女性参与者在运动承诺和中心生活方式 2 个特征上存在显著的差异；不同年收入的女性参与者在知识与技能特征上存在显著的差异；加入休闲体育团体的女性与未加入休闲体育团体的女性在参与行为、赛事经历、知识与技能、活动吸引、装备使用、运动承诺、中心生活方式 7 个特征上都存在显著差异。

10.2 建 议

第一，深度休闲是我国休闲体育研究中的一个新兴领域，目前还处于起步阶段，女性深度休闲领域更是尚未进行系统、深入的探究。本书基于社会学、心理学等学科理论，探索女性深度休闲体育行为，包括女性深度休闲体育的特征表现，女性深度休闲体育的动机因素、限制因素、变通策略、休闲满意度、主观幸福感、休闲专门化等变量及其与行为的关系。未来关于女性深度休闲的研究，应在借鉴国外有关学者研究成果的基础上，运用多学科理论进行系统化的研究。同时，应明确该领域未来的研究方向，运用质性研究和定量研究相结合的方法，在中国文化背景下，对女性深度休闲体育进行更多的本土化研究。

第二，关注不同深度休闲体育项目女性参与者的涉入程度，根据她们参与行为的特征，科学理性引导人们的参与行为。对于女性深度休闲体育参与者而言，持续地进行休闲体育活动，能获得更高的休闲满意度和主观幸福感，所以应该更多地引导并鼓励她们坚持参与休闲体育活动，而不是一味追求竞技水平和比赛成绩。另外，女性深度休闲体育参与者应正确认识限制因素的影响，加强变通策略的科学使用。当面对伤病、厌烦情绪、低落期等与个体自身体验相关问题时，深度休闲体育参与者应合理评估可能的风险，采用相应的变通策略，如学习专业的知识、设立合理的目标、改变参与的环境、参与各种社团等，进而科学管理参与过程、坚持休闲体育行为。

第三，加强体育社团的文化建设，营造良好的休闲体育氛围，促使更多的人参与休闲体育活动。参与深度休闲体育团体的女性，更少感知到限制因素的存在，能更积极地运用变通策略去克服困难，也更能体验到较高水平的生活满意度和积极情感，所以女性参与者应该主动地加入自己感兴趣的体育社团，加强与社团成员之间的交流，从而能在同伴的支持与鼓励中坚持运动、愉悦身心，让生活变得更加美好。同时，为了更好地激发人们参与休闲体育活动的动机，尤其是个体自主决定程度较高的动机（如整合动机、内部动机），应不断完善休闲体育项目的开发，给人们带来较高质量的休闲体验，使更多的人体验到休闲体育所带来的愉悦，进而促使他们持续参与其中。例如，将"生态""人文""景观""休闲"等因素融入跑步中，因地制宜地、合理地规划跑步的路线，围绕更多的主题开展跑步活动，培养人们的跑步兴趣，使更多的女性群体感受跑步所带来的娱乐、愉快、兴奋。

第四，政府应营造良好的休闲体育氛围，加强基础设施和配套服务的建设。适当宣传马拉松、骑行、游泳、羽毛球、乒乓球、皮划艇、登山、越野等休闲体育活动的多重价值，提升相关赛事及配套服务等方面的质量。通过活动宣传、赛事组织等形式，激发大众参与休闲体育的热情，带动全民健身，形成全社会参与休闲体育的文化氛围。基于休闲体育参与群体的多样化需求，相关政府部门应合理规划休闲健身的活动场所，完善已有活动场所周边的配套服务设施，提升活动场所的自然环境和人文环境。另外，赛事主办方应重视赛事的参与体验，完善各项服务，应设计多样化的赛事类型，将竞技性和娱乐性融合到赛事中，满足大众参与休闲体育比赛的要求；同时，完善相关的赛事服务体系，如比赛场地的选取、赛事指南、安全保障、志愿者服务等。

参考文献

陈姝娟，周爱保，2003. 主观幸福感研究综述 [J]. 心理与行为研究（3）：214-217.

陈作松，2005. 身体锻炼与主观幸福感的研究综述 [J]. 体育科学（5）：65-68，82.

陈锡平，蒋孝美，2008. 自行车活动爱好者深度休闲特质之研究 [C]// 运动休闲产业管理学术研讨会论文集 . 台北：新文京开发出版股份有限公司 .

陈建国，袁继芳，2010. 试论我国女性休闲运动的演变 [J]. 赤峰学院学报（自然科学版）（11）：104-106.

陈其昌，张婷婷，2013. 攀岩活动参与者休闲动机与深度休闲之关系 [J]. 大专体育学刊（4）：69-80.

陈静姝，闵健，2014. 女性主义视角下的身体、权力和体育参与 [J]. 体育科学（7）：12-14.

陈雪扬，唐文佩，2018. 审视当代女性健康观之演变：以《我们的身体，我们自己》为例 [J]. 医学与哲学（A）（3）：58-62.

程云峰，陈观云，2002. 东北城市中老年妇女体育健身活动情况的研究 [J]. 哈尔滨体育学院学报（1）：8-10.

董金平，2013. 马克思主义的女性主义前沿问题及其内在逻辑 [J]. 南京大学学报（5）：5-14.

董进霞，2012. 影响我国女性参与休闲体育的几个社会问题 [J]. 体育与科学（2）：58-62.

杜浦凡，2017. 后现代女性主义主体性问题研究 [D]. 哈尔滨：黑龙江大学 .

冯惠玲，吴军，2006.银川市中老年妇女体育健身活动现状调查[J].宁夏大学学报（自然科学版）（3）：286–288.

冯石岗，李冬雪，2011.后现代女性主义概观[J].廊坊师范学院学报（社会科学版）（6）：71–76.

付雯，杨少雄，王韶玉，2015.高校女性教师休闲体育参与的影响因素研究：基于休闲限制理论视角[J].福建师范大学学报（自然科学版）（4）：102–109.

高丽，张选惠，2010.中国古代女性观的嬗变与女子民间体育的历史回顾[J].武汉体育学院学报（3）：16–20.

高秋平，戴国清，2007.黑龙江省女知识分子健身运动状况研究[J].哈尔滨体育学院学报（5）：39–42.

高秋平，戴国清，2008.高校女教师身体健康及体育锻炼对其影响的研究[J].哈尔滨体育学院学报（1）：19–22.

葛志刚，2006.江苏省城市老年妇女体育参与的生理动机研究[J].南京体育学院学报（6）：116–118.

关景媛，陶玉晶，2016.女性主义哲学思潮对女性体育观的影响[J].体育学刊（4）：18–24.

郭太玮，2004.试论不同年龄段女性体育锻炼价值取向[J].四川体育科学（2）：96–99.

贺璋瑢，2002.后现代女性主义的思想渊源浅析[J].世界历史（5）：103–110.

胡俊杰，林镇监，吴明忠，2012.风帆运动者认真性休闲、游憩专门化与流畅体验之研究[J].运动与游憩研究（1）：1–18.

胡锐，2007.中国女性参与休闲体育的限制因素分析[J].成都体育学院学报（6）：49–51.

黄俊，刘连发，2012.城市女性体育锻炼分层现状及影响因素的关联性分析：以北京市为例[J].体育与科学（5）：64–68.

江宇，吴翌晖，2004.江苏省妇女体育锻炼动机、坚持性和参与程度的研究[J].北京体育大学学报（11）：1469–1470.

杰弗瑞·戈比，2000.你生命中的休闲[M].康筝，译.昆明：云南人民出版社.

金梅，郇昌店，齐晓英，2012.女性主义视角下的体育社会学研究：以中国现实为参照[J].武汉体育学院学报（5）：14–18.

金青云，2014.延边少数民族地区城镇居民休闲限制与休闲体育参加的关系探索[J].南京体育学院学报（社会科学版）（4）：65–72.

卡拉·亨德森，等，2000.女性休闲：女性主义的视角[M].昆明：云南人民出版社.

李洪波，郝飞，2014.居民休闲满意度与主观生活质量相关性分析：以厦门市为例[J].北京第二外国语学院学报（3）：86–95.

李明儒，2007.国际帆船比赛参与者的游憩动机之比较：以澎湖2003年可乐娜风帆之王帆船赛为例[J].运动与游憩研究（2）：55–69.

李霞，2001.传统女性主义的局限与后现代女性主义的超越[J].江汉论坛（2）：87–91.

李相如，刘转霞，2011.中国职业女性休闲体育态度与行为特征研究：以北京市城区26—55岁职业女性为例[J].武汉体育学院学报（10）：69–75.

李英弘，高育芸，2009.风浪板及高尔夫游憩活动参与者认真性休闲与休闲阻碍之研究[J].休闲与游憩研究（2）：31–67.

李瑜，殷超，2007.普通高校女性高级知识分子体育活动的调查研究[J].广州体育学院学报（4）：95–97.

李玉麟，2008.冒险旅游活动参与动机及休闲满意度之研究：以4WD OFF-ROAD参与者为例[D].台东：台东大学.

林佑瑾，李英弘，叶源镒，2004.认真性休闲与休闲阻碍关系之研究：以高尔夫运动者为例[J].户外游憩研究（3）：51–79.

刘丹丹，2018.宋代女子体育中的女性意识研究[D].济南：山东师范大学.

刘松，楼嘉军，2016.休闲约束与游憩专业化结构关系研究：以露营爱好者为例[J].浙江工商大学学报（5）：87–96.

刘松，楼嘉军，2017.深度休闲与游憩专业化关系研究：以摄影爱好者为例[J].安徽师范大学学报（人文社会科学版）（1）：107–113.

龙江智，王苏，2013. 深度休闲与主观幸福感：基于中国老年群体的本土化研究 [J]. 旅游学刊（2）：77-85.

卢楠，2016. 唐代女性体育活动开展状况及原因探究 [D]. 南昌：江西师范大学.

吕佳茹，刘佳哲，张碧峰，等，2013. 乙组网球选手之内在休闲动机与认真休闲特质对休闲涉入及休闲满意度之研究：以全国大专院校为例 [J]. 运动休闲餐旅研究（2）：141-159.

马纯红，2018. 社会分层视角下的都市职业女性体育休闲差异 [J]. 求索（3）：114-121.

马惠娣，2004. 休闲：人类美丽的精神家园 [M]. 北京：中国经济出版社.

马惠娣，刘耳，2001. 西方休闲学研究述评 [J]. 新华文摘（8）：170-173.

孟文娣，郭永波，邹新娴，等，2005. 现阶段中国妇女大众体育参与总体状况的调查与研究 [J]. 北京体育大学学报（3）：295-298.

欧平，2009. 社会性别视角下的女性休闲体育 [J]. 体育学刊（5）：32-35.

欧阳灿灿，于琦，2008. 论女性主义身体观的历史演变 [J]. 湖南师范大学社会科学学报（4）：109-112.

彭晶，2012. 基于自我决定理论的运动动机与特质流畅相关研究 [D]. 北京：首都体育学院.

彭延春，丁文，王元丰，等，2014. 普通高校不同年龄段女性体育参与的比较分析 [J]. 体育与科学（3）：116-120.

平静，2011. 后现代女性主认识论述评 [D]. 南京：南京师范大学.

邱亚君，2008. 休闲体育行为发展阶段限制因素研究：一个假设性理论框架 [J]. 体育科学（1）：71-75.

邱亚君，2009. 休闲体育行为发展阶段动机和限制因素研究 [J]. 体育科学（6）：39-46.

邱亚君，2011. 休闲体育行为变通策略的探索性研究 [J]. 体育科学（7）：8-16.

邱亚君，梁名洋，许娇，2012. 中国女性休闲体育行为限制因素的质性研究：基于社会性别理论的视角 [J]. 体育科学（8）：25-33.

邱亚君，2014.生命周期和女性休闲体育行为动机因素研究 [J].体育科学（7）：15–22.

邱亚君，周文婷，田海波，2020.女性深度休闲体育特征的研究 [J].中国体育科技（8）：76–80.

沈进成，赵家民，张义立，等，2007.志工认真性休闲涉入、阻碍、效益与承诺影响关系之研究：以福智教育园区为例 [J].运动与游憩研究（1）：19–43.

史敏，朱建伟，2012.文化视野下我国女大学生运动参与限制模型研究 [J].湖南第一师范学院学报（6）：113–117.

Simon Blackburn，2000.牛津哲学词典 [M].上海：上海外语教育出版社 .

宋红莲，2006.南京地区职业女性健身现状的调查与研究 [J].东南大学学报（哲学社会科学版）（4）：121–125.

宋珏，2011.天津市女性休闲体育活动现状调查与对策研究 [J].体育科技文献通报（7）：86–87.

宋瑞，杰弗瑞·戈德比，2015.寻找中国的休闲：跨越太平洋的对话 [M].北京：社会科学文献出版社 .

苏家文，赵少雄，2005.海南大学生休闲体育动机的调查与分析 [J].琼州大学学报（5）：67–69.

孙琳，沈超，2012.休闲限制对漂流旅游活动的影响研究 [J].绿色科技（1）：178–180.

孙庆斌，2004.哈贝马斯的交往行动理论及重建主体性的理论诉求 [J].学术交流（7）：6–9.

谭家伦，2011.两岸高学历单身女性健康生活型态、休闲参与、休闲满意度与幸福感关系之比较研究：以北京市与台北市为例 [D].北京：北京师范大学 .

谭兢嫦，1995.英汉妇女与法律词汇释义 [M].北京：中国对外翻译出版公司 .

汤澍，汤淏，陈玲玲，2014.深度休闲、游憩专门化与地方依恋的关系研究：以紫金山登山游憩者为例 [J].生态经济（12）：96–103.

田林，2004.主观幸福感及其与人格的关系综述 [J].心理行为与研究（2）：469–473.

托马斯·古德尔，杰弗瑞·戈比，2000. 人类思想史中的休闲 [M]. 昆明：云南人民出版社.

万虹，邱亚君，2017. 深度休闲在体育领域的研究综述 [J]. 浙江体育科学（2）：58-62.

王崇喜，袁凤生，苏静，等，2004. 受教育程度与健身意识和行为关系的研究 [J]. 体育科学（8）：17-20.

王富百慧，江崇民，王梅，等，2015. 中国成年女性体育锻炼行为代际变化特征及影响因素研究 [J]. 体育科学（9）：24-34.

王景亮，2003a. 西安市不同职业妇女体育认知、动机和体育消费研究 [J]. 湖北体育科技（3）：295-297.

王景亮，2003b. 西安市中老年妇女体育健身活动现状调查 [J]. 四川体育科学（1）：45-47.

王蕾，2018. 从素朴的平等到马克思主义妇女观的确立：中国社会性别观的形成与变迁 [J]. 河南大学学报（社会科学版）（1）：53-60.

王苏，2010. 深度休闲与幸福人生 [D]. 大连：东北财经大学.

王苏，龙江智，2011. 深度休闲：概念内涵、研究现状及展望 [J]. 北京第二外国语学院学报（1）：1-9.

王艳平，程玉，2015. 深度休闲与旅游体验的可替代性 [J]. 大连民族学院学报（4）：335-339.

魏丽艳，李彩秋，2003. 影响职业妇女健身活动因素的分析与研究 [J]. 河北体育学院学报（4）：60-61.

邬孟君，王天宇，钟春，等，2016. 贵州少数民族女性体育参与研究 [J]. 体育文化导刊（5）：45-47.

吴华眉，2012. 走向女性主义身体哲学 [J]. 江海学刊（3）：52-57.

吴捷，2008. 老年人社会支持、孤独感与主观幸福感的关系 [J]. 心理科学（4）：984-986.

肖旻，2014. 城市居民深度休闲与主观幸福感的相关研究 [D]. 南昌：南昌大学.

谢瑾，2010.女性高级知识分子体育锻炼调查研究 [J].体育文化导刊（7）：9-11.

辛利，1998.广东省成年女性身体素质现状及体育行为特征的调查分析 [J].广州体育学院学报（4）：8-14.

辛利，周毅，1993.中国城市女职工闲暇体育活动调查研究 [J].体育科学（4）：9-11.

邢占军，2002.主观幸福感测量研究综述 [J].心理科学（3）：336-338.

邢占军，2003.中国城市居民主观幸福感量表简本的编制 [J].中国行为医学科学（6）：103-105.

邢占军，2011.我国居民收入与幸福感关系的研究 [J].社会学研究（1）：196-219.

熊欢，2008.中国城市中产阶层妇女的体育参与研究 [J].北京体育大学学报（8）：1042-1044.

熊欢，2010.身体、权力与性别：女性主义体育理论发凡 [J].体育科学（8）：14-26.

熊欢，2013.女性主义视角下的运动身体理论 [J].北京体育大学学报（7）：30-35.

熊欢，2014a.“自由”的选择与身体的“赋权”：论体育对女性休闲困境的消解 [J].体育科学（4）：11-17.

熊欢，2014b.体育背景下性别的理论化：论女性主义范式对女性体育研究的建构 [J].体育科学（7）：3-11.

熊欢，张爱红，2011.身体、社会与体育：西方学者视野下的体育 [J].体育科学（6）：81-86.

徐箐，肖焕禹，2005.从上海市体育人口的性别特征透视其妇女体育的开展 [J].中国体育科技（1）：69-72.

徐箐，肖焕禹，2007.上海市职业妇女体育价值观念与体育行为 [J].体育科研（4）：45-47.

徐长红，任海，吕赟，2009.女性身体观对女性体育的影响 [J].体育学刊（3）：29-32.

严标宾，郑雪，邱林，2004. SWB 和 PWB：两种幸福感研究取向的分野与整合 [J]. 心理科学（4）：836–838.

阎小良，张颖江，杨军，等，2008. 武汉市妇女弱势群体对健身项目的选择及其影响因素 [J]. 山东体育学院学报（12）：49–53.

颜伽如，2003. 认真休闲之参与历程与相关因素之研究：以台北市立图书馆之志工为例 [D]. 桃园：台湾体育学院.

杨闯建，2007. 城市妇女参加体育锻炼的社会支持的心理动因 [J]. 武汉体育学院学报（2）：49–51.

杨露，杨树盛，2009. 我国农村妇女体育锻炼状况及影响因素 [J]. 体育与科学（4）：57–59.

杨永忠，周庆，2018. 女性主义认识论研究：反思与展望 [J]. 山东女子学院学报（5）：1–8.

叶欣，陈绍军，2015. 性别秩序下的女性休闲体育行为 [J]. 武汉体育学院学报（11）：30–35.

印罗观，2006. 江苏省城市老年妇女体育参与的心理需求特征调查与分析 [J]. 南京体育学院学报（5）：117–119.

于光远，任兴洲，马惠娣，等，2005. 休闲与经济发展 [J]. 前线（11）：31–33，65.

俞爱玲，2003. 女大学生体育锻炼动机调查 [J]. 绍兴文理学院学报（10）：110–112.

俞滨，2013. 深度休闲理论视角下的大学生休闲参与、休闲满意度和主观幸福感 [D]. 杭州：浙江大学.

约翰·凯利，2000. 走向自由：休闲社会学新论 [M]. 昆明：云南人民出版社.

岳晓梅，赵振斌，袁利，2010. 西安市老年人出游限制因素分析 [J]. 经济师（10）：271–272.

臧超美，卢元镇，1998. 北京城区四种不同职业已婚妇女体育态度与体育行为的研究 [J]. 北京体育大学学报（1）：6–12.

曾秀芹，石忠海，林绚晖，2016. 冒险性户外运动的限制因素和协商策略研究 [J]. 体育科学（12）：85–93.

张冬梅，2018. 身体：生态女性主义的理论根据地 [J]. 社科纵横（1）：95–99.

张广瑞，宋瑞，2001. 关于休闲的研究 [J]. 社会科学家（5）：17–20.

张蕾，2016. 成都市城市女性休闲体育参与行为限制因素的阶层比较 [J]. 运动（15）：134–135.

张蕾，2016. 转型期社会阶层视域下城市女性休闲体育行为差异比较：以成都市为个案 [J]. 成都体育学院学报（4）：27–32.

张琴，朱立新，2011. 上海女性白领休闲限制研究 [J]. 北京第二外国语学院学报（3）：73–80.

张守忠，李源，2015. 性别差异视阈下女性参与竞技体育话语权缺失与建构 [J]. 南京体育学院学报（社会科学版）（4）：116–120.

张韬磊，吴燕丹，2017. 我国女性体育参与的文化解读与时代特征 [J]. 武汉体育学院学报（4）：21–25.

张宪丽，2011. 生态女性主义视域下的西方女性主义体育理论 [J]. 上海体育学院学报（5）：32–36.

张晓秋，易芳，2013. 小学高年级学生休闲参与、休闲阻碍与休闲满意度的关系 [J]. 沈阳体育学院学报（4）：75–80.

张羽，邢占军，2007. 社会支持与主观幸福感关系研究综述 [J]. 心理科学（6）：1436–1438.

张志铭，苏荣立，吕崇铭，1999. 大叶大学学生课后参与运动休闲动机之研究 [J]. 大专体育（1）：118–124.

张宗书，王苏，2012. 深度休闲活动对成功老化的影响研究：以四川德阳市老年冬泳队为例 [J]. 内江师范学院学报（6）：113–117.

张宗书，王苏，2013. 老龄者深度休闲活动对幸福感的影响研究 [J]. 资源开发与市场（1）：48–52.

赵歌，2019. 作为"身体化"审美活动的体育健身的文化哲学研究：基于莫里斯·梅洛 - 庞蒂和理查德·舒斯特曼身体思想 [J]. 体育科学（1）：85–97.

赵芝良，林诗萍，2013. 志工工作参与动机、组织承诺与认真性休闲特质关系之研究：以云林县义消队为例 [J]. 工作与休闲学刊（2）：99–112.

郑贺，蒋启飞，2016.职业女性体育休闲方式研究 [J].体育文化导刊（4）：35-39.

周静，周伟，2009.休闲限制理论对大学生锻炼行为阻碍因素的探究 [J].南京体育学院学报（社会科学版）（1）：49-53.

周喜华，2005.大学生运动动机的初步研究 [D].成都：西南师范大学.

周秀华，2002.深度者学习经验之研究 [D].高雄：高雄师范大学.

周学兵，杨培基，李海乐，2009.我国妇女大众体育发展的文化学分析 [J].体育世界（学术版）（2）：7-8.

周毅刚，郭玉江，杨国顺，等，2011.职业女性休闲体育与身心健康相关分析 [J].首都体育学院学报（1）：34-39.

朱家新，2007.福建沿海农村妇女体育参与现状研究 [J].体育科技文献通报（4）：13-14.

朱笠瑄，2003.东北角海岸攀岩冒险游憩活动之研究 [D].台中：朝阳科技大学.

Abercrombie N，Hill S，Turner B S，2006.The Penguin Dictionary of Sociology[M].London：Penguin Books.

Adams J S，1963.Toward and understanding of inequity[J].Journal of Abnormal and Social Psychology，67（5）：422-436.

Alexandris K，et al.，2008.Examining the relationships between leisure constraints，involvement and attitudinal loyalty among Greek recreational skiers[J].European Sport Management Quarterly，8（3）：247-264.

Alexandris K，et al.，2013.The use of negotiation strategies among recreational participants with different involvement levels：The case of recreational swimmers[J].Leisure Studies，32（3）：299-317.

Anderson L E，Loomis D K，2012.Normative standards for coral reef conditions：A comparison of scuba divers by specialization[J].Journal of Leisure Research，44（2）：257-274.

Aral S M, 1997.Volunteers within a changing society : The use of empowerment theory in understanding serious leisure[J].World Leisure & Recreation, 39 (3): 19-22.

Baldwin C K, Norris P A, 1999.Exploring the dimensions of serious leisure : "Love me—love my dog!"[J].Journal of Leisure Research, 31 (1): 1-17.

Barbieri C, Sotomayor S, 2013.Surf travel behavior and destination preferences : An application of the Serious Leisure Inventory and Measure[J]. Tourism Management, 35 (2): 111-121.

Bartram S A, 2001.Serious leisure careers among whitewater kayakers : A feminist perspective[J].World Leisure Journal, 43 (2): 4-11.

Beard J G, Ragheb M G, 1980.Measuring leisure satisfaction[J].Journal of Leisure Research, 12 (1): 20-33.

Beard J G, Ragheb M G, 1983.Measuring leisure motivation[J].Journal of Leisure Research, 15 (3): 219-227.

Bella L, 1992.The Christmas Imperative : Leisure, Family, and Women's Work[M].Halifax, Nova Scotia : Fernwood.

Bittman M, Wajcman J, 2000.The rush hour : The character of leisure time and gender equity[J].Social Forces, 79 (1): 165-189.

Bolla P, Dawson D, Harringon M, 1991.The leisure experience of women in Ontario[J].Journal of Applied Recreation Research, 16 (4): 322-348.

Boothby J, Tungatt M F, Townsend A R, 1981.Ceasing participation in sports activity : Reported reasons and their implications[J].Journal of Leisure Research, 13 (1): 1-14.

Brajša-Žganec A, Merkaš M, Šverko I, 2011.Quality of life and leisure activities : How do leisure activities contribute to subjective well-being?[J].Social Indicators Research, 102 (1): 81-91.

Brightbill C K, Mobley T A, 1977.Educating for Leisure-centered Living[M]. London : Wiley.

Brown B A, Frankel B G, Fennell M, 1991.Happiness through leisure : The impact of type of leisure activity, age, gender and leisure satisfaction on psychological well-being[J].Journal of Applied Recreation Research, 16（4）: 368-392.

Brown C A, 2007.The Carolina shaggers : Dance as serious leisure[J].Journal of Leisure Research, 39（4）: 623-647.

Brown T D, O'Connor J P, Barkatsas A N, 2009.Instrumentation and motivations for organised cycling : The development of the cyclist motivation instrument（cmi）[J].Journal of Sports Science & Medicine, 8（2）: 211-218.

Brown W J, Miller Y D, 2001.Too wet to exercise? Leaking urine as a barrier to physical activity in women[J].Journal of Science & Medicine in Sport, 4（4）: 373-378.

Bryan H, 1977.Leisure value systems and recreational specialization: The case of trout fishermen[J].Journal of Leisure Research, 9（3）: 174-187.

Bryan H, 2000.Recreation specialization revisited[J].Journal of Leisure Research, 32（1）: 18-21.

Buchanan T, 1985.Commitment and leisure behaviour : A theoretical perspective[J].Leisure Sciences, 7（4）: 401-420.

Burr S W, Scott D, 2004.Application of the recreational specialization framework to understanding visitors to the great salt lake bird festival[J].Event Management, 9（1）: 27-37.

Carmack C L, et al., 1999.Aerobic fitness and leisure physical activity as moderators of the stress-illness relation[J].Annals of Behavioral Medicine, 21（3）: 251-257.

Carroll B, Alexandris K, 1997.Perception of constraints in strength of motivation : Their relationship to recreational sport participation in Greece[J].Journal of Leisure Research, 29（3）: 279-299.

Cheney A M, 2011."Most girls want to be skinny"：Body（dis）satisfaction among ethnically diverse women[J].Qualitative Health Research, 21（10）：1347-1359.

Cheng E H, Pegg S, Stebbins R, 2016.Old bodies, young hearts：A qualitative exploration of the engagement of older male amateur rugby union players in Taiwan[J].Leisure Studies, 35（5）：549-563.

Cheng H P, 2010.Serious leisure, leisure satisfaction and gardening by older adults[D].Queesland：University of Queensland.

Cheng T M, Tsaur S H, 2012.The relationship between serious leisure characteristics and recreation involvement：A case study of Taiwan's surfing activities[J].Leisure Studies, 31（1）：53-68.

Chung J Y, Baik H J, Lee C K, 2016.The role of perceived behavioural control in the constraint-negotiation process：The case of solo travel[J].Leisure Studies, 36（4）：1-12.

Clark S, Paechter C, 2007."Why can't girls play football?" Gender dynamics and the playground[J].Sport, Education and Society, 12（3）：261-276.

Claxton A, Perry-Jenkins C M, 2008.No fun anymore：Leisure and marital quality across the transition to parenthood[J].Journal of Marriage & Family, 70（1）：28-43.

Crawford D W, Godbey G, 1987.Reconceptualizing barriers to family leisure[J].Leisure Science, 9（2）：119-127.

Crawford D W, Jackson E L, Godbey G, 1991.A hierarchical model of leisure constraints[J].Leisure Science, 13（4）：309-320.

Crompton J L, 1979.Motivations for pleasure vacation[J].Annals of Tourism Research, 6（4）：408-424.

Cronan M K, Scott D, 2008.Triathlon and women's narratives of bodies and sport[J].Leisure Sciences, 30（1）：17-34.

Csikszentmihalyi M, Kleiber D A, 1991.Leisure and Self-actualization, Benefits of Leisure[M].State College, PA：Venture Publishing.

Culp R H, 1998.Adolescent girls and outdoor recreation：A case study examining constraints and effective programming[J].Journal of Leisure Research, 30 （3）：356-379.

Cypryańska M, Nezlek J B, 2018.Everyone can be a winner：The benefits of competing in organized races for recreational runners[J].The Journal of Positive Psychology, 14（6）：1-7.

Dattilo J, et al., 1994.Leisure orientations and self-esteem in women with low incomes who are overweight[J].Journal of Leisure Research, 26（1）：23-38.

Davern M T, Cummins R A, Stokes M A, 2007.Subjective well-being as an affective-cognitive construct[J].Journal of Happiness Studies, 8（4）：429-449.

Deci E L, 1980.Self-determination theory：When mind mediates behavior[J].Journal of Mind and Behavior, 1（1）：33-43.

Deci E L, Ryan R M, 1985.Intrinsic Motivation and Self-determination in Human Behavior[M].New York：Plenum.

Deci E L, Ryan R M, 2000.The "what" and "why" of goal pursuits：Human needs and the self-determination of behavior[J].Psychological Inquiry, 11（4）：227-268.

Deem R, 1982.Women, leisure and inequality[J].Leisure Studies, 1（1）：29-46.

Delamere F M, Shaw S M, 2006.Playing with violence：Gamers' social construction of violent video game play as tolerable deviance[J].Leisure/Loisir, 30（1）：7-25.

Diener E, 1984.Subjective well-being[J]. Psychological Bulletin, 95（3）：542-575.

Diener E, et al., 1985.The satisfaction with life scale[J].Journal of Personality Assessment, 49（1）：71-75.

Diener E, et al., 1999.Subjective weil-being：Three decades of progress[J].Psychological Bulletin, 125（2）：276-302.

Diener E, et al., 2009.New Measures of Well-being[M].Berlin : Springer Netherlands.

Diener E, Oishi S, Tay L, 2018.Advances in subjective well-being research[J].Nature Human Behavior, 4（2）: 253-260.

Dilley R E, Scraton S J, 2010.Women, climbing and serious leisure[J]. Leisure Studies, 29（2）: 125-141.

Ditton R B, Loomis D K, 1992.Recreation specialization : Re-conceptualization from a social worlds perspective[J].Journal of Leisure Research, 24（1）: 33-51.

Dumazedier J, 1976.Toward a Society of Leisuref[M]. New York : Free Press.

Dyck C, et al., 2003.Specialization among mountaineers and its relationship to environmental attitudes[J].Journal of Park and Recreation Administration, 21（2）: 44-62.

Fairer-Wessels F A, 2013.Motivation and behaviour of serious leisure participants : The case of the Comrades Marathon[J].South African Journal for Research in Sport, Physical Education and Recreation, 35（2）: 83-103.

Ferris A L, 1962.National Recreation Survey（Outdoor Recreation Resources Review Commission, Study Report Number 19）[M]. Washington, DC : U.S. Government Printing Office.

Foye C, 2017.The relationship between size of living space and subjective well-being[J].Journal of Happiness Studies, 18（2）: 427-461.

Francken D A, Raaij W F V, 1981.Satisfaction with Leisure time activities[J]. Journal of Leisure Research, 13（4）: 337-352.

Frederick C J, Shaw S M, 1995.Body image as a leisure constraint : Examining the experience of aerobic exercise classes for young women[J].Leisure Sciences, 17（2）: 57-73.

Frederick-Recascino C M, Schuster-Smith H, 2003.Competition and intrinsic motivation in physical activity : A comparison of two groups[J].Journal of Sport Behavior, 26（3）: 240-254.

Galloway S, 2012.Recreation specialization among New Zealand river recreation users : A multi-activity study of motivation and site preference[J].Leisure Sciences, 34（3）: 256-271.

Garcia D, et al., 2017.Italian and Swedish adolescents : Differences and associations in subjective well-being and psychological well-being[J].PeerJ, 5（e2868）: 1-15.

Garlock T M, Lorenzen K, 2017.Marine angler characteristics and attitudes toward stock enhancement in Florida[J].Fisheries Research, 186 : 439-445.

Getz D, Andersson T D, 2010.The event-tourist career trajectory : A study of high-involvement amateur distance runners[J].Scandinavian Journal of Hospitality & Tourism, 10（4）: 468-491.

Gibson H J, 2002.Busy travelers : Leisure-travel patterns and meanings in later life[J].World Leisure Journal, 44（2）: 11-20.

Gilbert D, Hudson S, 2000.Tourism demand constraints : A skiing participation[J].Annals of Tourism Research, 27（4）: 906-925.

Gill D L, 2001.Feminist Sport Psychology : A Guide for our journey[J].The Sport Psychologist, 15（4）: 363-72.

Gill P, 2006.Mountaineering adventure tourists : A conceptual framework for research[J].Tourism Management, 27（1）: 113-123.

Gilligan C, 1982.In A Different Voice : Psychological Theory and Women's Development[M].Cambridge : Harvard University Press.

Goodale T, Witt P, 1989.Recreation non-participation and barriers to leisure[C]// E. L. Jackson & T. L. Burton（eds.）. Understanding Leisure and Recreation : Mapping the Part, Charting the Future（pp. 421-449）. State College, PA : Venture.

Goodsell T L, Harris B D, 2011.Family life and marathon running : Constraint, cooperation, and gender in a leisure activity[J].Journal of Leisure Research, 43（1）: 80-109.

Goodsell T L, Harris B D, Bailey B W, 2013.Family status and motivations to run：A qualitative study of marathon runners[J].Leisure Sciences, 35（4）：337-352.

Gould J, et al., 2008.Development of the serious leisure inventory and measure[J].Journal of Leisure Research, 40（1）：47-68.

Gould J, et al., 2011.Measuring serious leisure in chess：Model confirmation and method bias[J].Leisure Sciences, 33（4）：332-340.

Grazia S D, 1962.Of Time, Work and Leisure[M].New York：Twentieth Century Fund.

Green B C, Jones I, 2005.Serious leisure, social identity and sport tourism[J].Sport in Society, 8（2）：164-181.

Green E, Hebron S, Woodward D, 1990.Women's Leisure, What Leisure?[M]. London：Macmillan Education UK.

Grolier, 1980.The Academic American Encyclopedia [M].Danbury, Connecticut：Grodier Incorporated.

Harrington M, Dawson D, 1995.Who has it best? Women's labor force participation, perceptions of leisure and constraints to enjoyment of leisure[J].Journal of Leisure Research, 27（1）：4-24.

Hastings D W, et al., 1995.Reasons for participating in a serious leisure career：Comparison of Canadian and US Masters swimmers[J].International Review for the Sociology of Sport, 30（1）：101-119.

Hawkins B A, et al., 1999.Leisure constraints：A replication and extension of construct development[J].Leisure Sciences, 21（3）：179-192.

Henderson K A, 1986.Global feminism and leisure[J].World Leisure and Recreation, 28（4）：20-24.

Henderson K A, 1994.Perspectives on analyzing gender, women, and leisure[J].Journal of Leisure Research, 26（2）：119-137.

Henderson K A, Ainsworth B E, 2001.Researching leisure and physical activity with women of color : Issues and emerging questions[J].Leisure Sciences, 23（1）: 21-34.

Henderson K A, Bialeschki M D, 1993.Negotiating constraints to women's physical recreation[J].Loisir Et Société, 16（2）: 389-411.

Henderson K A, Shaw S M, 2006.Leisure and Gender : Challenges and Opportunities for Feminist Research[M]. London : Palgrave Macmillan UK.

Henderson K A, Stalnaker D, Taylor G, 1988.The relationship between barriers to recreation and gender-role personality traits for women[J].Journal of Leisure Research, 20（1）: 69-80.

Henderson R D, 1991.Leisure patterns of a sample of individuals with an intellectual handicap[J].Australian Journal of Mental Retardation, 17（1）: 89-95.

Heo J M, et al., 2012.Understanding the relationships among central characteristics of serious leisure : An empirical study of older adults in competitive sports[J].Journal of Leisure Research, 44（4）: 450-462.

Heo J, et al., 2008.Adaptive sport as serious leisure : Do self-determination, skill level, and leisure constraints matter?[J].Annual in Therapeutic Recreation, 16 : 31-38.

Heo J, et al., 2010.Daily experience of serious leisure, flow and subjective well-being of older adults[J].Leisure Studies, 29（2）: 207-225.

Heo J, et al., 2018.Importance of playing pickleball for older adults' subjective well-being : A serious leisure perspective[J].Journal of Positive Psychology, 13（1）: 67-77.

Heuser L, 2005.We're not too old to play sports : The career of women lawn bowlers[J].Leisure Studies, 24（1）: 45-60.

Himmingway J L, 1998. Leisure and civility : Reflection on a Greek idal[J]. Leisure Sciences, 10（3）: 179-191.

Hochschild A, 1989.The Second Shift[M].New York : Avon Books.

Horna J L, 1989.The leisure component of the parental role[J].Journal of Leisure Research, 21（3）:228-241.

Huang C Y, Carleton B, 2003.The relationships among leisure participation, leisure satisfaction, and life satisfaction of college students in Taiwan[J].Journal of Exercise Science and Fitness, 1（2）:129-132.

Hubbard J, Mannell R C, 2001.Testing competing models of the leisure constraint negotiation process in a corporate employee recreation setting[J].Leisure Sciences, 23（3）:145-163.

Hung K, Petrick J F, 2012.Comparing constraints to cruising between cruisers and non-cruisers : A test of the constraint-effects-mitigation model[J].Journal of Travel & Tourism Marketing, 29（3）:242-262.

Hung K, Petrick J F, 2012.Testing the effects of congruity, travel constraints, and self-efficacy on travel intentions : An alternative decision-making model[J]. Tourism Management, 33（4）:855-867.

Hunt S J, 2004.Acting the part : "Living history"as a serious leisure pursuit[J]. Leisure Studies, 23（4）:387-403.

Hunter P L, Whitson D J, 1991.Women, leisure and familism : Relationships and isolation in small town Canada[J].Leisure Studies, 10（3）:219-233.

Hwang S, Kim S, 2017.Difference in leisure satisfaction based on interaction between recreation specialization and conspicuous leisure consumption in members of Bicycle Riding Clubs[J].The Korean Journal of Physical Education, 56（2）:419-428.

Iso-Ahola S E, Allen J, 1982.The dynamics of leisure motivation : The effects of outcome on leisure needs[J].Research Quarterly for Exercise and Sport, 53（2）:141-149.

Iso-Ahola S E, Weissinger E, 1990.Perceptions of boredom in leisure : Conceptualization, reliability and validity of the Leisure Boredom Scale[J].Journal of Leisure Research, 22（1）:1-17.

Ito E, et al., 2016.A cross-cultural/national study of Canadian, Chinese, and Japanese university students' leisure satisfaction and subjective well-being[J].Leisure Sciences, 39 (2): 186-204.

Jackson E L, 1994.Geographical aspects of constraints on leisure and recreation[J].The Canadian Geographer, 38 (2): 110-121.

Jackson E L, 1998.Leisure constraints : A survey of past research[J].Leisure Science, 10 (2): 203-215.

Jackson E L, 1999.Comment on Hawkins et al., "Leisure constraints : A replication and extension of construct development"[J].Leisure Sciences, 21 (3): 195-199.

Jackson E L, Crawford D W, Godbey G, 1993.Negotiation of leisure constraints[J].Leisure Sciences, 15 (1): 1-11.

Jackson E L, Henderson K A, 1995.Gender-based analysis of leisure constraints[J]. Leisure Sciences, 17 (1): 31-51.

Jackson E L, Rucks V C, 1995.Negotiation of leisure constraints by junior-high and high-school students : An exploratory study[J].Journal of Leisure Research, 27 (1): 85-105.

James K, 2000."You can feel them looking at you" : The experiences of adolescent girls at swimming pools[J].Journal of Leisure Research, 32 (2): 262-280.

James K, Embrey L, 2002.Adolescent girls' leisure : A conceptual framework highlighting factors that can affect girls' recreational Choices[J].Annals of Leisure Research, 5 (1): 14-26.

James K, et al., 2005.Cultural differences in physical activity of adolescents [J].Annals of Leisure Research, 8 (1): 38-53.

Jeong H, Hwang S, 2020.Mountain climber's leisure satisfaction based on the levels of recreation specialization : Moderation effect of duration of participation[J].Korean Journal of Leisure, Recreation & Park, 44 (1): 71-81.

Jones I, 2000.A model of serious leisure identification : The case of football fandom[J].Leisure Studies, 19（4）: 283-298.

Joshanloo M, 2018.Fear and fragility of happiness as mediators of the relationship between insecure attachment and subjective well-being[J].Personality and Individual Differences, 123 : 115-118.

Jun J, et al., 2015.An identity-based conceptualization of recreation specialization[J].Journal of Leisure Research, 47（4）: 425-443.

Jun J, Kyle G T, 2011. Understanding the role of identity in the constraint negotiation process[J]. Leisure Sciences, 33（4）: 309-331.

Juniu D, 2005.Womens' leisure as resistiance to pronatalist ideology[J]. Journal of Leisure Research, 37（2）: 133-151.

Juniu S, 2000.Downshifting : Regaining the essence of leisure[J].Journal of Leisure Research, 32（1）: 69-73.

Kahneman D, Deaton A, 2010.High income improves evaluation of life but not emotional well-being[J].Proceedings of the National Academy of Sciences of the United States of America, 107（38）: 16489-16493.

Kane M J, Zink R, 2004.Package adventure tours : Markers in serious leisure careers[J].Leisure Studies, 23（4）: 329-345.

Kaplan M, 1975.Leisure : Theory and Policy[M].New York : Wiley.

Karsten C, 1995.Women's leisure : Divergence, reconceptualization and change—the case of the Netherlands[J].Leisure Studies, 14（3）: 186-201.

Kay T, Jackson G, 1991.Leisure despite constraint : The impact of leisure constraints on leisure participation[J].Journal of Leisure Research, 23（4）: 301-313.

Kelly J, 1975.Recreation and Leisure Service[M].Dubuque, La : Wm. C. Brown.

Kennelly M, Moyle B D, Lamont M J, 2013.Constraint negotiation in serious leisure : A study of amateur triathletes[J].Journal of Leisure Research, 45（4）: 466-484.

Kim H S, Hwang S H, Lee M J, 2013.Relationships between recreation specialization, leisure satisfaction and wellness based on leisure-sports tourism activities[J].Korean Journal of Leisure, Recreation & Park, 37 (4): 33-44.

Kim J, et al., 2014.Health benefits of serious involvement in leisure activities among older Korean adults[J].International Journal of Qualitative Studies on Health and Well-being, 9 (24): 6-16.

Kim M J, Lee C W, 2016.Health benefits of dancing activity among Korean middle-aged women[J].International Journal of Qualitative Studies on Health and Well-being, 11 (1): 1-7.

Kleiber D A, Nimrod G, 2009."I can't be very sad" : Constraint and adaptation in the leisure of a "learning in retirement" group[J].Leisure Studies, 28(1): 67-83.

Kleiber D A, Walker G J, Mannell R C, 2011.A Social Psychology of Leisure[M].State College, PA : Venture Publishing.

Kotler P, 1997.Marketing management : Analysis, planning, implementation, and control[J].The Prentice-Hall Series in Marketing, 67 (11): 297-320.

Kowal J, Fortier M S, 2000.Testing relationships from the hierarchical model of intrinsic and extrinsic motivation using flow as a motivational consequence[J]. Research Quarterly for Exercise and Sport, 71 (2): 171-181.

Kraus R, 2014.Becoming a belly dancer : Gender, the life course and the beginnings of a serious leisure career[J].Leisure Studies, 33 (6): 565-579.

Kuehn D, 2003.Gender-based constraints to sportfishing participation in the Eastern Lake Ontario area[R].Proceedings of the 2003 Northeastern Recreation Research Symposium New York : Bolton Landing.

Kuykendall L, Tay L, Ng V, 2015.Leisure engagement and subjective well-being : A meta-analysis[J].Psychological Bulletin, 141 (2): 364-403.

Lapa T Y, 2013.Life satisfaction, leisure satisfaction and perceived freedom of park recreation participants[J].Procedia-Social and Behavioral Sciences, 93 (1): 1985-1993.

Lee C, et al., 2017.The relationships between the seriousness of leisure activities, social support and school adaptation among Asian international students in the U.S.[J].Leisure Studies, 37 (2): 197-210.

Lee C, Payne L L, 2015.Exploring the relationship between different types of serious leisure and successful aging[J].Activities Adaptation & Aging, 39 (1): 1-18.

Lee K F, Bentley J, Hsu H Y M, 2017.Using characteristics of serious leisure to classify rock climbers : A latent profile analysis[J].Journal of Sport Tourism, 21 (4): 1-18.

Lee K J, Hwang S, 2018.Serious leisure qualities and subjective well-being[J]. Journal of Positive Psychology, 13 (1): 48-56.

Lessard S K, et al., 2018.Perceptions of whooping cranes among waterfowl hunters in Alabama : Using specialization, awareness, knowledge, and attitudes to understand conservation behavior[J].Human Dimensions of Wildlife, 23 (3): 227-241.

Lewis J, Patterson I, Pegg S, 2013.The serious leisure career hierarchy of the motorcycle racer[J].World Leisure Journal, 55 (2): 179-192.

Li F, Harmer P, 1996.Testing the simplex assumption underlying the Sport Motivation Scale : A structural equation modeling analysis[J].Research Quarterly for Exercise and Sport, 67 (4): 396-405.

Lim J, Kim J, 2017.The structural relationship among recreation specialization, perceived restorative environment and leisure satisfaction in university students' outdoor leisure sports participation[J].Korean Journal of Sports Science, 26 (2): 253-264.

Little B R, 1972.Person-thing orientation : A provisional manual for the T-P scale[D].Oxford : Oxford University.

Little D E, 2002.Women and adventure recreation : Reconstructing leisure constraints and adventure experiences to negotiate continuing participation[J].Journal of Leisure Research, 34（2）: 157-177.

Liu H L, Bradley M J, Burk B, 2016.I am roller derby : The serious leisure and leisure identity of roller derby participants[J].World Leisure Journal,58（1）: 1-16.

Liu H, 2014.Personality, leisure satisfaction, and subjective well-being of serious leisure participants[J].Social Behavior and Personality : An International Journal, 42（7）: 1117-1125.

Liu H, Stebbins R A, 2014.Concerted singing : Leisure fulfilment in a university faculty chorus[J].Leisure Studies, 33（5）: 533-545.

Liu H, Yu B, 2015.Serious leisure, leisure satisfaction and subjective well-being of Chinese university students[J].Social Indicators Research, 122（1）: 159-174.

Livengood J S, Stodolska M, 2004.The effects of discrimination and constraints negotiation on leisure behavior of American Muslims in the post-September 11 America[J].Journal of Leisure Research, 36（2）: 183-208.

London M, Crandall R, Seals G W, 1977.The contribution of job and leisure satisfaction to quality of life[J].Journal of Applied Psychology, 62（3）: 328-334.

Losier G F, Bourque P E, Vallerand R J, 1993.A motivational model of leisure participation in the elderly[J].Journal of Psychology Interdisciplinary and Applied, 127（2）: 153-170.

Loucks-Atkinson A, Mannell R C, 2007.Role of self-efficacy in the constraints negotiation process : The case of individuals with fibromyalgia syndrome[J].Leisure Sciences, 29（1）: 19-36.

Lu L, 2000.Gender and conjugal differences in happiness[J].The Journal of Social Psychology, 140（1）: 132-141.

Lu L, Argyle M, 1994.Leisure satisfaction and happiness as a function of leisure activity[J].Kaohsiung Journal of Medical Sciences, 10（2）: 89-96.

Luhmann M, et al., 2012.Subjective well-being and adaptation to life events : A meta-analysis[J].Journal of Personality and Social Psychology, 102（3）: 592-615.

Lyu S O, Oh C O, 2015.Bridging the conceptual frameworks of constraints negotiation and serious leisure to understand leisure benefit realization[J].Leisure Sciences, 37（2）: 176-193.

Maddi S R, Kobasa S C, 1981.Intrinsic Motivation and Health[M]. New York : Springer US.

Major W, 2001.The benefits and costs of serious running[J].World Leisure Journal, 43（2）: 12-25.

Mallett C, et al., 2007.Sport Motivation Scale-6（SMS-6）: A revised six-factor sport motivation scale[J].Psychology of Sport and Exercise, 8（5）: 600-614.

Mannell R C, Kleiber D A, 1997.A social psychology of leisure[J].Annals of Leisure Research, 17（2）: 239-240.

Matsumoto H, Chiashi K, 2018.Effect of recreation specialization on subjective happiness and leisure satisfaction in marine sports and recreation : Qualitative analysis for scuba divers[J].Japan Outdoor Education Journal, 22（1）: 19-36.

Matsumoto H, et al., 2015.The relationship among recreation specialization, leisure satisfaction, and subjective well-being : A case of American anglers[J].Jpn. J. Marit Activity, 4（1）: 18-26.

McCarville R, 2007.From a fall in the mall to a run in the sun : One journey to ironman triathlon[J].Leisure Sciences, 29（2）: 159-173.

McIntyre N, Pigram J J, 1992.Recreation specialization reexamined : The case of vehicle-based campers[J].Leisure Sciences, 14（1）: 3-15.

McQuarrie F, Jackson E L, 1996.Connections between negotiation of leisure constraints and serious leisure : An exploratory study of adult amateur ice skaters[J]. Loisir Et Societe, 19（2）: 459-483.

Metheny E，1965. Connotattons of motement in sport and dance : A collecrion of spreecbes about sporr and dance as sipuificant forus of buman behanjor Dubuque[M]. LA : W.C. Brown.

Miller Y D，Brown W J，2005.Determinants of active leisure for women with young children : An "ethic of care" prevails[J].Leisure Sciences，27（5）：405-420.

Moutinho L，2000.Strategic Management in Tourism[M]. Hoboken,New Jersey : Wiley.

Mueller E，Gurin G，Wood M，1962.Participation in Outdoor Recreation : Factors Affecting Demand among American Adults（Outdoor Recreation Resources Review Commission，Study Report Number 20）[M].Washington，DC : U.S. Government Printing Office.

Nash J E，1979.Weekend racing as an eventful experience[J].Urban Life，8（2）：199-217.

Nelson S K ，Kushlev K ，Lyubomirsky S，2014.The pains and pleasures of parenting : When，why，and how is parenthood associated with more or less well-being? [J].Psychological Bulletin，140（3）：846–895.

Neufeldt V，Guralnik，D B，1991.Webster' s New World Dictionary[M].New Jersey : Prentice Hall.

Neulinger J，1974. The Psychology of Leisure[M].Springfield，MA : Charles C. Thomas Publishers.

Newman D B ，Tay L ，Diener E，2014.Leisure and subjective well-being : A model of psychological mechanisms as mediating factors[J].Journal of Happiness Studies，15（3）：555-578.

Ngai T V，2005.Leisure satisfaction and quality of life in Macao，China[J]. Leisure Studies，24（2）：195-207.

Nichols G，King L，1998.The changing motivations and frustrations facing volunteers in youth programs : A study of the guide association of the United Kingdom[J].Journal of Applied Recreation Research，23（3）：243-262.

Nicolas P, 2009.Multifunctional host defense peptides : Intracellular-targeting antimicrobial peptides[J].FEBS Journal, 276 (22): 6483-6496.

Núñez J L, et al., 2006.Preliminary validation of a Spanish version of the sport motivation scale[J].Perceptual and Motor Skills, 102 (3): 919-930.

Nyaupane G P, Andereck K L, 2008.Understanding travel constraints : Application and extension of a leisure constraints model[J].Journal of Travel Research, 46 (4): 433-439.

Paechter C, 2007. Being Boys, Being Girls : Learning Masculinities and Femininities[M].Maidenhead : Open University Press.

Palen L A, et al., 2010.Leisure constraints for adolescents in Cape Town, South Africa : A qualitative study[J].Leisure Sciences, 32 (5): 434-452.

Park S, et al., 2017.Leisure constraints, leisure constraints negotiation and recreation specialization for water-based tourism participants in Busan[J].Asian Social Science, 13 (10): 159-167.

Parker G, 2007.The negotiation of leisure citizenship : Leisure constraints, moral regulation and the mediation of rural place[J].Leisure Studies, 26 (1): 1-22.

Pavot W, Diener E, 1993.Review of the Satisfaction with Life Scale[J]. Psychological Assessment, 5 (2): 164-172.

Pelletier L G, et al., 1995.Toward a new measure of intrinsic motivation, extrinsic motivation, and amotivation in sports : The Sport Motivation Scale (SMS) [J].Journal of Sport and Exercise Psychology, 17 (1): 35-53.

Pi L, et al., 2014. Serious leisure, motivation to volunteer and subjective well-being of volunteers in recreational events[J].Social Indicators Research 119(3): 1485-1494.

Pintrich P R, Schunk D H, 1996.The expert learner : Strategic, self-regulated, and reflective[J].Instructional Science, 24 (1): 1-24.

Pritchard M, Patterson I, Carpenter G, 1990.Serious leisure and self-directed learning[C].Sixth Canadian Congress on Leisure Research, May 9-12.

Ragheb M G, 1980.Interrelationships among leisure participation leisure satisfaction and leisure attitudes[J].Journal of Leisure Research, 12 (2): 138-149.

Ragheb M G, Griffith C A, 1982.The contribution of leisure participation and leisure satisfaction to life satisfaction of older persons[J].Journal of Leisure Research, 14 (4): 295-306.

Ragheb M G, Tate R L, 1993.A behavioral model of leisure participation, based on leisure attitude, motivation and satisfaction[J].Leisure Studies, 12 (1): 61-70.

Raisborough J, 1999.Research note : The concept of serious leisure and women's experiences of the Sea Cadet Corps[J].Leisure Studies, 18 (1): 67-71.

Raymore L, et al., 1993.Nature and process of leisure constraints : An empirical test[J].Leisure Sciences, 15 (2): 99-113.

Ridinger L L, et al., 2012. Marathons for the masses : Exploring the role of negotiation-efficacy and involvement on running commitment [J].Journal of Leisure Research, 44 (2): 155-178.

Robert E, et al., 1999.Exposure to yellow fever vaccine in early pregnancy[J]. Vaccine, 17 (3): 283-285.

Robinson J A, 2003.Perceived freedom and leisure satisfaction in mothers with preschool-aged children[D]. Columbus : Ohio University.

Robinson R, Patterson I, Axelsen M, 2014.The "Loneliness of the long-distance runner" no more : Marathons and social worlds[J].Journal of Leisure Research, 46 (4): 375-394.

Romsa G, Hoffman W, 1980.An application of nonparticipation data in recreation research : Testing the opportunity theory[J].Journal of Leisure Research, 12 (4): 321-328.

Russell K, 1974.Leisure, Theory and Act[M]. New York : Elesivier.

Russell R V, 1987.The importance of recreation satisfaction and activity participation to the life satisfaction of age-segregated retirees[J]. Journal of Leisure Research, 19 (4): 273-283.

Ryan R M, Deci E L, 2001.A Review of research on hedonic and eudaimonic well-being[J].Annual Review of Psychology, 52（1）: 141-166.

Samdahl D M, Jekubovich N J, 1993.Patterns and characteristics of adult daily leisure[J]. Loisir Et Societe, 16（1）: 129-149.

Santos I, et al., 2016.Motivation and barriers for leisure-time physical activity in socioeconomically disadvantaged women[J].Plos One, 11（1）: 1-14.

Schmalz D L, Kerstetter D L, 2006.Girlie girls and manly men : Children's stigma consciousness of gender in sports and physical activities[J]. Journal of Leisure Research, 38（4）: 536-557.

Schneider I E, Stanis S A W, 2007.Coping : An alternative conceptualization for constraint negotiation and accommodation[J].Leisure Sciences, 29（4）: 391-401.

Scott D, Godbey G C, 1992.An analysis of adult play groups : Social versus serious participation in contract bridge[J].Leisure Sciences, 14（1）: 47-67.

Scott D, Shafer C S, 2001a.Recreational specialization : A critical look at the construct[J].Journal of Leisure Research, 33（3）: 319-343.

Scott D, Shafer C S, 2001b.A rejoinder to reviewers' comments[J].Journal of Leisure Research, 33（3）: 357-361.

Searle M S, Jackson E L, 1985.Socioeconomic variations in perceived barriers to recreation participation among would-be participants[J].Leisure Sciences, 7（2）: 227-249.

Shafer C S, Hammitt W E, 1995.Purism revisited specifying recreational conditions of concern according to resource intent[J].Leisure Sciences, 17 : 15-30.

Shafer C S, Scott D, 2013.Dynamics of progression in mountain bike racing[J].Leisure Sciences, 35（4）: 353-364.

Shamir B, 1988.Commitment and leisure[J].Sociological Perspectives, 31（2）: 238-258.

Shank J W, 1986.An exploration of leisure in the lives of dual career women[J]. Journal of Leisure Research, 18（4）: 300-319.

Shaw S M, 1985.Gender and leisure : Inequality in the distribution of leisure time[J].Journal of Leisure Research, 17（4）: 266-282.

Shaw S M, 1989.The potential for leisure in women's everyday lives : Are structural and role constraints changing?[J].Journal of Clinical Endocrinology & Metabolism, 38（3）: 407-412.

Shaw S M, 1994.Gender, leisure, and constraint : Towards a framework for the analysis of women's leisure[J].Journal of Leisure Research, 26（1）: 8-22.

Shaw S M, Bonen A, Mccabe J F, 1991.Do more constraints mean less leisure? Examining the relationship between constraints and participation[J].Journal of Leisure Research, 23（4）: 286-300.

Shaw S M, Kleiber D A, Caldwell L L, 1995.Leisure and identity formation in male and female adolescents : A preliminary examination[J].Journal of Leisure Research, 27（3）: 245-263.

Shinew K J, Floyd M F, Parry D, 2004.Understanding the relationship between race and leisure activities and constraints : Exploring an alternative framework[J].Leisure Sciences, 26（2）: 181-199.

Shipway R, Jones I, 2007.Running away from home : Understanding visitor experiences and behaviour at sport tourism events[J].International Journal of Tourism Research, 9（5）: 373-383.

Shupe F L, Gagne P, 2016.Motives for and personal and social benefits of airplane piloting as a serious leisure activity for women[J].Journal of Contemporary Ethnography, 45（1）: 85-112.

Siegenthaler K L, O'Dell I, 2003.Older golfers : Serious leisure and successful aging[J].World Leisure Journal, 45（1）: 45-52.

Silvera D H, Lavack A M, F Kropp, 2008.Impulse buying : The role of affect, social influence, and subjective well-being[J].Journal of Consumer Marketing, 25（1）: 23-33.

Sirgy M J, Cornwell T, 2001.Further validation of the Sirgy et al.'s measure of community quality of life[J].Social Indicators Research, 56（2）: 125-143.

Son J S, Mowen A J, Kerstetter D L, 2008.Testing alternative leisure constraint negotiation models : An extension of hubbard and mannell's study[J]. Leisure Sciences, 30（3）: 198-216.

Song H, et al., 2018.Identification and prediction of latent classes of hikers based on specialization and place attachment[J]. Sustainability, 10（4）: 1163.

Spiers A, Walker G J, 2009.The effects of ethnicity and leisure satisfaction on happiness, peacefulness, and quality of life[J].Leisure Sciences, 31（1）: 84-99.

Stalp M C, 2006.Negotiating time and space for serious leisure : Quilting in the modern U.S.home[J].Journal of Leisure Research, 38（1）: 104-132.

Stanis S A W, Schneider I E, Russell K C, 2009.Leisure time physical activity of park visitors : Retesting constraint models in adoption and maintenance stages[J]. Leisure Sciences, 31（3）: 287-304.

Stebbins R A, 1969.Social network as a subjective construct : A new application for an old idea[J].Canadian Review of Sociology, 6（1）: 1-14.

Stebbins R A, 1978.Classical music amateurs : A definitional study[J]. Humboldt Journal of Social Relations, 5（2）: 78-103.

Stebbins R A, 1979.Amateurs : On the Margin Between Work and Leisure[M]. Beverly Hills, CA : Sage Publications.

Stebbins R A, 1982.Serious leisure : A conceptual statement[J].Pacific Sociological Review, 25（2）: 251-272.

Stebbins R A, 1992. Amateurs, Professionals, and Serious Leisure[M]. Montreal : McGill Queen's University Press.

Stebbins R A, 1997.Casual leisure : A conceptual statement[J].Leisure Studies, 16（1）: 17-25.

Stebbins R A, 2001.New Directions in The Theory and Research of Serious Leisure[M].Lewistown, NY : Edwin Mellen.

Stebbins R A, 2004.Pleasurable aerobic activity : A type of casual leisure with salubrious implications[J].World Leisure Journal, 46（4）: 55-58.

Stebbins R A, 2006.Serious Leisure : A Handbook of Leisure Studies[M]. London : Palgrave Macmillan UK.

Stebbins R A, 2007.Serious Leisure : A Perspective for Our Time[M].New Brunswick, NJ : Transaction Publishers.

Stebbins R A, 2014.Careers in Serious Leisure[M]. New York : Palgrave Macmillan.

Stebbins R A, Elkington S, 2014.The Serious Leisure Perspective : An Introduction[M].London : Routledge.

Stodolska M, Shinew K J, 2010.Environmental constraints on leisure time physical activity among Latino urban residents[J].Qualitative Research in Sport and Exercise, 2 (3): 313-335.

Strelan P, Mehaffey S J, Tiggemann M, 2003.Brief report : Self-objectification and esteem in young women—the mediating role of reasons for exercise[J].Sex Roles, 48 (1): 89-95.

Tan W K, Yeh Y D, Chen S H, 2017.The role of social interaction element on intention to play MMORPG in the future : From the perspective of leisure constraint negotiation process[J].Games and Culture, 12 (1): 28-55.

Tay L, Diener E, 2011.Needs and subjective well-being around the world[J]. Journal of Personality & Social Psychology, 101 (2): 354-65.

Thompson S, 1995.Playing around the family : Domestic labour and the gendered conditions of participation in sport[J].Anzals Leisure Research, 2 : 125-136.

Tian H, et al., 2020. Personality and subjective well-being among elder adults : Examining the mediating role of cycling specialization[J]. Leisure Sciences, (1): 1-18.

Tomyn A J, Cummins R A, 2011.Subjective well-being and homeostatically protected mood : Theory validation with adolescents[J].Journal of Happiness Studies, 12 (5): 897-914.

Tsai，C，2018.A Study of recreational participation motivation，serious leisure and recreational specialization in tennis participants[J].Advances in Management，11（1）: 5-11.

Tsaur S H，Liang Y W，2008.Serious leisure and recreation specialization[J]. Leisure Sciences，30（4）: 325-341.

Unruh D R，1979.Characteristics and types of participation in social worlds[J]. Symbolic Interaction，2（2）: 115-130.

Unruh D R，1980.The nature of social worlds[J].The Pacific Sociological Review，23（3）: 271-296.

Vallerand R J，Deci E L，Ryan R M，1987.Intrinsic motivation in sport[J]. Exercise and Sport Sciences Reviews，15（1）: 389-425.

Vallerand R J，et al.，1993.On the assessment of intrinsic，extrinsic，and amotivation in education : Evidence on the concurrent and construct validity of the academic motivation scale[J].Educational & Psychological Measurement，53（1）: 159-172.

Vallerand R，et al.，1989. Construction et validation de l' echelle de motivation en education（EME）[J]. Canadian Journal of Behavioral Sciences，21（3）: 323-349.

Waight C F，Bath A J，2014.Recreation specialization among ATV users and its relationship to environmental attitudes and management preferences on the Island of Newfoundland[J].Leisure Sciences，36（2）: 161-182.

Walker G J，et al.，2011. A prospective panel study of Chinese-Canadian immigrants' leisure participation and leisure satisfaction[J]. Leisure Sciences,33(5): 349-365.

Walker G J，Ito E，2016.Mainland Chinese Canadian immigrants' leisure satisfaction and subjective well-being : Results of a two-year longitudinal study[J]. Leisure Sciences，39（2）: 174-185.

Wegner C E，et al.，2015.Get serious : Gender and constraints to long-distance running[J].Journal of Leisure Research，47（3）: 305-321.

Weiss O, 2001.Identity reinforcement in sport : Revisiting the symbolic interactionist legacy[J]. International Review for the Sociology of Sport, 36 (4): 393-405.

Weissinger E, Bandalos D L, 1995.Development, reliability and validity of a scale to measure intrinsic motivation in leisure[J].Journal of Leisure Research,27(4): 379-400.

White D D, 2008.A structural model of leisure constraints negotiation in outdoor recreation[J].Leisure Sciences, 30 (4): 342-359.

Wimbush E, Talbot M, 1988.Relative freedoms : Women and leisure[M]. Milton Keynes : Open University Press.

Witt P A, Goodale T L, 1981 The relationships between barriers to leisure enjoyment and family stages[J].Leisure Sciences, 4 (1): 29-49.

Wood L, Danylchuk K, 2012.Constraints and negotiation processes in a women's recreational sport group[J].Journal of Leisure Research, 44 (4): 463-485.

Wu T C, Scott D, Yang C C, 2013.Advanced or addicted? Exploring the relationship of recreation specialization to flow experiences and online game addiction[J]. Leisure Sciences, 35 (3): 203-217.

Yair G, 1992.What keeps them running? The "circle of commitment" of long distance runners[J].Leisure Studies, 11 (3): 257-270.

Yang H T, Kim J, Heo J, 2019.Serious leisure profiles and well-being of older Korean adults[J].Leisure Studies, 38 (1): 88-97.

Yarnal C M, Dowler L, 2002.Who is answering the call? Volunteer firefighting as serious leisure[J].Leisure/Loisir, 27 (3-4): 161-189.

附　录

附录A　女性深度休闲体育特征调查问卷

尊敬的跑者：

您好！我们是浙江大学休闲体育研究团队，正在进行女性深度休闲体育的研究。这是一份关于女性深度休闲体育特征的调查问卷，请您花费一点宝贵的时间，仔细阅读题目后根据实际情况作答。本次调查不用填写姓名，对您的回答我们也将严格保密，回答无对错之分，仅供学术研究使用，谢谢您的合作！

一、基本资料

1. 您的年龄：

A. 20 岁以下　　　　B. 20 ～ 29 岁　　　　C. 30 ～ 44 岁

D. 45 岁至退休前　　E. 退休以后

2. 您的受教育程度：

A. 高中及以下　　　B. 大专及本科　　　C. 研究生

3. 您的婚姻状况：

A. 未婚　　　　　　B. 已婚　　　　　　C. 离异或独居

4. 您的年收入（元）：

A. ≤ 2 万　　　　　B. 2 万 ～ 5 万

C. 5 万 ～ 12 万　　 D. ＞ 12 万

5. 您是否加入跑团？

A. 是　　　　　　　B. 否

二、行为选项

1. 您参加过最长距离的马拉松比赛：

　A. 无　　　　　　B. 迷你马拉松　　　　C. 半程马拉松

　D. 全程马拉松　　E. 超级马拉松

2. 您平均每年参加马拉松比赛的次数：

　A. 不参加　　　　B. 1 ~ 2 次

　C. 3 ~ 4 次　　　D. ≥ 5 次

3. 您已坚持跑步的年限：

　A. < 6 个月　　　B. 6 个月到 1 年　　　C. 1 ~ 2 年

　D. 2~5 年　　　　E. ≥ 5 年

4. 您每周参与跑步的频率：

　A. 1 ~ 2 次　　　B. 3 ~ 4 次　　　　　C. ≥ 5 次

5. 您每次跑步的距离：

　A. < 5 公里　　　B. 5 ~ 10 公里

　C. 10 ~ 20 公里　D. ≥ 20 公里

6. 您每周的跑量：

　A. < 15 公里　　　B. 15 ~ 30 公里

　C. 30 ~ 50 公里　 D. ≥ 50 公里

三、请根据您跑步过程中的实际情况，对下列题项的同意程度作出选择。

	非常不同意	不同意	一般	同意	非常同意
1. 跑步让我感到愉悦。	☐	☐	☐	☐	☐
2. 周围的人都知道我是爱好跑步的人。	☐	☐	☐	☐	☐
3. 我努力使自己在跑步方面变得更有能力。	☐	☐	☐	☐	☐
4. 与男性相比，女性在跑步过程中会遇到更多的困难。	☐	☐	☐	☐	☐
5. 跑步后，我会感到自己更有活力。	☐	☐	☐	☐	☐
6. 跑步已经是我生活中的一部分。	☐	☐	☐	☐	☐

	非常 不同意	不 同意	一 般	同 意	非常 同意
7. 我和其他跑友会表现出特有的跑步精 神（如带着跑鞋去旅行、爱跑步爱生 活、互相竖大拇指鼓励等）。	☐	☐	☐	☐	☐
8. 跑步能让我身体更健康。	☐	☐	☐	☐	☐
9. 我会努力学习相关的知识，提高跑步的 技能。	☐	☐	☐	☐	☐
10. 跑步能充分发挥我的才能。	☐	☐	☐	☐	☐
11. 我的跑步生涯经历了不同的阶段 （如提高期、瓶颈期、保持期等）。	☐	☐	☐	☐	☐
12. 我和其他跑友一样，会配备专业的跑 步装备（服装、鞋帽、运动手表）。	☐	☐	☐	☐	☐
13. 跑步使我的人生丰富多彩。	☐	☐	☐	☐	☐
14. 跑步增进了我和其他人的情感。	☐	☐	☐	☐	☐
15. 我和其他跑友交流时，经常会运用一 些跑步的专业术语（PB、撞墙）。	☐	☐	☐	☐	☐
16. 跑步扩大了我的社交圈。	☐	☐	☐	☐	☐
17. 开始跑步以来，我经历了一些变化 （如跑步的成绩、参赛的次数等）。	☐	☐	☐	☐	☐
18. 跑步给我带来很多满足感。	☐	☐	☐	☐	☐
19. 女性的跑步能力与男性有差距。	☐	☐	☐	☐	☐
20. 我喜欢与其他跑步爱好者交流。	☐	☐	☐	☐	☐
21. 由于我的努力，我已在跑步中获得经 济上的报酬。	☐	☐	☐	☐	☐
22. 我会通过自己的努力和坚持，来克服 跑步过程中遇到的困难。	☐	☐	☐	☐	☐
23. 熟悉我的人都知道，我经常参加跑步。	☐	☐	☐	☐	☐
24. 跑步过程中经历的一些重要事件，会 促进或阻碍我的跑步生涯。	☐	☐	☐	☐	☐
25. 跑步改善了我对自己的认知。	☐	☐	☐	☐	☐
26. 获得同样的跑步成绩，女性要比男性 付出更多。	☐	☐	☐	☐	☐

	非常 不同意	不 同意	一 般	同 意	非常 同意
27. 我在跑步过程中可以展示我的技术和能力。	☐	☐	☐	☐	☐
28. 跑步对我来说是一种自我表达的方式。	☐	☐	☐	☐	☐
29. 当我所在的团队取得荣誉时,我会很有成就感。	☐	☐	☐	☐	☐

附录 B　女性深度休闲体育参与调查问卷

尊敬的马拉松跑者：

　　您好！我们是浙江大学休闲体育研究团队，正在进行女性深度休闲体育的研究。这是一份关于女性深度休闲体育参与的调查问卷，请您花费一点宝贵的时间，仔细阅读题目后根据实际情况作答。本次调查不用填写姓名，对您的回答我们也将严格保密，回答无对错之分，仅供学术研究使用，谢谢您的合作！

一、基本资料

　　1.您的年龄：

　　　A.20 岁以下　　　　　B.20 ~ 29 岁　　　　　C.30 ~ 44 岁

　　　D.45 岁至退休前　　　E.退休以后

　　2.您的受教育程度：

　　　A.高中及以下　　　　B.大专及本科　　　　　C.研究生

　　3.您的婚姻状况：

　　　A.未婚　　　　　　　B.已婚　　　　　　　　C.离异或独居

　　4.您的年收入（元）：

　　　A.≤ 2 万　　　　　　B.2 万 ~ 5 万

　　　C.5 万 ~ 12 万　　　　D. > 12 万

　　5.您是否加入跑团？

　　　A.是　　　　　　　　B.否

二、行为选项

　　1.您参加过最长距离的马拉松比赛：

　　　A.无　　　　　　　　B.迷你马拉松　　　　　C.半程马拉松

　　　D.全程马拉松　　　　E.超级马拉松

　　2.您平均每年参加马拉松比赛的次数：

　　　A.不参加　　　　　　B.1 ~ 2 次

　　　C.3 ~ 4 次　　　　　　D.≥ 5 次

3. 您已坚持跑步的年限：

    A. ＜6个月   B.6个月至1年   C.1～2年

    D.2～5年   E.≥5年

4. 您每周参与跑步的频率：

    A.1～2次   B.3～4次   C.≥5次

5. 您每次跑步的距离：

    A. ＜5公里   B.5～10公里

    C.10～20公里   D.≥20公里

6. 您每周的跑量：

    A. ＜15公里   B.15～30公里

    C.30～50公里   D.≥50公里

三、请根据您跑步过程中的实际情况，对下列题项的同意程度作出选择。

	非常不同意	不同意	一般	同意	非常同意
1. 当跑步能力有所提高时，我会对自己的表现感到满意。	□	□	□	□	□
2. 我不清楚跑步是不是适合我。	□	□	□	□	□
3. 坚持参与跑步，可以丰富我的生活。	□	□	□	□	□
4. 我好像没有以前那么喜欢跑步了。	□	□	□	□	□
5. 我参加跑步，是为了得到周围人的尊重。	□	□	□	□	□
6. 为了保持体型，我必须坚持跑步。	□	□	□	□	□
7. 我必须有规律地参与跑步。	□	□	□	□	□
8. 通过参与跑步，可以学会许多生活中其他有益的东西。	□	□	□	□	□
9. 跑步可以维持或改善我的人际关系。	□	□	□	□	□
10. 当我获得新的跑步知识和技术时，我会有一种愉悦感。	□	□	□	□	□
11. 我不知道是否应该在跑步中继续投入时间和努力。	□	□	□	□	□

	非常 不同意	不 同意	一 般	同 意	非常 同意
12. 当我掌握了一些跑步技巧时，我会有一种满足感。	□	□	□	□	□
13. 我参加跑步，是为了获得社会利益或物质利益。	□	□	□	□	□
14. 跑步是我生活中不可缺少的一部分。	□	□	□	□	□
15. 为了获得良好的自我感觉，我必须坚持跑步。	□	□	□	□	□
16. 跑步可以促进自己生活中其他方面的积极发展。	□	□	□	□	□
17. 为了提高我的跑步能力，我坚持参与跑步。	□	□	□	□	□
18. 我参加跑步，是为了得到荣誉（如奖牌、名次等）。	□	□	□	□	□
19. 跑步已成为我的一种生活方式。	□	□	□	□	□
20. 我不知道要不要继续坚持跑步，因为觉得自己不能在跑步中获得成功。	□	□	□	□	□
21. 如果我不去跑步的话，我会觉得心情不舒畅。	□	□	□	□	□
22. 坚持参与跑步，很符合我的生活原则。	□	□	□	□	□
23. 当完全投入跑步中时，我会体验到一种兴奋感。	□	□	□	□	□
24. 我参加跑步，是为了向大家展示我在跑步方面的能力。	□	□	□	□	□

四、从您开始跑步到现在，下列哪些因素会影响您参与跑步？请根据对下列因素的同意程度作出选择。

	非常 不同意	不 同意	一 般	同 意	非常 同意
1. 身体的伤病（膝盖痛、肌肉拉伤、感冒等）。	□	□	□	□	□
2. 周围缺少跑步氛围。	□	□	□	□	□

	非常 不同意	不 同意	一 般	同 意	非常 同意
3. 担心跑步时的人身安全（猝死、流氓、打劫等）。	□	□	□	□	□
4. 缺乏时间（工作、家务太忙等）。	□	□	□	□	□
5. 消极的心理状态（惰性、厌跑情绪等）。	□	□	□	□	□
6. 家人不支持（担心我的安全问题、训练占用太多属于家人的时间等）。	□	□	□	□	□
7. 跑步太花费金钱（参赛费用、装备费用等）。	□	□	□	□	□
8. 运动能力欠缺（训练量不够、体重偏重、年龄偏大等）。	□	□	□	□	□
9. 不利的天气（如夏天太热、冬天太冷、雾霾、下雨等）。	□	□	□	□	□
10. 没有合适的场地设施（如跑步机太枯燥、公路上红绿灯太多等）。	□	□	□	□	□
11. 跑步中的身体疲劳（极点、撞墙期等）。	□	□	□	□	□
12. 找不到合适的同伴（兴趣不同、作息时间不同、配速不同等）。	□	□	□	□	□

五、当面对以上影响您参与跑步的因素时，您会选择下列哪些方法克服？请根据对下列方法的同意程度作出选择。

	非常 不同意	不 同意	一 般	同 意	非常 同意
1. 学习跑步的相关知识，以解决跑步时遇到的问题。	□	□	□	□	□
2. 遇到有关跑步的问题时，咨询有经验的跑友。	□	□	□	□	□
3. 改变参与跑步的场地（选择健身房、家中跑步机等）。	□	□	□	□	□
4. 通过科学的训练提高跑步技能（循序渐进地增加跑量、热身拉伸、控制跑步节奏等）。	□	□	□	□	□
5. 减少每年参加跑步比赛的次数。	□	□	□	□	□

	非常 不同意	不 同意	一 般	同 意	非常 同意
6. 努力获得家人的支持，以坚持参与跑步（与家人沟通、承担家务、鼓励一起跑步等）。	☐	☐	☐	☐	☐
7. 改变参与跑步的环境（选择拥挤少、舒服、安全的地方等）。	☐	☐	☐	☐	☐
8. 增强自身的意志力，使自己坚持参与跑步。	☐	☐	☐	☐	☐
9. 事先配备专业性的运动装备，以保护自己不受伤。	☐	☐	☐	☐	☐
10. 通过参加跑团获取支持，使自己坚持参与跑步（认识跑友、参与团队活动等）。	☐	☐	☐	☐	☐
11. 合理安排跑步的时间（利用早起、夜跑等），协调跑步与工作、家庭事务的关系。	☐	☐	☐	☐	☐
12. 合理支出跑步活动的相关费用。	☐	☐	☐	☐	☐
13. 减少每周跑步的次数。	☐	☐	☐	☐	☐
14. 与跑友相互支持、鼓励和督促，使自己坚持参与跑步。	☐	☐	☐	☐	☐
15. 设立阶段性的跑步目标，指引和督促自己坚持参与跑步。	☐	☐	☐	☐	☐
16. 利用上下班的路程进行跑步。	☐	☐	☐	☐	☐

附录 C　女性休闲满意度和主观幸福感调查问卷

尊敬的马拉松跑者:

　　您好! 我们是浙江大学休闲体育研究团队,正在进行女性深度休闲体育的研究。这是一份关于女性休闲满意度和主观幸福感的调查问卷,请您花费一点宝贵的时间,仔细阅读题目后根据实际情况作答。本次调查不用填写姓名,对您的回答我们也将严格保密,回答无对错之分,仅供学术研究使用,谢谢您的合作!

一、基本资料

　　1.您的年龄:

　　　A.20 岁以下　　　　　B.20 ~ 29 岁　　　　　C.30 ~ 44 岁

　　　D.45 岁至退休前　　　E.退休以后

　　2.您的受教育程度:

　　　A.高中及以下　　　　B.大专及本科　　　　C.研究生

　　3.您的婚姻状况:

　　　A.未婚　　　　　　　B.已婚　　　　　　　C.离异或独居

　　4.您的年收入 (元):

　　　A. ≤ 2 万　　　　　　B.2 万 ~ 5 万

　　　C.5 万 ~ 12 万　　　　D. > 12 万

　　5.您是否加入跑团?

　　　A.是　　　　　　　　B.否

二、行为选项

　　1.您参加过最长距离的马拉松比赛:

　　　A.无　　　　　　　　B.迷你马拉松　　　　C.半程马拉松

　　　D.全程马拉松　　　　E.超级马拉松

　　2.您平均每年参加马拉松比赛的次数:

　　　A.不参加　　　　　　B.1 ~ 2 次

　　　C.3 ~ 4 次　　　　　D. ≥ 5 次

3.您已坚持跑步的年限：

    A.＜6个月　　　　　　B.6个月至1年　　　　　C.1～2年

    D.2～5年　　　　　　E.≥5年

4.您每周参与跑步的频率：

    A.1～2次　　　　　　B.3～4次　　　　　　C.≥5次

5.您每次跑步的距离：

    A.＜5公里　　　　　　B.5～10公里

    C.10～20公里　　　　D.≥20公里

6.您每周的跑量：

    A.＜15公里　　　　　B.15～30公里

    C.30～50公里　　　　D.≥50公里

三、请根据您跑步过程中的实际情况，对下列题项的同意程度作出选择。

	非常不同意	不同意	一般	同意	非常同意
1.我对跑步很感兴趣。	□	□	□	□	□
2.跑步的环境干净、空气清新。	□	□	□	□	□
3.跑步能增进我对周围事物的了解。	□	□	□	□	□
4.我参与跑步仅仅是因为自己喜欢。	□	□	□	□	□
5.平时我经常与那些喜欢跑步的人交往。	□	□	□	□	□
6.跑步有助于我控制体重。	□	□	□	□	□
7.跑步有助于我了解其他人。	□	□	□	□	□
8.跑步能让我有成就感。	□	□	□	□	□
9.跑步有助于我的精神健康。	□	□	□	□	□
10.通过跑步增进了我的人际交往。	□	□	□	□	□
11.跑步的区域有很好的规划和设计。	□	□	□	□	□
12.跑步有助于我放松身心。	□	□	□	□	□
13.在跑步过程中我会用到多种技能。	□	□	□	□	□
14.跑步有助于我保持身体健康。	□	□	□	□	□

	非常 不同意	不 同意	一 般	同 意	非常 同意
15. 跑步的地点对我有吸引力。	□	□	□	□	□
16. 跑步有助于我和其他人发展友好关系。	□	□	□	□	□
17. 跑步使我有机会尝试新事物。	□	□	□	□	□
18. 跑步有助于我提高体能。	□	□	□	□	□
19. 跑步中遇到的人都很友善。	□	□	□	□	□
20. 跑步的地方风景优美。	□	□	□	□	□
21. 跑步有助于我恢复体力。	□	□	□	□	□
22. 跑步能让我获得自信。	□	□	□	□	□
23. 跑步使我更加了解自己。	□	□	□	□	□
24. 跑步有助于我缓解压力。	□	□	□	□	□

四、请根据您的实际情况，对下列题项的同意程度作出选择。

	非常 不同意	不 同意	一 般	同 意	非常 同意
1. 我生活中的大多数方面接近我的理想 状态。	□	□	□	□	□
2. 我的生活状况很好。	□	□	□	□	□
3. 我对自己的生活感到满意。	□	□	□	□	□
4. 到目前为止，我在生活中得到了想要 的东西。	□	□	□	□	□
5. 如果能重走人生之路，我不想改变任何 东西。	□	□	□	□	□

五、请根据您跑步过程中的实际情况，对下列题项的同意程度作出选择。

	几乎 没有	很 少	有 时	经 常	总 是
1. 参与跑步使我变得积极。	□	□	□	□	□
2. 参与跑步使我变得消极。	□	□	□	□	□
3. 参与跑步使我感觉良好。	□	□	□	□	□
4. 参与跑步使我感觉糟糕。	□	□	□	□	□

	几乎没有	很少	有时	经常	总是
5. 参与跑步使我感到愉快。	☐	☐	☐	☐	☐
6. 参与跑步使我感到不愉快。	☐	☐	☐	☐	☐
7. 参与跑步使我感到快乐。	☐	☐	☐	☐	☐
8. 参与跑步使我感到沮丧。	☐	☐	☐	☐	☐
9. 参与跑步使我害怕。	☐	☐	☐	☐	☐
10. 参与跑步使我欣喜。	☐	☐	☐	☐	☐
11. 参与跑步使我感到生气。	☐	☐	☐	☐	☐
12. 参与跑步使我感到满足。	☐	☐	☐	☐	☐

附录 D　女性休闲体育专门化调查问卷

尊敬的参与者：

　　您好！我们是浙江大学休闲体育研究团队，正在进行女性休闲体育的研究。这是一份关于女性休闲体育专门化的调查问卷，请您花费一点宝贵的时间，仔细阅读题目后根据实际情况作答。本次调查不用填写姓名，对您的回答我们也将严格保密，回答无对错之分，仅供学术研究使用，谢谢您的合作！

一、基本资料

　　1. 您的年龄：

　　A. 20 岁以下　　　　　B. 20 ~ 29 岁　　　　C. 30 ~ 44 岁

　　D. 45 岁至退休前　　　E. 退休以后

　　2. 您的受教育程度：

　　A. 高中及以下　　　　B. 大专及本科　　　　C. 研究生

　　3. 您的婚姻状况：

　　A. 未婚　　　　　　　B. 已婚　　　　　　　C. 离异或独居

　　4. 您的年收入（元）：

　　A. ≤ 2 万　　　　　　B. 2 万 ~ 5 万

　　C. 5 万 ~ 12 万　　　D. > 12 万

　　5. 您是否加入休闲体育团体？

　　A. 是　　　　　　　　B. 否

二、请根据您跑步过程中的实际情况，对下列题项的内容作出选择。

　　1. 我已坚持跑步（骑行、皮划艇）的时间为：

　　A. < 6 个月　　　　　B. 6 个月至 1 年　　　C. 1 ~ 2 年

　　D. 2 ~ 5 年　　　　　E. ≥ 5 年

　　2. 我平均每次跑步（骑行、皮划艇）的用时为：

　　A. < 0.5h　　　　　　B. 0.5 ~ 1.0h　　　　　C. 1.0 ~ 1.5h

　　D. 1.5 ~ 2.0h　　　　E. ≥ 2.0h

3. 我平均每周参加跑步（骑行、皮划艇）的次数为：

    A. ≤ 1 次   B.2 次   C.3 次

    D.4 次   E. ≥ 5 次

4. 过去一年我参加跑步（骑行、皮划艇）赛事的级别是：

    A. 低   B. 较低   C. 中

    D. 较高   E. 高

5. 过去一年我参加跑步（骑行、皮划艇）赛事的地点主要在：

    A. 本地   B. 省内其他城市   C. 周边的省外城市

    D. 较远的省外城市   E. 国外

6. 过去一年我参加跑步（骑行、皮划艇）赛事的次数：

    A. ≤ 1 次   B.2 次   C.3 次

    D.4 次   E. ≥ 5 次

三、请根据您的实际情况，对下列题项的内容作出选择。

	新手		中等水平		高手
1. 我在跑步（骑行、皮划艇）方面的知识与技能水平更贴近。	□	□	□	□	□
2. 我在跑步（骑行、皮划艇）上的能力更贴近。	□	□	□	□	□
3. 相比其他人，我在跑步（骑行、皮划艇）方面的知识与技能更胜一筹。	□	□	□	□	□

四、请根据您的实际情况，对下列题项的认同程度作出选择。

	非常不同意	不同意	一般	同意	非常同意
1. 相比其他人，我拥有更多的跑步（骑行、皮划艇）装备。	□	□	□	□	□
2. 我已在跑步（骑行、皮划艇）装备上投入很多。	□	□	□	□	□
3. 我经常关注最新的跑步（骑行、皮划艇）装备。	□	□	□	□	□
4. 我已积累了许多专业的跑步（骑行、皮划艇）装备。	□	□	□	□	□

	非常 不同意	不 同意	一 般	同 意	非常 同意
5. 相比之下，跑步（骑行、皮划艇）是我 　最喜欢的休闲活动。	□	□	□	□	□
6. 我在身体或精神上的变化很大程度上受 　益于跑步（骑行、皮划艇）。	□	□	□	□	□
7. 跑步（骑行、皮划艇）对我来说很重要。	□	□	□	□	□
8. 跑步（骑行、皮划艇）使我获得很多益 　处（如生理、心理、社交）。	□	□	□	□	□
9. 无论怎样，我都会一直坚持跑步（骑行、 　皮划艇）。	□	□	□	□	□
10. 如果放弃跑步（骑行、皮划艇）我会 　　失去很多朋友。	□	□	□	□	□
11. 对我来说，中断或放弃跑步（骑行、 　　皮划艇）是一件困难的事。	□	□	□	□	□
12. 我会在跑步（骑行、皮划艇）上持续 　　投入（如时间、金钱）。	□	□	□	□	□
13. 我的业余生活大多是围绕跑步（骑行、 　　皮划艇）展开的。	□	□	□	□	□
14. 跑步（骑行、皮划艇）已成为我主要 　　的休闲活动。	□	□	□	□	□
15. 阅览有关跑步（骑行、皮划艇）的资 　　讯，已成为我的一种习惯。	□	□	□	□	□